本书获得“2011年度上海市教委科研创新项目（重点项目）”资助（项目编号12ZS159），特此致谢。

华东政法大学65周年校庆文丛

民生行政政策的适用及其规制

朱应平 / 著

法律出版社
LAW PRESS·CHINA

崛起、奋进与辉煌
——华东政法大学65周年校庆文丛总序

2017年，是华东政法大学65华诞。65年来，华政人秉持着“逆境中崛起，忧患中奋进，辉煌中卓越”的精神，菁莪造士，棫朴作人。学校始终坚持将学术研究与育人、育德相结合，为全面推进依法治国做出了巨大的贡献，为国家、为社会培养和输送了大量法治人才。一代代华政学子自强不息，青蓝相接，成为社会的中坚、事业的巨擘、国家的栋梁，为社会主义现代化和法治国家建设不断添砖加瓦。

65年栉风沐雨，华政洗尽铅华，砥砺前行。1952年，华政在原圣约翰大学、复旦大学、南京大学、东吴大学、厦门大学、沪江大学、安徽大学、上海学院、震旦大学九所院校的法律系、政治系和社会系的基础上组建而成。历经65年的沧桑变革与辛勤耕耘，华政现已发展成为一所以法学为主，兼有政治学、经济学、管理学、文学、工学等学科的办学特色鲜明的多科性大学，人才培养硕果累累，科研事业蒸蒸日上，课程教学、实践教学步步登高，国际交流与社会合作事业欣欣向荣，国家级项目、高质量论文等科研成果数量长居全国政法院校前列，被誉为法学教育的“东方明珠”。

登高望远，脚踏实地。站在新的起点上，学校进一步贯彻落实“以人为本，依法治校，质量为先，特色兴校”的办学理念，秉持“立德树人，德法兼修”的人才培养目标，努力形成“三全育人”的培养管理格局，培养更多应用型、复合型、高素质的创新人才，为全力推进法治中国建设和高等教育改革做出新的贡献！

革故鼎新，继往开来。65周年校庆是华东政法大学发展史上的重要里程碑，更是迈向新征程开创新辉煌的重要机遇。当前华政正抢抓国家“双一流”建设的战略机遇，深度聚焦学校“十三五”规划目标，紧紧围绕学校综合改革“四梁八柱”整体布局，坚持“开门办学、开放办学、创新办学”发展理念，深化

“教学立校、学术兴校、人才强校”发展模式，构建“法科一流、多科融合”发展格局，深入实施“两基地（高端法律及法学相关学科人才培养基地、法学及相关学科研究基地）、两中心（中外法律文献中心、中国法治战略研究中心）、一平台（“互联网 + 法律”大数据平台）”发展战略，进一步夯实基础、深化特色、提升实力。同时，华政正着力推进“两院两部一市”共建项目，力争到 21 世纪中叶，能把学校建设成为一所“国际知名、国内领先，法科一流、多科融合，特色鲜明、创新发展，推动法治文明进步的高水平应用研究型大学和令人向往的高雅学府”。

薪火相传，生生不息。65 周年校庆既是对辉煌历史的回望、检阅，也是对崭新篇章的伏笔、铺陈。在饱览华政园风姿绰约、恢弘大气景观的同时，我们始终不会忘却风雨兼程、踏实肯干的“帐篷精神”。近些年来，学校的国家社科基金法学类课题立项数持续名列全国第一，国家社科基金重大项目和教育部重大项目取得历史性突破，主要核心期刊发文量多年位居前茅。据中国法学创新网发布的最新法学各学科的十强排名，学校在法理学和国际法学两个领域排名居全国第一。当然我们深知，办学治校犹如逆水行舟，机遇与挑战并存，雄关漫道，吾辈唯有勠力同心。

为迎接 65 周年校庆，进一步提升华政的学术影响力、贡献力，学校研究决定启动 65 周年校庆文丛工作，在全校范围内遴选优秀学术成果，集结成书出版。文丛不仅囊括了近年来华政法学、政治学、经济学、管理学、文学等学科的优秀学术成果，也包含了华政知名学者的个人论文集。这样的安排，既是对华政 65 华诞的贺礼，也是向广大教职员工长期以来为学校发展做出极大贡献的致敬。

65 芳华，荣耀秋菊，华茂春松，似惊鸿一瞥，更如流风回雪。衷心祝愿华政铸就更灿烂的辉煌，衷心希望华政人做出更杰出的贡献。

华东政法大学 65 周年校庆文丛编委会

2017 年 7 月

目　录

导 论

一、本书的写作背景和意义

民生行政政策在行政活动中越来越重要，被广泛地作为行政行为的依据。但是学界不少人简单地夸大其负面影响，对其正面积极作用重视不够。这种情况不利于民生行政政策作用的有效发挥。本书将详细研究行政机关适用行政政策的情况，考察法院审查和适用民生行政政策的现状，并通过与其他国家和地区进行对比，倡议借鉴其他国家和地区的经验。本书对于正确评价民生行政政策在行政行为中的重要地位，充分发挥行政政策的积极作用，防范和控制其消极影响，具有重要的意义。

从理论价值来看，民生行政政策是行政法源的重要组成部分，是行政行为的重要依据，是法院审查行政行为的证据和依据，研究这一问题，可以丰富和深化行政法学行政法源、行政诉讼法的证据和依据、行政程序理论、行政监督理论等。

实践价值主要有以下几方面：第一，完善立法。通过科学立法，明确民生行政政策的合法地位，将其作为行政法的重要渊源，可以弥补立法不足，为行政政策的完善提供立法经验。第二，直接指导执法。民生领域突出地体现出“依法按政策行政”的特点：行政机关在民生行政过程中，不能简单地、随意地不执行行政政策；不能对行政政策不作区分地加以适用，要处理好依据法律法规规章和依据政策之间的关系；对不同情况的政策作出不同的处理，为行政机关充分发挥政策的积极作用提供依据；对于民生行政政策，要在个案中分析其具体适用，如果机械地适用，会束缚行政机关的裁量权，进而导致个案不公平；行政机关有义务及时依法制定出合法的行政政策，调整社会关系。第三，对行政复议和司法审查具有一定的指导意义。本书提出行政复议特别是行政诉讼中如何审查和适用民生行政政策的对策建议，具有实践价值。成果借鉴了域外经验，结合我国实际，提出了一系列具有现实意义的对策性建议。第四，保护相对人权利。民生行政政策大多涉及公民的民生类、社会类权利，此类权利往往以当事人申请为前提，而享有者又必须具备一定的资格条件，行政机关在行政政策中设定的申请民生权利的条件是否科学、合理、合法，对公民来说非常重要。要确立符合宪法精神的政策在民生行政中的依据地位，为行政相对人的权利救济提供政策依据；对于违反宪法精神的政策，则依据宪法法律法规阻止其发挥作用，以维护相对人的合法权利。第五，对完善政策促进依法行政的发展具有重要价值。各级行政机关、各级人大在政策完善中担负着重要的职责。行政复议机关和法院在审查行政行为过程中，对民生行政政策所作的审查应当有适当的途径加以反馈，及时提出修改完善政策的建议。一般社会公众有建议国家机关废除、修改或完善政策的权利，这是人民参与国家生活的重要形式，要畅通各种渠道，确保政策完善工作迈上新台阶。

二、学界研究情况

1.直接研究民生行政政策的学术论文不多

（1）法学角度的研究成果。张怡湘2014年写过法学硕士论文《论行政政策在法院的适用》。其他涉及政策的有马永强、袁书占：《大学生就业税收优惠政策的宪法审查》，载《经济与法》2014年第8期；杜国强：《依法治国中的公共政策》，载《行政与法》2006年第3期；苑晓光：《公共政策制定的法律规制》，中国政法2007年大学硕士学位论文；冯威：《行政法视野中的公共政策研究》，山东大学2012年博士学位论文；高秦伟：《行政过程中的政策形成》，载《当代法学》2012年第5期；张红：《论国家政策作为民法法源》，载《中国社会科学》2015年第12期；高秦伟：《政策形成与司法审查——美国谢弗林案之启示》，载《浙江学刊》2006年第6期；章志远：《作为行政裁量法外依据的公共政策》，载《浙江学刊》2010年第3期。此外相关著作包括余凌云：《行政自由裁量论》，中国人民公安大学出版社2005年版；[英]彼得·莱兰戈登·安东尼：《英国行政法教科书》（第5版），杨伟东译，北京大学出版社2007年版。上述成果涉及不少行政政策的适用问题。

本书重点从行政法学角度讨论“民生行政政策”，范围相对特定，研究涉及的过程较长，从立法到行政执法和司法，即涉及权力运行的全程。

（2）公共行政学或者政治学角度的研究成果。例如，[英]米切尔·黑尧：《现代国家的政策过程》，赵成根译，中国青年出版社2004年版；王婷婷：《公共政策冲突及其治理研究——以济南市公交优先政策为例》，山东大学2015年硕士学位论文；饶欣：《政策执行中的变通行为研究——以“安全生产”政策为例》，华中科技大学2007年硕士学位论文；郭海云：《上海市经济适用住房政策的实践研究——基于政策目标群体的视角》，华东师范大学2012年硕士学位论文；何志慧：《我国公共政策执行的异化及其治理——以煤矿安全生产政策为例》，海南大学2010年硕士学位论文；艾壁玮：《政策执行失真及其治理对策研究》，湘潭大学2012年硕士学位论文。这些研究成果很少结合中国实际并作详细研究。

2.涉及行政规范性文件或者行政规定等方面的论文研究成果较多

研究行政规范性文件的论文较多。这里列举一些学位论文，一般学术论文更多。学位论文主要有：江水长：《论学者规范性文件的司法审查》，中国政法大学2004年硕士学位论文；卫学玲：《论对行政规范性文件的监督》，中国政法大学2006年硕士学位论文；颜敏：《我国规范性文件违宪的实证分析》，中国政法大学2007年硕士学位论文；陈利红：《行政规范性文件的审查监督制度研究》，西南政法大学2009年硕士学位论文；王岩：《行政规范性文件的合法性审查》，华中师范大学2009年硕士学位论文；侯孟华：《行政规范性文件审查机制研究》，黑龙江大学2010年硕士研究生学位论文；李春兰：《论规范性文件的合法性审查》，湘潭大学2010年硕士学位论文；党勋：《行政规范性文件及其审查制度研究》，郑州大学2010年硕士学位论文；张秀转：《规范性文件行政审查标准研究》，苏州大学2010年法律硕士学位论文；周盛春：《规范性文件在行政审判中的定位、审查及适用》，西南政法大学2010年硕士学位论文；陈果：《论其他行政规范性文件的规制》，华中科技大学2011年硕士学位论文；陈玲：《行政规范性文件司法审查标准研究》，广东商学院2011年硕士学位论文；李忠日：《行政规范性文件的法律监督机制研究》，延边大学2012年硕士学位论文；林凡惠：《行政规范性文件审查监督制度之探索》，西南政法大学2012年同等学力硕士学位论文；彭镡：《行政规范性文件审查制度研究》，南昌大学2013年宪法学与行政法学硕士学位论文；陈巧敏：《法治视野下的规范性文件研究》，中国海洋大学2013年在职攻读硕士论文；肖静茹:《行政规范性文件变更下公民合法预期保护》，湖北大学2014年硕士学位论文；吴鹏飞:《行政规范性文件司法审查制度研究》，郑州大学2015年专业硕士学位论文。上述这些论文多数属于一般论述、介绍，论文深度和广度都有待深化和拓展。

其中有一篇是实证研究，即孙珊珊:《行政规范性文件在行政诉讼中的实际地位》，上海交通大学2010年硕士学位论文。这篇论文对我国最高人民法院的判决进行研究，实际考察了行政政策在法院审判中的多种情形。具有重要的理论和实践价值。

3.本书特点

现有研究成果研究的广度和深度还有待深化和拓展，特别是结合民生实际情况方面，研究成果很少。本书在其他学者研究成果的基础上，结合大量法院案件，在展开实证研究的基础上，提出问题、分析问题，并提出解决问题的对策。

三、研究重点和难点

本书重点研究民生类行政政策的适用及其规制问题。重点包括：第一，民生行政政策的范围，也就是涉及教育、教育、住房、社会保障、财富分配、财产等诸多方面的政策。第二，民生行政政策的适用情况，包括行政机关对民生行政政策的适用情况和法院审查适用民生行政政策的情况。既有抽象适用，即行政机关制定低层次民生行政政策予以适用；也有具体适用，就是适用政策作出具体行政决定。第三，民生行政政策的规制。根据我国宪法和法律的规定，对民生行政政策的规制既包括制定政策的主体自我严格要求，按照宪法和法律精神制定民生行政政策，也包括人大及其常委会、上级政府等对行政机关制定和适用民生行政政策的监督控制。但从我国民生行政政策监督的实践来看，这些监督成效不大，本书重点研究如何加强法院对民生行政政策的监督。

研究的难点包括以下几方面：第一，虽然民生行政政策范围比一般规范性文件或者公共政策范围小得多，但仍然很大，无法面面俱到，本书涉及的民生行政政策只是全部民生行政政策中的很小一部分。而且我国各层级行政机关、各地方行政机关制定的民生行政政策非常多，无法穷尽。所以在选择研究相关民生行政政策时，主要是基于OpenLaw网站上法院案件中涉及的相关民生政策。第二，为了对问题展开充分分析，文中包含了大量案例的主要内容，篇幅较多。第三，对案件的分析有一定的难度，因为法院在当事人提起附带审查行政政策的案件中，多数法院只是简单地认同了行政政策，很少作出实质性审查。换言之，法院很少对民生行政政策作实质性审查，这给分析问题带来难度。第四，在对策性措施部分，涉及内容太多，给人感觉焦点不集中、比较分散。

四、研究方法

本书研究采用法学论文常规性研究方法。第一，规范分析方法。主要是对相关法条进行解读，采用常规的法律解释方法来解读相关规定，如文义解释、体系解释、目的解释、历史解释、比较解释、合宪性解释等。第二，案例分析法。就是以法院处理案件为例来说明问题。案例分析主要考察法院运用宪法和法律对相关行政政策进行审查所展现出来的思路，所采用的技术规范。比如，运用平等原则的审查技术、适用比例原则的技术规范等。此种方法主要解决法院如何把抽象的法律法规通过一些更具有可操作性的技术规范适用于具体的案件中的问题。第三，比较分析方法。书中多方面借鉴其他国家和地区法院审查民生行政政策的案例和所采用的方法，并提出我国如何借鉴。

五、研究框架、创新性和不足

除导论外，本书共有五章内容。第一章介绍了民生行政，民生行政政策的含义、特点。第二章梳理了民生行政政策作为行政行为依据的主要宪法法律法规规章、政策等依据。第三章研究行政机关以抽象的规范性文件实施民生行政政策的情况，分析取得的经验和存在的问题。第四章研究法院审查和适用民生行政政策取得的经验和存在的问题。第五章民生行政政策的规制，研究了民生行政政策规制的标准、民生行政政策的违宪审查、民生行政政策的合法性审查以及民生行政政策的其他审查。

创新性体现在以下几方面：第一，选题较新。适用民生行政政策有大量问题需要研究，实际上要讨论现代社会"依法按政策行政"原则适用的问题。第二，运用若干重要原理对相关案件进行分析，如法律保留原则、比例原则、平等原则、明确性原则、合宪性原则、合法性原则等。第三，对我国行政机关适用民生行政政策的抽象行为进行归纳分析，既肯定其取得的经验，也指出了其存在的问题。对法院审查和适用民生行政政策的情况进行实证研究，既总结出取得的经验，又归纳出存在的突出问题。第四，研究方法上，突出了案例研究和比较研究。从比较视野，结合我国现实情况，提出了规制行政机关适用行政政策的措施，特别是强调要强化法院在审查和适用民生行政政策中的作用。

不足之处亦有以下几点：第一，对行政机关适用民生行政政策、法院审查和适用民生行政政策的梳理、列举方面无法做到穷尽，还不能完全把握对于民生行政政策的适用、审查适用的全部情况。归纳总结出来的结论可能不完整。第二，篇章篇幅不平衡。前文部分内容相对较少，第三章、第四章篇幅过大。第三，对民生行政政策的规制措施的设计上，是否能有效解决中国问题，还有待观察。

第一章 民生行政政策概述

民生行政是指由行政主体实施的与民生相关的各种行政活动。与传统政府承担的职能不同，现代政府承担的行政已经不再囿于简单的消极行政，政府仅仅不做坏事还不算一个好的政府，政府还要做好事。政府需要给民众提供教育、就业、住房、社会保障和调整物质财富分配方面的给付和服务，这就是民生类行政活动。此类活动无法完全依赖于法律，传统的“依法律行政”已经发展到“依法行政”。这里的“法”不仅仅指法律，还包括行政机关制定的法规和规章等法律规范。更为显著的是，行政机关的行政活动还大量依赖法律规范以外的其他规范，即非立法性行政规范，这些规范中有相当一部分是民生行政政策。本章主要阐述民生行政的含义和特点、民生行政政策的含义以及民生行政政策成为行政行为依据的基本法理。

一、民生行政的含义

民生行政是行政活动的重要方面，是指由行政机关和法律法规授权组织管理民生事务、提供民生公共服务的活动，关注点在于民生行政职权的行使以及与此相对应的公民民生权利的保护。

孙中山先生曾指出：“民生就是人民的生活，社会的生存，国民的生计，群众的生命。”这句话中的人民、社会、国民与群众都是指全体人民，因此民生主义是以“养民”为目的，旨在解决全体人民的生活问题，以谋全体人民之利益。[1]有学者认为："民生就是人民的生存、生活，也就是人民大众的衣食住行、生老病死。但是，这个说法并不准确，应该是生老病死和衣食住行用。"[2]"从宪法视角来说，民生是公民依宪享有维持基本生存基础上的有尊严的生活，是公民宪法生活的重要组成部分。"[3]

本书对"民生"的理解属狭义范畴，主要限于与人民生活生计密切相关的事项。具体内容以中共中央文件规定的民生事项为研究范围。中共十七大报告中确立以民生为重点的社会建设，包括教育、就业、收入分配制度、社会保障体系、基本医疗卫生制度、社会管理体制六方面。民生行政属于社会行政的组成部分。我国民生社会行政主要涉及七大类：教育文化体育类行政、公共卫生类行政、公共服务类行政、社会保障类行政、劳动保障类行政、人口综合管理类行政和特殊群体保护类行政。本书主要研究前五类。人口综合管理和特殊群体保护主要属于社会行政，本书较少讨论。

中共十八大报告专设"七、在改善民生和创新社会管理中加强社会建设"，明确提出要求："加强社会建设，必须以保障和改善民生为重点。提高人民物质文化生活水平，是改革开放和社会主义现代化建设的根本目的。要多谋民生之利，多解民生之忧，解决好人民最关心最直接最现实的利益问题，在学有所教、劳有所得、病有所医、老有所养、住有所居上持续取得新进展，努力让人民过上更好生活。"据此，民生主要涉及教育、劳动就业、医疗保险、养老、居住等方面的内容。十八大报告提出涉及的具体要求包括：努力办好人民满意的教育、推动实现更高质量的就业、千方百计增加居民收入、统筹推进城乡社会保障体系建设、提高人民健康水平等内容。2013年十八届三中全会审议通过的《中共中央关于全面深化改革若干重大问题的决定》在"推进社会事业改革创新"部分提出：实现发展成果更多、更公平惠及全体人民，必须加快社会事业改革，解决好人民最关心、最直接、最现实的利益问题，努力为社会提供多样化服务，更好满足人民需求。具体包括：深化教育领域综合改革、健全促进就业创业体制机制、形成合理有序的收入分配格局、建立更加公平可持续

---

〔1〕 谢瑞智：《宪法新论》，文笙书局1999年版，第75页。

〔2〕 邓伟志、卜佳慧：《民生论》，载《上海大学学报》（社会科学版）2008年第4期。

〔3〕 龚向和：《民生之路的宪法分析》，载《学习与探索》2008年第5期。

的社会保障制度、深化医药卫生体制改革。

作为行政活动的重要组成部分，民生行政属于行政机关所从事的与社会经济文化密切相关的行政活动。与传统的秩序类、负担类行政行为相比，具有明显的特点。民生行政多涉及政府需要提供相关的物质或者服务，很大程度上属于社会保障给付行政，属于给付行政的重要组成部分。其特点具体分析如下：[1]

1.大多涉及有限资源的分配。无论就业、教育、住房、社会保障、财富分配等任何方面，都涉及国家资源的分配。其所需财源，或全部来自国民纳税，或由受益者缴付费用，国家部分负担，但给付数量有其限度，给付对象及条件均可能因不同行政目的而有限制。由于这些行政所需支出多来自民众纳税，行政机关在实施此类行政时，应当体现公共性并符合公平性、效率性及经济性的要求，要强化监督。对于利用者或受益者来说，往往以预算、经费有限为由，在给付对象、给付条件方面多有限制，争取受给资格互相竞争，符合受给资格却供给不足等情形亦有之，进而产生“分配正义”及“参与分配请求权”问题。[2]比如在我国，由于高考录取名额分配到各地，导致考生之间产生竞争关系。各地为了尽力保护本地生源，总是出台政策限制外地户籍的人在本地参加考试。2016年，江苏省、湖北省一些考生家长，因为政府增加西部高考录取名额，减少内地省份录取名额，本省高考录取名额数量减少，担心影响自己子女的录取，而向教育行政部门表达抗议，就是这种情况的反映。这一事例也要求行政机关在制订民生行政政策时，必须坚持公开公正的原则，确保资源公平公正分配。

2.调整民生行政关系的规范很多，其中民生行政政策调整起着重要的作用。与传统损益类、负担类行政行为不同，民生行政属于给社会公众提供利益的行为。在民生需求日益增加的情况下，传统立法很难适应社会发展的要求。立法机关除了制定有限的法律外，还授权行政机关制定大量的法规规章，但是这些仍然不能满足民生行政发展的要求，很多国家和地区的立法机关在立法

---

〔1〕 参见沈政雄：《社会保障给付行政法学分析》，台北，元照出版公司2011年版，第13～49页。

〔2〕 “参与分配请求权”源于20世纪60年代的德国，因州大学法有限制入学人数的规定，以研究场所不足及顺位为理由，对于申请志愿进入大学进修作成拒绝许可处分，在不服该拒绝处分的行政诉讼中，行政法院停止诉讼程序请求宪法法院违宪审查，宪法法院以平等原则或社会国家原理结合《德国基本法》第12条第1项职业教育设施选择的自由权而导出。

中明确授权行政机关制定政策来调整社会关系，或者即使立法机关在法律中不予授权，但默示允许行政机关制定行政政策加以调整。即使立法机关制定了法律，也往往属于目标或者任务类的抽象规定，大量的具体内容由行政机关予以细化制定。如《高等教育法》[1]第63条规定：国家对高等学校进口图书资料、教学科研设备以及校办产业实行优惠政策。高等学校所办产业或者转让知识产权以及其他科学技术成果获得的收益，用于高等学校办学。这里的"优惠政策"由行政机关制定。

《民办教育促进法》(2016年修正)第47条规定：民办学校享受国家规定的税收优惠政策；其中，非营利性民办学校享受与公办学校同等的税收优惠政策。

第48条规定：国家对向民办学校捐赠财产的公民、法人或者其他组织按照有关规定给予税收优惠，并予以表彰。第52条规定：国家采取措施，支持和鼓励社会组织和个人到少数民族地区、边远贫困地区举办民办学校，发展教育事业。这些条文中的优惠政策、优惠、国家有关规定、国务院规定、国家采取措施等，主要是通过制定相关政策落实的。

再如，《社会保险法》第19条规定：个人跨统筹地区就业的，其基本养老保险关系随本人转移，缴费年限累计计算；个人达到法定退休年龄时，基本养老金分段计算、统一支付。具体办法由国务院规定。第21条规定：参加新型农村社会养老保险的农村居民，符合国家规定条件的，按月领取新型农村社会养老保险待遇。第22条规定：省、自治区、直辖市人民政府根据实际情况，可以将城镇居民社会养老保险和新型农村社会养老保险合并实施。第24条规定：新型农村合作医疗的管理办法，由国务院规定。第26条规定：职工基本医疗保险、新型农村合作医疗和城镇居民基本医疗保险的待遇标准按照国家规定执行。第27条规定：参加职工基本医疗保险的个人，达到法定退休年龄时累计缴费达到国家规定年限的，退休后不再缴纳基本医疗保险费，按照国家规定享受基本医疗保险待遇；未达到国家规定年限的，可以缴费至国家规定年限。上述规定中的国务院规定、国家规定、合并实施等都需要国家和地方制定相应的实施政策。

3.行政机关有广泛的行政裁量权。在民生行政方面，即使立法者制定了法

[1] 全称为《中华人民共和国高等教育法》。本书为了节省篇幅和表达便利，所有其他法律、行政法规名称中均省去"中华人民共和国"等字。在相关判决书或者文件中特指的除外。

律，也很少对民生行政给付的要件作出详细的规定，经常使用不确定概念，或者授权行政机关对民生行政给付的项目、方式及标准等作出具体规定。而且这种授权呈现出层级性、部门性和地方性的特点。比如法律授权国务院制定行政政策，国务院制定的行政法规或者政策授权地方政府及其工作部门制定更为具体的实施性政策。如省级政府根据本地情况作出具体规定，省级政府也授权市、区县政府根据本地情况制定实施办法，市、区县再转授权街道办事处、乡镇政府制定更为具体的可操作性办法。从后文分析可以看出，一些相对人提起诉讼，对地方或者部门的行政政策提出质疑，主要挑战低层次的行政政策，通常是基于这些低层次的行政政策与法律法规或者高层级的法规规章或者政策相抵触。法院对这些行政政策审查极为困难，因为法院无法真正了解制定政策者所依据的“实际情况”到底如何。如2005年教育部办公厅、公安部办公厅发布《关于做好普通高校招生全国统一考试考生报名资格审查工作的通知》，其中规定，“省级招委会可按照以考生户籍为主、与在本地区高级中等教育学校就读一定学习年限相结合的原则，结合本地区实际就报名条件、时间和有关要求作出具体补充规定”。上海市教育委员会据此发布了《关于2010年上海市普通高等学校招生报名工作的通知》《关于做好2012年上海市普通高校招生报名工作的通知》等政策，其中很多具体规定对非上海市户籍考生报名进行了严格的限制。一旦引起诉讼，法院很难审查这些规定是否符合法律或者上级政策。

需要指出的是，虽然行政机关有很大的裁量权，并不意味着其他机关不得审查。比如日本厚生大臣所制定的生活保护基准是否符合《日本国宪法》第25条的规定，争论的问题是基准设定是羁束行为还是裁量行为的问题。就此，日本最高法院采取抽象权利说，并提示合宪设定的基准行为所应考虑的要素包括国民所得、财政状况、国民一般生活水准、城乡生活差距、低所得者之生活程度及其占全国人口比例、一般国民感情、对于受保护者之生活较未受保护者之生活为优遇咸认有不当以及预算分配状况等，但所揭示的要素是否合理，有无优先顺位，仍须检讨。[1]根据法院观点，行政机关在相关政策中要考虑相

〔1〕 日本1967年5月24日朝日诉讼（民集21卷5号1043页）。参见河野郑辉：《生存权と生活保护基准》，载佐藤进等编：《社会保障判例百选》（第3版），有斐阁1990年版，第4～5页。转引自沈政雄：《社会保障给付行政法学分析》，台北，元照出版公司2011年版，第16页。

关的因素，不得考虑不相关的因素。

而裁量基准类的民生行政政策，经常被作为给付请求权的基础。但如所定给付要件过严或额度过低，针对个别受保障事由以及情形不同的对象（主要为社会救助），仅依给付规则所定，不足以维持受保障者一般生活水准，应否仍基于行政自我拘束原则及平等原则而一律贯彻；[1]而补助金之场合，给付要件排除特定对象或额度超过，基于“国家赠与禁止”原则，有无侵害第三人之竞争自由。前者为受益权面向，后者为防御权面向，关于行政裁量之统制问题，各有其特殊性。[2]这说明行政政策作为裁量基准所引起的问题尚未有无异议的解决方案，但应受司法审查应该是无异议的。

4.民生行政行为的实施除了对违反政策的人予以相应的处罚、强制外，对相对人的影响主要体现在对民生类权益予以限制甚至禁止，从而影响民生权利。比如，不少地方的政策严格限制：学生不得随父母到父母工作地就读和参加考试、学生不能按自己意愿选择适合的学校等；公民劳动权受到较多限制，不少地方和部门经常以户籍作为限制外地人就业的条件。生活困难、申请救助的人不能按照自己预想的办法获得救助，公民不能自由地购房[3]和在任意一个地方居住等。

民生行政行为直接影响公民的民生权利，这些权利的实现往往以当事人必须具备一定的资格为前提。即使义务教育也不例外，适龄儿童到学校读书的权利和义务也不可能是政府主动帮助实现的，需要未成年人的家长按照规定申请。由于我国多数地区制定了严格的限制外来人口政策，外来人员子女就学相当困难，而导致这种情况的就是地方行政机关制定的教育行政政策。

在范某峰与宁波市海曙区教育局行政确认一审案中，[4]原告范某峰起诉称：被告海曙区教育局关于原告范某峰不符合海曙区2014年进城务工人员随

〔1〕 德国社会法中“个别化原则”，对于社会保障给付内容，固然承认给付主体于一定范围内，就给付种类及程度有选择裁量的余地，但仍须考量保障对象的个别情况及需求，并非要求应严格遵守其裁量规则。从而，行政规则仅具有片面拘束力，保障对象得以其依据规则所计算的扶助费不足以满足生活基本需求，请求给付主体不得有较依该类基准计算为低的给付。于此情形，无非修正原本由行政自我拘束原则导出给付请求权的法理，行政法学如何说明，亦成问题。参见又坂常任：《社会保障受给权と行政裁量の关系についての若干考察（二）》，载《自治研究》1982年第58卷第11号。

〔2〕 参见沈政雄：《社会保障给付行政法学分析》，台北，元照出版公司2011年版，第17页。

〔3〕 这几年各地特别是经济发达地区对购房施加了严格的限制。如上海原来规定，外地户籍的人在上海缴纳社保费满2年可以购房，2016年新出台的政策规定，必须连续交社保满5年才能购房。

〔4〕 宁波市海曙区人民法院（2014）甬海行初字第55号。

迁子女小学招生入学条件的决定违反了法律法规及《宁波市教育局关于切实做好进城务工随迁子女教育工作的意见》(以下简称《实施意见》)文件精神，因此应予撤销。理由如下：其一，宁波市区入读小学一年级的进城务工人员随迁适龄子女原则上父(母)应符合缴纳社保1年及以上这一条件，原告完全满足。原告母亲黄某某是在2014年4月23日被告发布《实施意见》之前社保补缴满1年以上的。被告以原告母亲社保缴纳未满1年作为原告不符合海曙区2014年进城务工人员随迁子女小学招生入学条件决定与事实不符。其二，被告以原告母亲社保补缴满1年区别正常缴纳满1年不能作为原告入读小学一年级条件，没有法律依据。《实施意见》入学政策要求在宁波市区入读小学一年级的进城务工人员随迁适龄子女原则上应符合如下条件：(1)在户籍所在地无监护条件；(2)父母双方在宁波有合法稳定住所(含租赁)，取得居住证(临时居住证或暂住证)1年及以上，无中断；(3)父母双方或一方在宁波具有稳定职业(已与在宁波用人单位签订劳动合同或工商部门办理的在宁波营业执照，且在之后一直按规定办理，无中断)；(4)父母双方或一方已在宁波缴纳社会保险(原则上1年及以上)且在之后一直按规定缴纳，无中断。上述条件中并没有社保"补缴无效"的政策，原告上述四项条件全部满足。在2013年及之前海曙区小学入学政策中依然实行社保"补缴有效"政策。今年海曙区的入学条件比江东区等其他区入学条件严格的做法不合法也不合理。其三，被告制定的《实施意见》关于社保"补缴无效"的内容违反上位法规定。被告无权制定增加限制入学条件的政策，且被告有义务将对相对人有重大影响的情形提前公告。综上，要求撤销被告于2014年5月21日对原告作出的网上预报名审核未通过决定。

法院认为，《实施意见》中规定"2014年作为过渡，延续2013年外来务工人员随迁子女入学政策……具体办法由各县(市)区自行制定"，"各地要结合区域实际，在调查摸底的基础上，科学合理制定本地学前教育、义务教育、高中教育阶段招生条件和操作办法"。故被告海曙区教育局应根据本辖区内流动人口预期教育要求和教育资源可承载能力等区域实际情况，制定关于2014年海曙区进城务工人员随迁子女入学的具体办法。2014年4月被告发布《实施意见》，对进城务工人员随迁子女入学条件作了具体规定。原告认为，被告制定的上述文件中关于"父母双方或一方在海曙区依法缴纳基本养老保险(截至

2014年4月30日，已连续按月缴纳1年以上，查验日仍在参保，无中断，补缴无效）”的内容违反上位法及浙江省教育厅和宁波市教育局的有关文件规定。对此，“本院认为，《实施意见》是被告作为海曙区教育行政部门，根据法律及政策的规定对辖区范围内的义务教育工作制订的具体方案，其中关于城务工人员随迁子女入学条件中‘基本养老保险缴纳条件’的规定并未明显违反上位法及浙江省教育厅和宁波市教育局的有关文件内容。故被告在审核海曙区进城务工人员随迁子女入学报名时，可将该项内容作为报名条件予以核查。原告认为被告制定的《实施意见》内容违法故要求撤销被告的被诉具体行政行为，其理由于法无据，本院不予支持”。

该案引发了很多值得深思的问题：第一，在该案中，原告主张被告所适用的政策违反了法律法规，法院以一句“并未明显违反上位法及浙江省教育厅和宁波市教育局的有关文件内容”回应，但没有对此作实质性解释，而被告所说理由根本无法说明其合法与否。

第二，原告主张，被告以原告母亲社保补缴满1年区别正常缴纳满1年不能作为原告入读小学一年级条件，没有法律依据。这个主张是否成立？我国《宪法》第33条规定了公民享有平等对待的权利，第46条规定了公民享有受教育的权利和义务。我国《教育法》第9条规定：“中华人民共和国公民有受教育的权利和义务。公民不分民族、种族、性别、职业、财产状况、宗教信仰等，依法享有平等的受教育机会。”宪法和法律这些规定是否允许地方政府设定以未成年人父母缴社保达到一定年限的限制。这个条件是“不相关因素”还是必须考虑的“相关因素”。

第三，法院认为，被告所依据的文件中关于进城务工人员随迁子女入学条件中“基本养老保险缴纳条件”的规定并未明显违反上位法及浙江省教育厅和宁波市教育局的有关文件内容。这句话根本不成立。

第四，在该案中，被告应当举证说明其管辖区内的学校是否有能力容纳原告在此受义务教育。我们认为，虽然地方政府可以基于本地的财力等因素考虑设置一定的条件，但是义务教育与非义务教育有所不同。行政机关如果没有足够的理由证明本地的教育设施和条件已经饱和，无法接纳原告，那么就无权作出如此规定；如果没有足够的理由，教育行政机关就没有理由机械地适用这部违反宪法和法律的地方政策。[1]

第五，2004年国务院发布的《全面推进依法行政实施纲要》规定："行政机关实施行政管理，应当依照法律、法规、规章的规定进行；没有法律、法规、规章的规定，行政机关不得作出影响公民、法人和其他组织合法权益或者增加公民、法人和其他组织义务的决定。"在该案中，行政机关设定的进城务工人员子女接受义务教育条件缺乏相关依据，属于规范性文件政策给相对人施加了不利的影响和义务，属于无效的规定。但是，法院判决并未确认其违法。

第六，2003年国务院办公厅转发教育部等部门《关于进一步做好进城务工就业农民子女义务教育工作意见的通知》（国办发〔2003〕78号）明确规定："进城务工就业农民流入地政府（以下简称流入地政府）负责进城务工就业农民子女接受义务教育工作，以全日制公办中小学为主。地方各级政府特别是教育行政部门和全日制公办中小学要建立完善保障进城务工就业农民子女接受义务教育的工作制度和机制，使进城务工就业农民子女受教育环境得到明显改善，九年义务教育普及程度达到当地水平。"还明确要求"流入地政府要制定有关行政规章，协调有关方面，切实做好进城务工就业农民子女接受义务教育工作"。

综上，本案中教育局的做法违法，法院维持其行为也是违法的。

总之，民生行政主要是公民、法人或者其他组织要求行政机关积极作为，为实现与民众密切相关的生活生计相关的活动。民生行政要求行政机关在积极作为方面发挥更大的作用。民生行政行为虽然使行政机关有很大的裁量权，但对于不同情形的民生行为，行政机关的裁量权不同。像前述案件中，我们认为在义务教育问题上，行政机关无论制定政策还是实施具体行政行为，其裁量权几乎为零，没有权力作出随心所欲的决定。

本书在以下论述中，主要从上述相关民生内容出发。

---

〔1〕 在第五章第一部分的相关案件中，可以看到，美国、德国等对州或者地方设置的限制外地学生就读的规定受到严格的审查，通常被判定为违宪的行为。此外可参见朱应平：《论宪法对高校招生地域名额分配的规制——基于德国判例的对照分析》，载《浙江学刊》2010年第1期。

二、民生行政政策适用和规制的含义

（一）“政策”和民生行政政策的含义

在我国，“政策”又称“公共政策”或者“国家政策”。学界对“政策”有不同界定。有人认为，政策是指承载了公共权力的各种组织为处理公私事务、实现公共利益而制定并实施的除法律以外的活动策略和行动准则。[1]这一概念从政治学或者行政学角度来说是正确的，但是从法学规范角度来说不太妥当。因为，法学所指的政策除了不包括法律以外，也不包括行政法规、地方性法规和规章。这些都属于法律规范，不属于政策。但它大体上表达了政策的核心内容。也有解释为，公共政策是指政府为了解决特定时期的某一问题或者是实现某一特定目标，在对公共利益进行选择、综合、分配、落实的过程中，在对政府目标和手段的选择及其相互转化过程，所制定的规划或采取的措施、具有表现为法令、措施、计划、条例、方案、规划和项目等。[2]正如学者所说：公共政策，“主要是指尚未被整合进法律之中的政府政策和惯例”。[3]笔者认为，行政政策是行政机关在一定时期为实现某一任务而确定的基本准则、方针和措施。

1.行政政策具有下列特点：

（1）主体是行政机关、法律法规授权组织，行使某种公权力的社会组织。广义的政策包括政党、国家机关、社会组织等制定的行为准则。就我国来说，每年中共中央制定很多政策，这属于政党政策，政党政策中有相当一部分关于民生的内容。国家机关制定的政策包括立法政策、行政政策和司法政策，如国务院和地方政府制定很多政策。最高人民法院每年发布很多指导性的司法政策。其他社会团体和组织也经常发布政策。本书所称的政策制定主体是狭义的，仅指行政机关、法律法规授权的组织，某些行使公权力的社会组织等。当然中共中央、国务院联合制定的民生政策、地方党委和政府发布的民生政策也在研究范围内。

（2）政策是个泛称，其名称和形式多种多样。在澳大利亚，政策分为正式

〔1〕 参见杜国强：《依法治国中的公共政策》，载《行政与法》2006年第3期。

〔2〕 参见苑晓光：《公共政策制定的法律规制》，中国政法大学2007年硕士学位论文。

〔3〕 [美]E.博登海默：《法理学：法律哲学与法律方法》，邓正来译，中国政法大学出版社1999年版，第465页。

政策与非正式政策。前者是指以立法形式确立的政策；后者是指不是以法律规范形式表现出来的任何类型的指南，不管其是否出版、是否书写。政策可以以活页或者小册子出版或刊登在政府公报上；可以采用指南的形式或一般指导性的注释；可以是某个部门的实践做法；也可以是政府部门的政策手册、某个部门的新闻稿、解决争议的准则、实践备忘、书信、一般命令、警示等。[1]据此，本书所说的政策属于非正式政策，已经写入宪法、法律、法规和规章等法律规范中的政策属于立法性的政策，由于我国对此相对规范和严格，本书不讨论此类政策。

我国行政政策的名称多种多样。少数直接以“××政策”的名称出现，如2014年国务院发布的《国务院关于清理规范税收等优惠政策的通知》。其中规定：“切实规范各类税收等优惠政策”：统一税收政策制定权限、规范非税等收入管理、严格财政支出管理。“全面清理已有的各类税收等优惠政策”要求：各地区、各有关部门要开展一次专项清理，认真排查本地区、本部门制定出台的税收等优惠政策，特别要对与企业签订的合同、协议、备忘录、会议或会谈纪要以及“一事一议”形式的请示、报告和批复等进行全面梳理，摸清底数，确保没有遗漏。通过专项清理，违反国家法律法规的优惠政策一律停止执行，并发布文件予以废止；没有法律法规障碍，确需保留的优惠政策，由省级人民政府或有关部门报财政部审核汇总后专题请示国务院。各省级人民政府和有关部门应于2015年3月底前，向财政部报送本省（区、市）和本部门对税收等优惠政策的专项清理情况，由财政部汇总报国务院。2015年国务院发布《关于大力推进大众创业万众创新若干政策措施的意见》，2015年天津市国土资源和房屋管理局发布《关于完善住房保障有关政策问题的通知》。这些文件直接冠名“政策”。

但在多数情况下，行政政策不是以“政策”的名义出现。经常以下列名称出现：意见、规定、办法、通知、指导意见、纲要、纪要等。

（3）法学界研究的“政策”的具体场域主要有三：第一，行政法领域，其中的公共政策被视为公共行政的基本方式和行政权力的载体。第二，司法领域，主要包括一些公共政策作为司法活动的准则以及通过司法活动创制新的公共政策两个层面。第三，宪法领域，即从宪法权利角度为公共政策的制定和执行

〔1〕 参见朱应平：《澳大利亚行政裁量司法审查研究》，法律出版社2011年版，第107～108页。

提出价值目标，将宪法中的正当程序原则、权力制约原则、人权保障原则、公平正义原则渗透到公共政策过程中去。总之，法学视野中的公共政策研究强调公共政策及其政策在民主宪治的体制框架下运作依法而治。这种研究路径经常纠结于公共政策的合法性和与法律的融洽度，不太注重公共管理途径中格外珍视的效率和成本。[1]

我国行政法学教材或专著很少将公共政策作为法源。章剑生教授是关注到行政政策的学者之一，他明确将政策作为现代行政法不成文法源之一，认为政策是一定时期为实现某一任务而确定的基本准则。在许多情况下，公共政策起着诠释法律规范的作用，许多并不确定的法律概念是通过公共政策加以廓清的。[2]

行政政策是政策的重要组成部分，是行政机关为解决特定时期的某一问题或者是实现某一特定目标，在对公共利益进行选择、综合、分配、落实的过错中，以及对行政目标和手段的选择及其相互转化过程中，所制定的规划或采取的措施，具体表现为规则、措施、计划、方案和项目等。[3]

2.民生行政政策

民生行政政策是指行政机关在一定时期为实现某一民生任务而确定的基本准则、方针和措施。本书所称的民生行政政策是狭义的行政政策，不包括人大及其常委会、司法机关制作发布的各种涉及行政活动的政策，仅研究由行政机关发布的涉及民生行政的规则、措施、计划、方案和项目等。政策以多种形式表现出来，通常以行政规范性文件形式表现出来。这里的行政规范性文件不包括法律、行政法规、地方性法规、行政规章、自治条例、单行条例中涉及政策的部分。这些法律规范中的政策固然属于政策的组成部分，但其已被纳入法律规范之中，成为法律规范的组成部分。[4]本书重点考察一般行政规范性文

---

〔1〕 参见冯威：《行政法视野中的公共政策研究》，山东大学2012年博士学位论文，第24～25页。

〔2〕 参见章剑生：《现代行政法基本理论》，法律出版社2008年版，第56页。

〔3〕 参见高秦伟：《行政过程中的政策形成》，载《当代法学》2012年第5期。

〔4〕《民法通则》第6条规定："民事活动必须遵守法律，法律没有规定的，应当遵守国家政策。"对于其中的"政策"的含义及其如何作为司法裁判依据等问题，学界看法不同。有学者认为这里的"政策"不具有单独的表现形式，而是承载了狭义的法律、行政法规、行政规章和各种其他规范性文件，只要国家政策可通过以上表现形式运用于民事裁判，其自然可以成为民法法源。在我国，法律、法律解释、司法解释、行政法规、自治条例、单行条例为裁判性规范，行政规章及其他规范性文件为说理性规范。以上文件均为国家政策的表现形式。参见张红：《论国家政策作为民法法源》，载《中国社会科学》2015年第12期。

件形式表现的政策。有些学者甚至直接将政策等同于规范性文件。[1]需要指出的是，本书研究的是行政政策，但考虑到执政党组织经常与政府联合发布政策文件，而且中共各级党组织发布的政策文件经常是行政机关制定政策的直接依据，所以在后文研究中，民生行政政策也包括了中共各级党组织制定的涉及民生行政管理方面的政策。还要指出的是，由于我国民生行政领域立法滞后，很多事项没有法律规定，甚至很少有法规规定。在其他国家或者地区由法律规范来规定的事项，在我国很可能都是由行政政策来规定的。我国民生行政政策有以下特点：

（1）制定主体多

根据我国宪法和法律规定，我国有权制定行政政策的是各级行政机关，国务院是制定行政政策的最高行政机关。国务院各部委、中国人民银行、审计署和具有行政管理职能的直属机构，可以根据法律和国务院的行政法规、决定、命令，在本部门的权限范围内，制定行政政策。地方各级政府、县级以上政府工作部门有权制定行政政策。法律法规授权组织在法律法规授权范围内有权制定行政政策，如各个高等学校发布了大量的行政政策，此外，带有公共服务功能的很多企事业组织也会发布相关政策，有的属于准行政政策，如具体办理退休养老等工作的某个事业单位、公积金管理中心，甚至居民委员会、村民委员会也会发布相关的准行政政策，对民生事项进行调整。

我国制定民生行政政策的主体不仅类型多，而且呈现出多层级化。

（2）内容复杂多样

目前在我国，法治理念和实践与其他国家和地区相比还存在一定的差距。在民生问题上，没有认真对待过民生行政事项是否要坚持法律保留原则，或者没有解决在以行政政策规定民生事项时要受到哪些限制或者界限等问题。如此就出现了一个普遍现象：我国行政政策对民生事项的规定几乎不受限制，一些行政机关在相关行政政策中对民生事项提出了一些限制性因素，但不符合宪法和法律的平等原则、公正公平原则、法律保留原则等的精神，此外，每一级行政机关在制定民生行政政策时有何界限，也没有相应的明确规定和判例基础。

---

〔1〕 法律解释与行政政策经常交织在一起，各种行政性规则均承担了法律解释与政策形成的重任。参见高秦伟：《行政过程中的政策形成》，载《当代法学》2012年第5期。

民生行政政策性文件的内容多样，层级越高，其内容越抽象，可操作性越差；层级越低，内容越具体；越低层级政策性文件的内容越有可操作性；低层次的民生行政政策文件所涉及的内容比高层级的政策文件的内容多得多。特别是在涉及相关民生权利资格条件的设定和民生权益的分配上，不少低层次政策设定了很多限制性条件，这些规定是否符合法律规范和上级政策的精神，判断起来相当困难。

（3）民生行政政策适用非常广泛

由于我国尚未发展出一套控制民生行政政策适用的有效制度，在现实中，行政机关几乎不受限制地选用和适用相关的民生行政政策。由于没有受到人大及其常委会、上级行政机关和法院的严格审查，民生行政政策所产生的法律效果几乎不受质疑，甚至比法律规范更为广泛和直接。在一些行政行为中，行政机关直接适用行政政策，而对法律规范置之不理。在大量的民生行政行为中，几乎看不到行政机关引用任何法律法规规章而往往只单独地引用民生行政政策，政策在很多情况下甚至替代了法律规范。遗憾的是，当相对人提出对这些行政政策进行审查时，法院多是简单地承认其合法性和合理性。甚至不少法律在审理案件所作的判决书中也只是引用行政政策，而不引用法律法规。2009年最高人民法院发布了《关于裁判文书引用法律、法规等规范性法律文件的规定》，其中第3条规定："刑事裁判文书应当引用法律、法律解释或者司法解释；刑事附带民事诉讼裁判文书引用规范性法律文件，同时适用本规定第四条规定。"第4条规定："民事裁判文书应当引用法律、法律解释或者司法解释。对于应当适用的行政法规、地方性法规或者自治条例和单行条例，可以直接引用。"第5条规定："行政裁判文书应当引用法律、法律解释、行政法规或者司法解释。对于应当适用的地方性法规、自治条例和单行条例、国务院或者国务院授权的部门公布的行政法规解释或者行政规章，可以直接引用。"第6条规定："对于本规定第三条、第四条、第五条规定之外的规范性文件，根据审理案件的需要，经审查认定为合法有效的，可以作为裁判说理的依据。"根据上述第6条规定，法院引用一般规范性文件即行政政策，只能作为"裁判说理的依据"。但是很多法院直接把它等同于法律法规加以引用。这种状况有损法律规范的权威。

(4)没有有效的监控制度

虽然法律(如《各级人民代表大会常务委员会监督法》[1])、行政法规(如国务院《规章制定程序条例》[2]、《法规规章备案条例》[3])和地方政府规章有了相关的规定。但从实际操作来看,上述规定对行政政策的监督没有实效。对不符合法律精神或者上级行政政策精神的下位行政政策几乎没有有效的制约措施,致使民生行政政策很难获得有效控制。

在原告陈某、陈某伟诉被告衡阳市珠晖区政府行政不作为一案中,[4]原告陈某、陈某伟不服被告衡阳市珠晖区政府于2008年作出的《关于解决和平乡和平村无地少地农民生活出路问题的会议纪要》(以下简称《会议纪要》)第2条第3项的内容,于2009年12月29日向法院提起诉讼。被告衡阳市珠晖区政府作出《会议纪要》第2条第3项规定:针对征地后享堂、便桥两组村民遇到生活实际困难,同意由区民政局组织筹措资金,建立一个过渡性的生活保障机制(农民未完成"农转非"之前)给予保障,分两部分落实:一部分是对困难户、伤残人员、"五保"人员,参照城市最低生活保障政策解决,实行动态管理;另一部分采取高于农村标准、略低于城市标准,按照每人75元/月给予保障。原告陈某、陈某伟诉称,二原告所在村组的土地被政府征收,二原告均为失地农民,2007年衡阳市政府公布的居民最低生活保障标准每月为166元/人,被告作出的《会议纪要》第2条第3项规定原告每人按75元/月的标准给予保障,该内容违反法律规定,请求法院依法撤销该违法内容,责令被告按市政府职能部门公布的最低生活保障费标准给原告支付失地农民最低生活保障费,并责令被告给原告每人补发至2009年11月18日少发的失地农民最低生活保障费2184元。

---

〔1〕 第30条规定:"县级以上地方各级人民代表大会常务委员会对下一级人民代表大会及其常务委员会作出的决议、决定和本级人民政府发布的决定、命令,经审查,认为有下列不适当的情形之一的,有权予以撤销:(一)超越法定权限,限制或者剥夺公民、法人和其他组织的合法权利,或者增加公民、法人和其他组织的义务的;(二)同法律、法规规定相抵触的;(三)有其他不适当的情形,应当予以撤销的。"

〔2〕 第36条规定:"依法不具有规章制定权的县级以上地方人民政府制定、发布具有普遍约束力的决定、命令,参照本条例规定的程序执行。"

〔3〕 第21条规定:"省、自治区、直辖市人民政府应当依法加强对下级行政机关发布的规章和其他具有普遍约束力的行政决定、命令的监督,依据本条例的有关规定建立相关备案制度,维护社会主义法制的统一,保证法律、法规的正确实施。"

〔4〕 湖南省衡阳市中级人民法院行政判决书(2010)衡中法行初字第3号。

法院查明，衡阳市政府经湖南省政府湘政〔2006〕62号和中华人民共和国国土资源部国土资函〔2007〕185号文件批准，从2006年7月开始启动湘江东岸风光带南段工程建设。湖南省政府湘政〔2006〕62号文件规定，被征地农民的社会保障费用按国务院国发〔2006〕31号、国务院办公厅国办发〔2006〕29号文件执行。国务院办公厅国办发〔2006〕29号文件规定要积极做好被征地农民社会保障工作：一是明确保障对象，被征地农民社会保障对象的确定，要严格按规定程序核准并予以公告后，报县（市）人民政府有关部门备案；二是对城市规划区内的被征地农民，应根据当地经济发展水平和被征地农民不同年龄段，制定保持基本生活水平不下降的办法和养老保障办法，对符合享受城市居民最低生活保障条件的，应按规定纳入城市居民最低生活保障范围；三是合理确定保障水平，被征地农民基本生活和养老保障水平，应不低于当地最低生活保障标准。为了解决珠晖区和平乡和平村便桥、享堂两组失地少地农民的生活出路，珠晖区政府制定《会议纪要》解决无地少地农民的"农转非"问题、社保、医保、安置用地等问题，其中第2条第3项的内容是解决被征地农民当前生活保障问题，即由珠晖区民政局组织筹措资金，在农民未完成"农转非"之前建立一个过渡性的生活保障机制。按照该纪要，二原告每人每月可享受过渡性生活保障费75元。

法院认为，"国务院办公厅国办发〔2006〕29号文件规定被征地农民的社会保障工作首先是明确保障对象，被征地农民社会保障对象的确定，要严格按规定程序核准并予以公告后，报县（市）政府有关部门备案。二原告是否属于被保障对象亦应按规定的程序进行核准、公告。珠晖区政府2008年制定《会议纪要》的第2条第3项是解决珠晖区和平乡和平村享堂、便桥村民小组无地少地农民未'农转非'之前的过渡性生活保障问题，对于无地少地农民中的困难户、伤残人员、'五保'人员参照城市最低生活保障政策解决，对于其他人员则按高于农村标准、低于城市标准的方式给予过渡性生活保障。过渡性生活保障不是城市居民最低生活保障金，《会议纪要》的规定与国务院国发〔2006〕31号、国务院办公厅国办发〔2006〕29号文件精神不相冲突，故原告请求确认《会议纪要》第2条第3项内容违法依据不足，本院不予采信；原告要求被告按衡阳市政府职能部门公布的最低生活保障费标准支付和补发最低生活保障费亦证据不足，本院不予支持……判决如下：驳回原告陈某、陈某伟的诉讼请求"。

在该案中,《会议纪要》第2条第3项对于无地少地农民中的困难户、伤残人员、“五保”人员参照城市最低生活保障政策解决,这个规定没有问题。但是对于无地少地农民的其他人的生活保障问题,该市对未“农转非”之前采取过渡性生活保障,实行按高于农村标准、低于城市标准的方式给予过渡性生活保障。我们认为不管是否过渡性生活保障,关键是其制定的标准是否符合国务院的政策要求:即该标准是否根据当地经济发展水平和被征地农民不同年龄段制定的,其确立的标准是否达到“保持基本生活水平不下降”,保障水平是否“合理确定”,其过渡措施是否符合“被征地农民基本生活和养老保障水平,应不低于当地最低生活保障标准”。现在《会议纪要》确立的是高于农村人均每月最低生活保障标准(55元),低于城市人均每月最低生活保障标准(166元),即每人每月75元。很显然,其制定的标准未体现“当地经济发展水平和被征地农民不同年龄段的要求”,比如珠晖区和平乡和平村享堂、便桥村民小组在全区经济发展水平处于什么状况,年龄段大体上可以分为几个部分,这些均没有在标准中得到体现,所有人的标准是一样的,就是说《会议纪要》所确立的标准没有体现出“合理的差别对待”的标准。75元这个标准比当地农村最低生活标准高但比城市最低生活水平低,为什么是这样一个标准?比如为什么不是农村和城市最低生活保障标准的平均数?法院没有对这些规定进行审查,没有要求制定者说明理由,就简单地以“过渡性保障措施”不是最低生活保障标准来把实质性问题搪塞过去。

(二)民生行政政策适用的含义说明

本书所指的民生行政政策的适用包括行政机关适用和法院适用两方面。

1.行政机关适用政策的形式

行政机关适用民生行政政策主要是指行政机关在实践中是如何执行、贯彻落实行政政策的。民生政策在行政机关的适用或者执行与行政机关行使权力的方式是相适应的。换言之,行政机关行使权力有哪些方式,其实施执行和适用民生行政政策的方式就有哪些。本书主要讨论一般行政执法机关适用行政政策的情况,不讨论行政复议机关、行政信访机关适用政策处理争议的问题。行政机关适用民生政策主要有两种形式:

(1)通过制定抽象行政行为的形式实施适用民生行政政策

不同层级的行政机关适用民生行政政策的方式不完全相同。这取决于宪法法律的规定。比如，国务院是最高行政机关，是民生行政政策的最高制定者。根据《宪法》第89条第1项的规定："国务院有权根据宪法和法律，规定行政措施，发布决定和命令。""行政措施"、抽象的"决定和命令"就是政策的表现形式。《宪法》第107条规定："县级以上地方各级人民政府依照法律规定的权限，管理本行政区域内的经济、教育、科学、文化、卫生、体育事业、城乡建设事业和财政、民政、公安、民族事务、司法行政、监察、计划生育等行政工作，发布决定和命令……"乡、民族乡、镇的政府执行本级人大的决议和上级国家行政机关的决定和命令，管理本行政区域内的行政工作。《地方组织法》[1]第59条规定："县级以上的地方各级政府行使下列职权：(一)执行本级人民代表大会及其常务委员会的决议，以及上级国家行政机关的决定和命令，规定行政措施，发布决定和命令……"据此，通过发布政策的形式(此处的行政措施、决定和命令)执行上级国家行政机关的政策(决定和命令)，是地方政府执行、适用民生行政政策的重要方式。

可见，制定民生行政政策，落实宪法、法律法规、行政规章和上级行政机关的政策，这是下级行政机关适用行政政策的重要形式。此时要考察的是，这些政策的制定程序和内容是否合法有效。

(2)通过具体行政行为适用民生行政政策

它是指各级政府及其工作部门、法律法规授权组织直接或间接根据政府及其工作部门的民生行政政策作出具体的行政行为。这部分主要遇到的问题是，行政机关适用民生行政政策作出具体决定的行为是否合法有效。

行政机关的适用分为抽象适用和具体适用。抽象适用就是指下级行政机关制定行政政策，对法律法规规章和上级行政政策加以具体化。具体适用是指行政机关适用政策作出具体决定的行为。具体适用体现在第三章与法院的审查适用结合在一起。从被告答辩提供的证据和依据，以及答辩的思路可以看出行政机关具体适用的情况。

2.法院适用政策的形式

法院与行政机关在适用政策方面既有密切的联系，也有明显的不同。行政机关在制定政策实施适用上级行政机关民生政策时，过于强调本地实际情

[1] 全称为《中华人民共和国地方各级人民代表大会和地方各级人民政府组织法》，本书以下简称《地方组织法》。

况,而对宪法法律的规定考虑不足,不少低层次的行政政策往往含有对外地人进行排斥的相关规定;行政机关在适用行政政策作出行政行为方面,往往很少或者根本不对政策予以审查和选择,就简单地适用行政政策。造成这种情况的原因复杂,主要是行政官僚体制要求下级服从上级。法院则不同,由于并非所有的行政政策都对法院具有必然的拘束力。所以,法院在适用行政政策之前,有权也有责任对行政机关的政策适用是否合法予以审查和适用。法院的适用以先行审查为前提,二者不可分割。本书在第三、四章将对行政机关适用和法院适用予以分别研究。

(三)对民生行政政策进行规制的含义说明

对民生行政政策的规制既包括对抽象的民生行政政策是否合法予以规范和审查,也包括对基于民生行政政策所作具体行政行为所作的审查监督。

这里的规制就是规范监督控制的意思。规范是指法律法规对行政政策的制定提出哪些要求;以及对民生行政政策进行审查。监督控制是指有权机关对行政政策依法进行监督,并采取相应的处理措施。规制的主体多种多样。从国家机关规制来说,包括人大及其常委会、行政复议、行政诉讼及其他监督等规制。

虽然民生行政政策在行政活动中占有重要地位,经常被当作行政行为的依据,或者作为作出行政行为的相关因素等。但能够作为行政机关考虑的只能是合法合理的"政策",而不当或滞后的"政策"不能作为适用依据,不能作为作出行政决定的相关因素,恰恰是要受到宪法法律规制的对象,应当采取有效的措施予以防范、阻止其发挥消极作用,防止其成为推行"恶法"的依据和助力。

三、将政策作为民生行政行为依据的法理基础

民生行政政策之所以在行政行为中获得广泛的适用,不是偶然的,而是有其产生的必然性。不仅我国如此,其他国家和地区也是如此。

1.民生行政政策契合了从依法律行政到依法按政策行政的发展要求

民生行政政策的大量出现不是偶然的,而是契合了时代发展的要求,它能矫正法律规范的滞后,填补法律规范的不足,及时满足社会关系规范调整的需求。

在传统法治主义下，行政机关必须依据法律行为。无法律则无行政。这种严格的法治主义对行政机关严格依法行为发挥过重要作用。但是，社会快速发展对法律需求越来越迫切，而立法者不能及时制定出社会发展需要的法律，仅是严格地依法律行政，会使行政行为在面对人民的日益增加的要求时变得无所作为、陷入被动。此时人们认识到，对法律保留原则的要求应当从绝对主义到相对主义。"行政不必以法规为绝对之前提，除法律或上级行政命令有明文禁止之规定外，基于行政之自动型及给付行政或助长行政之本质，国家作用中除去立法与司法者外，均得为行政作用之范畴，故'无法律则无行政'之原则，已不复存在。"[1]除了法律外，行政法规、地方性法规、行政规章都成为行政行为的依据。但是，这些仍然不能满足社会发展的需要，于是各国在宪法法律中规定，行政机关可以制定行政规范性文件，或称为行政规则、行政命令等。我国宪法和法律也有这样的规定。其中，行政政策就是以行政规范性文件的形式表现出来的。

法律规范相对稳定，制定和修改程序比较复杂，难以快速地适用形势发展的要求。而行政政策比较灵活，可以弥补法律规范的不足。只有承认行政政策的法源地位，才能解决依法行政依据不足的问题。与法律规范相比，行政政策可以调动行政机关的积极性，促进其更积极主动地为民造福。与法律相比，行政政策由行政机关制定，更切合行政发展的实际，在一定程度上可以克服法律相对滞后的缺点，使政策及时顺应时代发展的要求。

对我国来说，对民生行政政策的需求更为紧迫。我国各地经济、社会、文化发展状况不平衡，各地差异很大，法律规范的数量、科学性、合理性难以适应需求，许多社会关系对法律的诉求很急迫，而过于刚性、缺少伸张力的法律规定很可能会损害地方的发展、秩序的建立和对问题的处理。韦伯认为，"形式"与"实质"法治主义的区别在于某一法律体系是否内在能够自给自足，在"实质"的法律体系下，法律判断需要考虑法律之外的政治、伦理或宗教上的价值，而非纯粹依赖法律体系的法律原则与逻辑推演。[2]"一刀切"的形式主义法治并不能有效解决实际问题，民生行政行为要求政府积极主动，民生行政政策恰好适应了这一需求。

---

〔1〕 城仲模：《行政法之基础理论》，台北，三民书局1994年增订再版，第13页。
〔2〕 参见孙笑侠、夏立安主编：《法理学导论》，高等教育出版社2004年版，第337页。

总之，各国对行政政策的适用都远远超过了历史上的任何时代，这是不以人的主观意志为转移的，是社会发展到一定阶段不可避免的现象。认清这一点，对于我们树立正确的行政政策观念非常重要。因为受到控权论思想的影响，过去学界比较多地强调对行政权的控制，强调运用"法律"对行政机关的所有行政行为予以严格的限制。在此控权论思想指导下，很多人不愿意承认行政政策成为法律的重要渊源，不愿意承认行政政策是行政行为的重要依据。这种基于美好愿望而不顾现实发展需求的心态无助于问题的解决。只有面对现实，承认行政政策已经是重要的行政法渊源和行政行为的重要依据，然后采取措施解决面临的问题。

2.民生行政政策是落实法律法规规章和高级行政政策的桥梁

有人反对将行政政策视为法律渊源的组成部分和行政行为的适用依据，是因为有一个认识偏差：如果承认了行政政策的法源地位和依据地位，就会导致行政权更难控制。这种认识虽有一定道理，但其实是片面的。因为行政政策发挥的作用与行政权力的扩大是同时进退的。要充分发挥行政权力服务功能和保障人权的功能，就必须使行政机关在制定政策方面有更大的权力。民生类行政政策是确立公民权利、明确相对人经济社会文化类请求权的重要桥梁。

与传统行政不同，现代政府承担大量的民生类行政行为，为公众提供给付和保障。受到各种因素的影响，立法机关无法制定更加具体明确的法律以供行政机关直接适用，客观上要求由行政机关制定更有可操作性的法规规章或者政策。从我国来看，一般来说，中央制定法律或者行政法规或者部门规章，地方制定实施性的（也是在中央缺乏立法或者政策的情况下，地方制定创制性的立法或者政策）地方性法规或地方政府规章，但是这些规定仍然比较抽象，需要制定更细化的政策。可以说，没有民生政策特别是可操作性强的政策规定、没有裁量基准性的规定和必要的解释，法律规范的精神和上级行政政策的规定就无法具体化，抽象的法条不能转变为可以具体适用的权利依据，公民民生权利的请求权就会落空。

此外，还要转变一种观念。过去有一种错误的认识，认为政策总是比法律更原则。从实际情况来看，政策有抽象的一面，而且在各级行政机关中，层级越高的机关制定的政策越抽象，实施难度越大。而层次越低的行政机关制定的民生行政政策则明显不同于高层级的行政政策，更具体明确、容易操作，更能使抽象的规定落地。

我国台湾地区行政法院在审理案件中，早就揭示了行政政策在实现公民民生类权利请求权中的重要作用。以台湾地区的"社会救助法"为例。法院判决指出，"社会救助法"仅揭示原则性救助种类及规定县市主管机关办理该救助的权限，具体给付项目、标准及程序则授权县市主管机关订定。以灾害救助为例，即有因受像神台风侵袭，导致住屋（透天式住宅）地下室遭受淹水达二公尺以上，造成财物损失100万元以上，影响生计、申请领取救灾补助金的案例。[1]判决认为："社会救助法"第26条第一项第六款之规定本身（即"地方主管机关应视灾情需要，为其他必要之灾害救助"过于抽象，无法形成一个具体之请求权。被告基隆市当局所订定天然灾害救助金核发标准之法规命令，仅对补助金额作出具体之规范［同标准二、（六）住户遭水灾、水淹、火灾等灾害，财物受损致影响其生计者，以户内人口为计算基准，每户发给新台币五千元，每户以五口为限］，建立补助标准之构成要件部分，亦未加以具体规范，同样无法有效形成请求权之规范基础。其后，为使所属区公所核发救助金有具体作业准则，再订定基隆市办理像神台风受灾户救助户核发事宜应行注意事项（第三点规定水淹渍标准，以各住户受水淹没达五十公分以上者为救助对象），而将请求权成立要件予以明确化。故原告之请求权规范基础，建立在具有高低位阶关系之一组法规范上，即"社会救助法"第26条之法律与核发标准二、（六）之法规命令及注意事项三之行政规则。关于给付标准之审查，同判决则认为："社会救助法"第26条第二项规定，救助方式授权地方主管机关依实际需要订定法规命令来执行，系考虑地方财政情况不同，补助标准又须因地制宜，不宜由当局统一订定之补助标准及补助金额。故地方主管机关行使此等权限时，对补助标准及补助金额之建立享有行政裁量权。且地方主管机关对法规命令文字之解释，亦应受一定程度之尊重。灾害救助属对特定范围人民之额外给予，必须有其给予之正当性及紧迫性，应基于灾民受有财产以外之重大损失（例如人身或生命之付出等代价），或对日常生活形成重大不便之情形（例如夜间无法安眠，无法进行正常之生活），始有进行社会急难救助之急迫性

〔1〕"台北高等行政法院"2001年诉字第4047号判决。

可言。本件原告遭受水淹之地下室仅供储藏及停车使用，淹水结果固然会带来财物之重大损失，被告基此等事实特征，认定原告之住户未受水淹没，为法规范之合理解释……[1]可见，经过行政政策的细化，建立补助标准的构成要件部分得以具体化，从而形成请求权的规范基础。此外，经过行政政策的细化规定，补助标准得以明确化。

台湾地区法院的上述论述表明，行政政策具有重要的作用。第一，它确立了具体明细的给付条件，从而使抽象的一般权利转变为可以具体申请的给付请求权。第二，行政政策明确了具体的给付标准。这个标准只有行政机关才有能力作出相对合理的、公平公正的规定。

大陆也是如此。法律规范或者高级行政政策需要依赖于多层级、阶梯式的民生行政政策逐步具体化，从而使民生权利真正得以实现。

2007年国务院发布《关于解决城市低收入家庭住房困难的若干意见》，这是有关城市低收入家庭住房困难方面的最高行政政策。其中"经济适用住房供应对象"为："城市低收入住房困难家庭，并与廉租住房保障对象衔接。经济适用住房供应对象的家庭收入标准和住房困难标准，由城市人民政府确定，实行动态管理，每年向社会公布一次。低收入住房困难家庭要求购买经济适用住房的，由该家庭提出申请，有关单位按规定的程序进行审查，对符合标准的，纳入经济适用住房供应对象范围。过去享受过福利分房或购买过经济适用住房的家庭不得再购买经济适用住房。已经购买了经济适用住房的家庭又购买其他住房的，原经济适用住房由政府按规定回购。"可见，该政策文件授权城市政府确定标准。该文件规定的条件不具体，无法形成"住房申请权"。

2007年原建设部等七部门根据前述国务院政策修订发布了《经济适用住房管理办法》，其中第24条规定："经济适用住房管理应建立严格的准入和退出机制。经济适用住房由市、县人民政府按限定的价格，统一组织向符合购房条件的低收入家庭出售。经济适用住房供应实行申请、审核、公示和轮候制度。市、县人民政府应当制定经济适用住房申请、审核、公示和轮候的具体办法，并向社会公布。"这一规定仍然缺乏具体指标性的衡量标准，无法形成"住房申请权"。同时该文件授予市县政府制定具体办法。第25条规定："城市低

---

〔1〕 沈政雄：《社会保障给付行政法学分析》，台北，元照出版公司2011年版，第157～158页。

收入家庭申请购买经济适用住房应同时符合下列条件:(一)具有当地城镇户口;(二)家庭收入符合市、县人民政府划定的低收入家庭收入标准;(三)无房或现住房面积低于市、县人民政府规定的住房困难标准。”“经济适用住房供应对象的家庭收入标准和住房困难标准,由市、县人民政府根据当地商品住房价格、居民家庭可支配收入、居住水平和家庭人口结构等因素确定,实行动态管理,每年向社会公布一次。”第一个标准是具体明确的,但第二、三个标准不具体,这一条也无法给困难户申请住房提供可行的权利依据。它需要地方出台更为具体明确的标准。

2009年上海市政府根据国务院《关于解决城市低收入家庭住房困难的若干意见》,参照原建设部等七部门《经济适用住房管理办法》,结合本市实际情况,制定了《上海市经济适用住房管理试行办法》,其中第14条规定了申请条件,符合下列条件的本市城镇家庭,可以申请购买或者租赁经济适用住房:“(一)家庭成员之间具有法定的赡养、抚养或者扶养关系,且共同生活;(二)家庭成员具有本市城镇常住户口达到规定年限,且户口在提出申请所在地的区(县)达到规定年限;(三)住房面积低于规定限额;(四)可支配收入和财产低于规定限额;(五)在提出申请前的规定年限内,任何成员未发生过住房交易行为;(六)市政府规定的其他条件。

符合下列条件的本市单身人士,可以申请购买或者租赁经济适用住房:(一)具有本市城镇常住户口达到规定年限,且户口在提出申请所在地的区(县)达到规定年限;(二)年龄符合规定标准;(三)具有完全民事行为能力;(四)住房面积低于规定限额;(五)可支配收入和财产低于规定限额;(六)在提出申请前的规定年限内,未发生过住房交易行为;(七)市政府规定的其他条件。

本条第一款、第二款规定申请购买、租赁经济适用住房的具体条件,由市政府确定并向社会公布。”

该条规定中,第1款的第1项明确,第2项中的“规定年限”不明确,第3～6项都不明确,无法形成申请住房的权利依据。第2款中只有第3项明确,其他均不明确,无法形成权利申请的依据。第3款授权另行制定。

2010年上海市政府关于批转市住房保障房屋管理局等四部门制定了《上海市2010年经济适用住房准入标准和供应标准》的通知。其中准入标准,同时符合下列标准的本市城镇居民家庭，可申请购买经济适用住房：“（一）申请家庭成员在本市实际居住，具有本市城镇常住户口连续满7年，且在提出申请所在地的区（县）城镇常住户口连续满5年。（二）申请家庭人均住房建筑面积低于15平方米（含15平方米）。（三）3人及以上申请家庭人均年可支配收入低于34,800元（含34,800元）、人均财产低于90,000元（含90,000元）；2人及以下申请家庭人均年可支配收入和人均财产标准，按前述标准上浮10%，即人均年可支配收入低于38,280元（含38,280元）、人均财产低于99,000元（含99,000元）。（四）申请家庭成员在提出申请前5年内未发生过住房出售行为和赠与行为，但申请家庭成员之间住房赠与行为除外。

同时符合上述标准，具有完全民事行为能力、年满30周岁的单身人士（包括未婚、丧偶、或者离婚满3年的人士），可单独申请购买经济适用住房。”

此外，申请购买经济适用住房，按下列标准供应：“（一）单身申请人士或者2人申请家庭，可购买一套一居室。（二）3人申请家庭或者原有住房建筑面积低于规定限额（即人均15平方米建筑面积限额×申请家庭人员数－申请家庭原有住房建筑面积）在15平方米（含15平方米）以上的2人申请家庭，可购买一套二居室。（三）4人及以上申请家庭，可购买一套三居室。（四）申请家庭人员较多、申请家庭人员代际结构较复杂或者经区（县）住房保障机构同意、申请家庭将原有住房交政府指定机构收购的，区（县）政府可酌情放宽住房供应标准，相关标准应当报市住房保障房屋管理局备案。

申请家庭或者单身申请人士可根据自身情况和房源供应数量，选择申请购买较小的房型。”

上述规定非常具体，直到此时，住房申请权才真正成为可以判断的便于申请的权利。之后，上海市政府每年出台一个标准，由此住房申请权真正得到落实。

由此可见，公民经济适用房由一项宪法上的人权，[1]转变为可以申请的权利，经过了国务院的最高行政政策、建设部等部委的行政政策、上海市政府的两层次政策，换言之，经过了四个层次的行政政策，才确定此项权利具有可申请性。这个事例足以证明，民生行政政策在公民民生权利实现中不可缺少。

---

〔1〕 虽然《宪法》没有明示的规定，但《宪法》第33条规定，国家尊重和保障人权；第14条规定，国家建立健全用经济发展水平相适应的社会保障制度；等等。这些可以引申出公民有默示的此项权利。

而且往往单一的一项政策还不足以保障民生权利成为可以请求的权利，需要多项政策并用，这也是民生行政政策的重要特点。这说明，充分肯定低层次的行政政策在实现政府任务、保障民生权利方面的作用是非常必要的。

3.贯彻宪法和法律精神的需要

虽然行政政策对宪法和法律的实施既可能起积极的保障作用也可能起消极的阻碍破坏作用，但总体来说，宪法法律的充分实施离不开行政政策。对我国来说，民生领域更是如此。与其他国家和地区不同，我国法治起步很晚。由于立法长期落后，曾经长期依赖于政策办事。虽然后来立法有了长足发展，但是立法数量和质量仍然满足不了社会发展的要求。此外，我国一直强调政府主导推动法治，长期以来形成了客观现实：特别重视政府行政政策在行政行为中的地位和作用。换言之，我国的历史和现实情况决定了我国宪法法律的实施需要借助行政政策。

我国宪法和法律也没有排斥行政政策的作用，宪法法律中含有大量的民生政策条文。实施宪法和法律自然包括了落实宪法法律中相关民生政策的规定。我国《宪法》本身有许多条文承认民生政策的宪法地位，宪法赋予立法机关和行政机关在民生领域较大的裁量权。要贯彻实施宪法就必须确认其在民生行政中的"依据"地位。比如与民生密切相关的《宪法》第19条关于教育发展的政策条文；[1]第14条关于社会保障制度的政策；[2]第21条关于医疗卫生政策，[3]对于公民健康权的保障非常重要。此外还有涉及分配制度的政

---

〔1〕《宪法》第19条规定："国家发展社会主义的教育事业，提高全国人民的科学文化水平。

国家举办各种学校，普及初等义务教育，发展中等教育、职业教育和高等教育，并且发展学前教育。

国家发展各种教育设施，扫除文盲，对工人、农民、国家工作人员和其他劳动者进行政治、文化、科学、技术、业务的教育，鼓励自学成才。

国家鼓励集体经济组织、国家企业事业组织和其他社会力量依照法律规定举办各种教育事业。"

〔2〕《宪法》第14条第4款规定："国家建立健全同经济发展水平相适应的社会保障制度"。

〔3〕《宪法》第21条规定："国家发展医疗卫生事业，发展现代医药和我国传统医药，鼓励和支持农村集体经济组织、国家企业事业组织和街道组织举办各种医疗卫生设施，开展群众性的卫生活动，保护人民健康。国家发展体育事业，开展群众性的体育活动，增强人民体质。"

策。[1]宪法规定了这些民生政策，当然不可能全靠法律法规来实施。民生行政政策是实施宪法上述规定的重要路径。

此外，很多法律中也规定了大量的政策，需要法规规章和行政政策的实施。如《就业促进法》第二章专门设立了《政策支持》内容。要贯彻实施法律，必须确立政策在依法行政中的“依据”地位。

宪法和法律的很多规定，如果离开了行政政策，其界限和含义就难以把握，很难获得有效实施。比如，宪法和法律中有很多民生权利，但是在现实中宪法法律规定的权利到底是什么含义，权利的限制界限何在？往往并不明确，这就需要相关行政政策予以解释或者规定。如2007年国家劳动和社会保障部、卫生部联合下发《关于维护乙肝表面抗原携带者就业权利的意见》，其中规定：“促进乙肝表面抗原携带者实现公平就业：(一)保护乙肝表面抗原携带者的就业权利。除国家法律、行政法规和卫生部规定禁止从事的易使乙肝扩散的工作外，用人单位不得以劳动者携带乙肝表面抗原为理由拒绝招用或者辞退乙肝表面抗原携带者。(二)严格规范用人单位的招、用工体检项目，保护乙肝表面抗原携带者的隐私权。用人单位在招、用工过程中，可以根据实际需要将肝功能检查项目作为体检标准，但除国家法律、行政法规和卫生部规定禁止从事的工作外，不得强行将乙肝病毒血清学指标作为体检标准。各级各类医疗机构在对劳动者开展体检过程中要注意保护乙肝表面抗原携带者的隐私权。”2010年国家人力资源和社会保障部、教育部、卫生部发布《关于进一步规范入学和就业体检项目维护乙肝表面抗原携带者入学和就业权利的通知》。这些规定使宪法法律规定的公民平等就业权、平等受教育权在体检条件的部分得以明确。

4.规范和控制行政裁量权运行的重要方式，符合依法行政的要求

行政政策是行政机关行使裁量权的重要依据和途径。它也是控制行政机

---

〔1〕《宪法》第6条第2款规定：“国家在社会主义初级阶段，坚持公有制为主体、多种所有制经济共同发展的基本经济制度，坚持按劳分配为主体、多种分配方式并存的分配制度。”

《宪法》第14条规定：“国家通过提高劳动者的积极性和技术水平，推广先进的科学技术，完善经济管理体制和企业经营管理制度，实行各种形式的社会主义责任制，改进劳动组织，以不断提高劳动生产率和经济效益，发展社会生产力。

国家厉行节约，反对浪费。

国家合理安排积累和消费，兼顾国家、集体和个人的利益，在发展生产的基础上，逐步改善人民的物质生活和文化生活。”

关滥用裁量权的依据。研究民生行政政策特别是底层级的行政政策，可以发现，民生行政对很多事项规定非常具体。作出如此详细的规定，除了能够形成请求权外，还有防范和控制行政机关滥用裁量权的作用。现代社会早已进入了"行政国"时代，政府不再是消极政府，而要给民众提供更多的服务。法律无法适应客观形势发展的要求，在此情况下，公共政策在很多情形下都是裁量者不得不考量的基本要素。[1]法律规定行政机关享有较大的裁量权，就是为了克服成文法的不足，使行政机关能够能动地行使权力，服务社会。

综上，法律法规将政策确立为行政行为的依据，并非随心所欲，而是有深刻的法理基础，明确肯定行政政策的法源和依据地位，是时代发展的要求，是积极法治对行政机关提出的要求。

---

〔1〕 参见章志远：《作为行政裁量法外依据的公共政策》，载《浙江学刊》2010年第3期。

第二章 民生行政政策作为行政行为依据的规范基础

从第一章内容可以看出，用行政政策调整民生关系、保障民生权利、实现民生发展的任务，是国际社会的普遍做法，我国也不例外。与其他国家和地区相比，我国民生行政政策在其中发挥的作用更为突出。民生行政政策作为行政机关的行为依据，已经获得多方面规范的确认，有丰富的渊源。

一、中国共产党的政策依据

注重用政策调整民生问题是我国社会治理的特色。除了党的多次代表大会特别是中共十七大、十八大报告和十八届三中全会通过的决定对民生作了总体安排外，还通过不少具体的政策加以指导。有些政策虽然不是直接就民生问题作出的专门规定，但规定的内容多与民生有密切的关系。

2007年中共中央、国务院发布的《关于进一步加强新时期信访工作的意见》明确要求："要坚持依法按政策解决问题，切实维护群众合法权益。要在政策制定中统筹兼顾各方面利益，综合考虑改革的力度、发展的速度和社会可承受的程度，充分听取各方面的意见，重视信访部门的意见和建议。对群众要求合理，但法律法规和政策没有明确规定或规定不够完善的，要抓紧研究制定和完善法律、政策……要坚持依法按政策办事，不能突破法律法规和政策规定，不能为求得一时一事的解决而引起攀比和新的矛盾。"据此，政策是处理信访问题的重要依据。我国目前信访的主要争议大多是由民生权益引起的，这一政策性文件对信访问题的合法合理解决非常重要。

2013年中共十八届三中全会通过的《中共中央关于全面深化改革若干重大问题的决定》规定:"赋予农民更多财产权利。保障农民集体经济组织成员权利,积极发展农民股份合作,赋予农民对集体资产股份占有、收益、有偿退出及抵押、担保、继承权。保障农户宅基地用益物权,改革完善农村宅基地制度,选择若干试点,慎重稳妥推进农民住房财产权抵押、担保、转让,探索农民增加财产性收入渠道。建立农村产权流转交易市场,推动农村产权流转交易公开、公正、规范运行。""推进城乡要素平等交换和公共资源均衡配置。维护农民生产要素权益,保障农民工同工同酬,保障农民公平分享土地增值收益,保障金融机构农村存款主要用于农业农村。健全农业支持保护体系,改革农业补贴制度,完善粮食主产区利益补偿机制。完善农业保险制度。鼓励社会资本投向农村建设,允许企业和社会组织在农村兴办各类事业。统筹城乡基础设施建设和社区建设,推进城乡基本公共服务均等化。"这些规定涉及财产权、收入分配和社会保障政策。

党的民生政策涉及方方面面,以下主要列举一些中央层级的重要政策文件。

(一)教育方面的政策

1993年中共中央、国务院发布《中国教育改革和发展纲要》,对我国教育的改革和发展提出原则性指导意见。2010年中共中央、国务院发布《国家中长期教育改革和发展规划纲要(2010—2020年)》,对教育改革和发展作了更加与时俱进的规划。2011年中共中央办公厅、国务院办公厅转发《教育部关于深入推进高等学校哲学社会科学繁荣发展的意见》,对教师的科学研究创作有很大影响。2014年中共中央、国务院印发《关于加强和改进新形势下民族工作的意见》,强调要支持教育事业优先发展,把义务教育和职业教育作为重中之重。要坚定不移推行国家通用语言文字教育,全面开设国家通用语言文字课程,全面推广国家通用语言文字。2015年中共中央、国务院《关于深化体制机制改革加快实施创新驱动发展战略的若干意见》。2014年中共中央办公厅、国务院办公厅印发《关于进一步完善中央财政科研项目资金管理等政策的若干意见》,这些政策必将增强科研工作人员开展研究工作的积极性。

由于上述文件多与国务院联合发布,因此对所有行政机关具有政策性约束力。在地方也有这种情况，即党委和政府联合发文，并作为行政行为的依据。

在陈某清与中华人民共和国教育部其他一审案中，[1]原告陈某清因诉被告教育部履行行政复议职责，向法院提起行政诉讼。原告诉称：（1）原告针对福建省教育厅作出的《关于政府信息不存在告知书》（以下简称《政府信息告知书》）向被告申请行政复议，被告未作出行政复议决定或答复；（2）被告所称教复告（2014）02号行政复议告知书（以下简称《行政复议告知书》）系针对被申请人为中共福建省委党校（以下简称福建省委党校）的行政复议申请书作出的答复，并非针对本案的行政复议申请书作出的答复。原告请求判令被告在法定期限内作出行政复议决定。在法定举证期限内，被告向本院提交了以下证据：（1）《行政复议告知书》及快递单，证明被告对于原告的行政复议申请作出了答复；（2）古田县委党校给原告的信件回复，证明被告没有处理与党校相关事项的法定职责。被告提交的法律依据是教学厅函〔2004〕15号《关于党校函授教育学历有关问题的意见》、中发〔2000〕10号《中共中央关于面向21世纪加强和改进党校工作的决定》《中国共产党党校工作条例》《中国共产党党校工作暂行条例》。可见，被告将中共中央的政策文件作为其行政行为的依据。

上述列举的主要是中央层级的党中央的一些政策，地方也不例外。而且不少地方行政政策是根据党委的文件制定的，一些地方民生政策直接成为行政机关作出行政行为的依据。如2008年浙江省政府《关于进一步加强和改进进城务工人员子女教育工作的意见》就是为了切实贯彻《中共浙江省委关于全面改善民生促进社会和谐的决定》而制定的。在后文提到的吕某然与慈溪市教育局一审行政案中，[2]当事人争议的就是教育局依据慈溪市委办公室、市政府办公室发布的《关于印发〈慈溪市流动人口子女义务教育段入学资格联合审定办法〉的通知》作出的行为。而慈溪市委市府上述政策的制定在很大程度上依据的是2008年浙江省政府《关于进一步加强和改进进城务工人员子女教育工作的意见》。

至于地方党委的政策也同样有作为行政行为依据的情形。在邵某海与大连市民政局请求履行法定职责一审行政案中，[3]法院指出，关于原告提出的

---

〔1〕 北京市第一中级人民法院（2014）一中行初字第6841号。
〔2〕 浙江省慈溪市人民法院（2015）甬慈行初字第54号。
〔3〕 大连市沙河口区人民法院（2015）沙行初字第8号。

要求被告为其安排职业技能培训的主张，参照《中共辽宁省委辽宁省人民政府辽宁省军区关于加强退役士兵职业教育和技能培训工作的意见》(辽委发〔2011〕7号)，退役士兵职业教育和技能培训工作采取自愿报名、自主选择的原则，民政部门根据各教育培训机构提供的招生计划，向退役士兵发布招生信息，符合条件的退役士兵可自愿报名参加教育培训，在规定的期限内选择参加培训的学校及专业，填报参加学习培训申请表。即使原告错过退伍当年培训报名期限，其亦可在规定期限内自愿选择填写申请表，现原告提供的证据未能证明其在规定的期限内向被告提交参加学习培训申请表，故对该项主张，法院不予支持。可见，中共辽宁省委省政府文件是法院决定对原告诉求是否予以支持的依据。

(二)医疗卫生方面的政策

我国出台了不少医疗卫生方面的政策以调整、指导和推动医疗卫生事业的开展。如2002年中共中央发布《关于进一步加强农村卫生工作的决定》，指导农村卫生工作的改革和发展。2009年中共中央、国务院发布《关于深化医疗卫生体制改革的意见》，推动全国医疗卫生体制的改革发展。2013年《中共中央关于全面深化改革若干重大问题的决定》指出，允许医师多点执业，允许民办医疗机构纳入医保定点范围。此举有利于民营医院引入优质的医生资源、吸引患者就诊，提升民营医院在医疗服务市场的竞争力。这一政策对于推动非公经济在医疗方面的平等发展必将起到重要的作用。

在韩某霞与莱芜市食品药品监督管理局行政处罚二审行政案中，[1]山东省没有出台规范个体诊所使用基本药物的比例，但法院直接依据卫药政发〔2009〕78号《关于建立国家基本药物制度实施意见》政策，认定上诉人使用阿奇霉素粉针是符合医疗体制改革精神的。

(三)就业和收入分配调整改革政策

在就业和收入分配方面，党中央和地方党委也都出台过相关政策性文件。如1996年中共中央、国务院发布《关于尽快解决农村贫困人口温饱问题的决定》；1998年中共中央、国务院发布《关于切实做好国有企业下岗职工基本生活保障和再就业工作的通知》；1999年中共中央、国务院发布《关于进一步加

〔1〕 山东省莱芜市中级人民法院(2016)鲁12行终13号。后文也有分析。

强扶贫开发工作的决定》；2011年中共中央、国务院印发《中国农村扶贫开发纲要（2011－2020年）》，对扶贫工作作出总体安排，对收入分配进行调整改革；2012年中共中央、国务院发布《关于加快发展现代农业进一步增强农村发展活力的若干意见》；2015年中共中央、国务院出台《关于构建和谐劳动关系的意见》，对于促进就业、保障劳动权的实现具有重要意义。2015年中共中央、国务院发布《关于打赢脱贫攻坚战的决定》，其中“实施精准扶贫方略，加快贫困人口精准脱贫”部分规定了健全精准扶贫工作机制、实施易地搬迁脱贫、结合生态保护脱贫、着力加强教育脱贫、开展医疗保险和医疗救助脱贫、实行农村最低生活保障制度兜底脱贫、探索资产收益扶贫，以及健全留守儿童、留守妇女、留守老人和残疾人关爱服务体系。这些都是民生内容。其中解决问题的措施之一是“强化政策保障，健全脱贫攻坚支撑体系”。

2015年年底中共中央、国务院发布《关于落实发展新理念加快农业现代化实现全面小康目标的若干意见》，涉及农民和农民工的民生问题。其中提出：“推进农村劳动力转移就业创业和农民工市民化。健全农村劳动力转移就业服务体系，大力促进就地就近转移就业创业，稳定并扩大外出农民工规模，支持农民工返乡创业。大力发展特色县域经济和农村服务业，加快培育中小城市和特色小城镇，增强吸纳农业转移人口能力。加大对农村灵活就业、新就业形态的支持。鼓励各地设立农村妇女就业创业基金，加大妇女小额担保贷款实施力度，加强妇女技能培训，支持农村妇女发展家庭手工业。实施新生代农民工职业技能提升计划，开展农村贫困家庭子女、未升学初高中毕业生、农民工、退役军人免费接受职业培训行动。依法维护农民工合法劳动权益，完善城乡劳动者平等就业制度，建立健全农民工工资支付保障长效机制。进一步推进户籍制度改革，落实1亿左右农民工和其他常住人口在城镇定居落户的目标，保障进城落户农民工与城镇居民有同等权利和义务，加快提高户籍人口城镇化率。全面实施居住证制度，建立健全与居住年限等条件相挂钩的基本公共服务提供机制，努力实现基本公共服务常住人口全覆盖。落实和完善农民工随迁子女在当地参加中考、高考政策。将符合条件的农民工纳入城镇社会保障和城镇住房保障实施范围。健全财政转移支付同农业转移人口市民化挂钩机制，建立城镇建设用地增加规模同吸纳农业转移人口落户数量挂钩机制。维护进城落户农民土地承包权、宅基地使用权、集体收益分配权，支持引导其依法自愿有偿转让上述权益。”这部分内容涉及多种主体的教育、就业、分配、社会保障、住房等多方面政策措施，其对相关主体作了明确的规定。

有关就业、分配等方面的党的政策也在司法实践中获得适用。

在曹某英与南通市人力资源和社会保障局行政给付、行政确认二审案中，[1]法院引用1979年《中共中央、国务院〈关于处理当前部分人员要求复职复工回城就业等问题的通知〉》（中发〔1979〕43号）第9条的规定：“目前全国全民所有制单位在计划外使用的农村劳动力要坚决压缩下来，并做好工作，把这部分人动员回农村，坚决改变大批农村劳动力进城，而城镇又有大量人员待业的不合理现象。今后不经国家劳动局批准，不准许招收农民进城做工。”法院以此证明，当时党中央、国务院的政策是要求招用临时工应当经过相关部门批准。可见，这样的政策对农村人进入城市就业产生的严重影响。

在韶关市曲江区乌石镇石角村委会赖屋村民小组诉韶关市曲江区乌石镇人民政府乡政府行政案中，[2]原告韶关市曲江区乌石镇石角村委会赖屋村民小组（以下简称赖屋村）诉被告韶关市曲江区乌石镇政府及第三人赖某细、刘某健行政确认纠纷一案，原告不服被告韶关市曲江区乌石镇政府于2014年9月1日作出的乌府〔2014〕29号《行政处理决定书》，向法院提起行政诉讼。韶关市曲江区乌石镇石角村委会赖屋村民小组诉称：被告作出的《行政处理决定书》，认定事实不清，采用的证据不足，适用法律错误，其认定赖某细、刘某健具备乌石镇石角村委会赖屋村民小组集体经济组织成员资格是错误。法院主张，根据《广东省实施〈中华人民共和国妇女权益保障法〉办法》第24条，《广东省农村集体经济组织管理规定》第15条，中共广东省委办公厅、省人民政府办公厅转发省委农办、省妇联、省信访局《关于切实维护农村妇女土地承包和集体收益分配权益的意见》第2点第2项的规定，对农村集体经济组织成员资格的认定，除需具有集体经济组织所在地的户口外，还需履行法律、法规、规章和集体经济组织章程的义务。而赖某细、刘某健的户口虽然在赖屋村民小组，但其不符合上述条件，

可见，被告和法院都引用了上述中共广东省委省政府的政策文件作为处理问题争议的依据。这一政策规定涉及收益分配问题。

---

〔1〕 参见江苏省南通市中级人民法院（2014）通中行终字第00245号。
〔2〕 参见广东省韶关市曲江区人民法院（2015）韶曲法行初字第7号。

（四）住房和社会保障方面的政策

党中央制定多项文件涉及住房和社会保障问题，其中许多属于与国务院联合发布的。2000年中共中央、国务院发布《关于加强老龄工作的决定》，2008年中共中央、国务院发布《关于促进残疾人事业发展的意见》，2015年中共中央、国务院发布《关于落实发展新理念加快农业现代化实现全面小康目标的若干意见》，这些文件涉及老人、残疾人和农民等多种主体的民生权利。2014年中共中央、国务院发布《国家新型城镇化规划》，虽然是关于新型城镇化规划，但很多内容涉及民生内容。如第六章推进符合条件农业转移人口落户城镇，规定了健全农业转移人口落户制度、实施差别化落户政策。第七章《推进农业转移人口享有城镇基本公共服务》规定了保障随迁子女平等享有受教育权利、完善公共就业创业服务体系、扩大社会保障覆盖面。2015年12月中共中央、国务院出台了《关于深入推进城市执法体制改革改进城市管理工作的指导意见》，其中多项内容涉及城市居民的民生。

在涉及出生、工作年龄、退休等问题时，法院往往直接引用中央组织部或者地方党委组织部的规定。如在刘某康与衢州市衢江区人力资源和社会保障局行政给付、行政确认一审案中，[1]法院认为，关于刘某康出生日期认定的问题，根据《中共中央组织部、人事部、公安部关于认真做好干部出生日期管理工作的通知》（组通字〔2006〕41号）、《中共中央组织部、人事部、公安部关于办理干部退（离）休等手续时认定出生日期问题的通知》（组通字〔1990〕24号）、《中共浙江省委组织部、劳动人事厅、公安厅关于转发中央组织部、人事部、公安部〈关于办理干部退（离）休等手续时认定出生日期问题的通知〉的通知》（浙组〔1990〕31号）规定，对于出生日期与档案记载不一致的，应当以干部档案和户籍档案中最先记载的出生日期为准。2011年，中共中央、国务院《关于分类推进事业单位改革的指导意见》明确规定，转制前离退休人员待遇不变。老人老办法，新人新制度，中人逐步过渡。

综上可见，党的政策文件特别是中共中央的政策文件经常在行政机关作出行政行为过程中、法院在审理案件过程中，被当作作出行为和处理问题的依据。

〔1〕参见衢州市柯城区人民法院（2016）浙0802行初4号。

党的政策文件能够作为行政行为的依据有很多原因。第一，很多文件是党组织与行政机关共同发布的。党的方针政策与行政机关的政策合二为一。第二，有的党的政策文件是行政政策制定的直接依据。第三，一些党的文件对具体事项规定得很清楚，可以直接适用。第四，它是党领导国家事务的具体途径之一，引用党的政策作为依据，通常不会受到严格的审查。

但是，这种情况并不理想，我们认为，由于党的政策具有引导性、前瞻性，一般应当坚持。但不能绝对化，对于违反宪法和法律的下级党委的政策性文件还是要进行一定程度的审查。

二、法律规范依据

我国《宪法》中存在大量的政策性内容，如第25、26条规定的可持续发展政策，第45、48、49条规定的保护政策、社会保险政策等。[1]其中有一部分就是行政政策。宪法中涉及行政政策的条文主要有第89、107、115条。[2]重视民生行政政策调整民生行政管理也是我国治理的特色。许多涉及民生方面的法律规范明确将政策作为调整的重要依据。

（一）法律规范确认民生行政政策的情况

1.教育领域

我国制定了不少教育法律法规规章，确认政策的地位和作用。《教育法》第64条规定："地方各级政府及其有关行政部门必须把学校的基本建设纳入城乡建设规划，统筹安排学校的基本建设用地及所需物资，按照国家有关规定实行优先、优惠政策。"第65条规定："各级政府对教科书及教学用图书资料的出

---

〔1〕《宪法》第25条规定："国家推行计划生育，使人口的增长同经济和社会发展计划相适应。"第26条规定："国家保护和改善生活环境和生态环境，防治污染和其他公害。国家组织和鼓励植树造林，保护林木。"

第45条规定："……国家发展为公民享受这些权利所需要的社会保险、社会救济和医疗卫生事业。"第46条规定："国家培养青年、少年、儿童在品德、智力、体质等方面全面发展。第48条规定：国家保护妇女的权利和利益，实行男女同工同酬，培养和选拔妇女干部。第49条规定：婚姻、家庭、母亲和儿童受国家的保护。"

〔2〕《宪法》第89 条规定："国务院根据宪法和法律，规定行政措施，制定行政法规，发布决定和命令。"这里的"行政措施""决定和命令"中有一部分就是行政政策。第107条规定：县级以上地方各级人民政府……发布决定和命令。该条款授予县级以上地方各级人民政府制定行政政策。第 115 条规定："自治区、自治州、自治县的自治机关行使宪法第三章第五节规定的地方国家机关的职权，同时依照宪法、民族区域自治法和其他法律规定的权限行使自治权，根据本地方实际情况贯彻执行国家的政策。该条款授予民族自治地方在享有自治权的同时，需要依法贯彻执行国家的政策。"

版发行，对教学仪器、设备的生产和供应，对用于学校教育教学和科学研究的图书资料、教学仪器、设备的进口，按照国家有关规定实行优先、优惠政策。”可见，国家对学校建设中的设施和其他物资实行优先、优惠政策。

《高等教育法》第39条规定：“国家举办的高等学校实行中国共产党高等学校基层委员会领导下的校长负责制。中国共产党高等学校基层委员会按照中国共产党章程和有关规定，统一领导学校工作，支持校长独立负责地行使职权，其领导职责主要是：执行中国共产党的路线、方针、政策，坚持社会主义办学方向，领导学校的思想政治工作和德育工作，讨论决定学校内部组织机构的设置和内部组织机构负责人的人选，讨论决定学校的改革、发展和基本管理制度等重大事项，保证以培养人才为中心的各项任务的完成。”“社会力量举办的高等学校的内部管理体制按照国家有关社会力量办学的规定确定。”在这里，党的政策是高等学校基层委员会开展工作的依据。而学校坚持党委领导下的校长负责制。至于社会力量办学的内部管理体制，则根据国家有关社会力量办学的规定，这些规定包括了“政策”。第63条规定：“国家对高等学校进口图书资料、教学科研设备以及校办产业实行优惠政策……”这里的政策是行政机关和高校行为的依据。

其他很多法律涉及政策作为行政行为的依据。如《民族区域自治法》第4条规定：“民族自治地方的自治机关行使宪法第三章第五节规定的地方国家机关的职权，同时依照宪法和本法以及其他法律规定的权限行使自治权，根据本地方的实际情况贯彻执行国家的法律、政策。”第6条规定：“民族自治地方的自治机关根据本地方的情况，在不违背宪法和法律的原则下，有权采取特殊政策和灵活措施，加速民族自治地方经济、文化建设事业的发展。”这些法律条文规定民族自治地方不仅要执行国家的法律，也要遵守国家的政策，授予民族自治地方有权在宪法和法律的原则下制定和采取特殊政策。

《残疾人保障法》第6条规定：“制定法律、法规、规章和公共政策，对涉及残疾人权益和残疾人事业的重大问题，应当听取残疾人和残疾人组织的意见。”

2.就业和收入分配

《就业促进法》第2条规定：“国家把扩大就业放在经济社会发展的突出位置，实施积极的就业政策，坚持劳动者自主择业、市场调节就业、政府促进就业的方针，多渠道扩大就业。”第二章专门规定了“政策支持”。第11条规定：“县级以上政府应当把扩大就业作为重要职责，统筹协调产业政策与就业政策。”第12条规定：“国家鼓励各类企业在法律、法规规定的范围内，通过兴办产业或者拓展经营，增加就业岗位。国家鼓励发展劳动密集型产业、服务业，扶持中小企业，多渠道、多方式增加就业岗位。国家鼓励、支持、引导非公有制经济发展，扩大就业，增加就业岗位。”第13条规定：“国家发展国内外贸易和国际经济合作，拓宽就业渠道。”第14条规定：“县级以上政府在安排政府投资和确定重大建设项目时，应当发挥投资和重大建设项目带动就业的作用，增加就业岗位。”第15条规定：“国家实行有利于促进就业的财政政策……”就业专项资金的使用管理办法由国务院财政部门和劳动行政部门规定。第17条规定：“国家鼓励企业增加就业岗位，扶持失业人员和残疾人就业，对下列企业、人员依法给予税收优惠：……”第19条规定：“国家实行有利于促进就业的金融政策……”第20条规定：“国家实行城乡统筹的就业政策……”第23条规定：“各级人民政府采取措施，逐步完善和实施与非全日制用工等灵活就业相适应的劳动和社会保险政策，为灵活就业人员提供帮助和服务。”第24条规定：“地方各级政府和有关部门应当加强对失业人员从事个体经营的指导，提供政策咨询、就业培训和开业指导等服务。”第三章公平就业部分第25条规定：“各级政府创造公平就业的环境，消除就业歧视，制定政策并采取措施对就业困难人员给予扶持和援助。其中多个条文涉及多项政策。”

《残疾人保障法》第31条规定：“残疾人劳动就业，实行集中与分散相结合的方针，采取优惠政策和扶持保护措施，通过多渠道、多层次、多种形式，使残疾人劳动就业逐步普及、稳定、合理。”《残疾人就业条例》第2条规定：“国家对残疾人就业实行集中就业与分散就业相结合的方针，促进残疾人就业。县级以上人民政府应当将残疾人就业纳入国民经济和社会发展规划，并制定优惠政策和具体扶持保护措施，为残疾人就业创造条件。其中强调了优惠政策。”

3.医疗卫生

我国已经制定的医疗卫生方面的法律法规确认了民生行政政策的地位和作用。如《药品管理法》第5条规定：“……国务院药品监督管理部门应当配合国务院经济综合主管部门，执行国家制定的药品行业发展规划和产业政策。据此，国家有制定药品行业产业政策的义务，而国务院药品监督管理部门有义务执行此类政策的义务。”第7条规定：“……药品监督管理部门批准开办药品生产企业，除依据本法第八条规定的条件外，还应当符合国家制定的药品行业发展规划和产业政策，防止重复建设。”《药品管理法实施条例》第3条作了类似规定。可见，产业政策是实施药品行业行政行为的必不可少的重要依据。

国务院《中医药条例》第26条规定：“非营利性中医医疗机构，依照国家有关规定享受财政补贴、税收减免等优惠政策。”有关这方面的政策，如财政部、国家税务总局2009年发布的《关于非营利组织企业所得税免税收入问题的通知》，其中内容：“根据《企业所得税法》第26条及《企业所得税法实施条例》(国务院令第512号)第85条的规定，现将符合条件的非营利组织企业所得税免税收入范围明确如下：一、非营利组织的下列收入为免税收入：(一)接受其他单位或者个人捐赠的收入；(二)除《中华人民共和国企业所得税法》第七条规定的财政拨款以外的其他政府补助收入，但不包括因政府购买服务取得的收入；(三)按照省级以上民政、财政部门规定收取的会费；(四)不征税收入和免税收入孳生的银行存款利息收入；(五)财政部、国家税务总局规定的其他收入。”这个政策属于解释性行政政策。免税涉及其财产权等相关权利。

4.住房和社会保障

关于住房问题，目前很少有法律规定。主要是低层次的规章和规范性文件作了规定，少量地方性法规和规章也有规定，确立了政策调整的地位。2007年建设部等颁布的《经济适用住房管理办法》确立了多方面的政策依据。其中第2条规定：“本办法所称经济适用住房，是指政府提供政策优惠，限定套型面积和销售价格，按照合理标准建设，面向城市低收入住房困难家庭供应，具有保障性质的政策性住房。”第3条规定：“经济适用住房制度是解决城市低收入家庭住房困难政策体系的组成部分。”第4条规定：“发展经济适用住房应当在国家统一政策指导下，各地区因地制宜，政府主导、社会参与。市、县人民政府要根据当地经济社会发展水平、居民住房状况和收入水平等因素，合理确定经济适用住房的政策目标、建设标准、供应范围和供应对象等，并组织实施。省、自治区、直辖市人民政府对本行政区域经济适用住房工作负总责，对所辖市、县人民政府实行目标责任制管理。”第二章优惠和支持政策部分的第11条规定：“经济适用住房的建设和供应要严格执行国家规定的各项税费优惠政策。”第35条规定，单位集资合作建房是经济适用住房的组成部分，其建设标准、优惠政策、供应对象、产权关系等均按照经济适用住房的有关规定严格执行。单位集资合作建房应当纳入当地经济适用住房建设计划和用地计划管理。这些条文规定了很多政策。

2007年建设部等单位发布的《廉租住房保障办法》第15条规定："……政府或经政府认定的单位新建、购买、改建住房作为廉租住房，社会捐赠廉租住房房源、资金，按照国家规定的有关税收政策执行。"

一些地方制定有关住房法规规章，确认政策的作用。

2014年修正的地方性法规《厦门市社会保障性住房管理条例》第22条规定："有下列情形之一的申请家庭，可以予以单列分配：……（二）居住在已退的侨房、信托代管房等落实政策住房的。"第38条规定："申请家庭现有住房属于政府优惠政策住房的，应当在社会保障性住房交房后六十日内退出其原有的政府优惠政策住房，由市住房保障行政管理部门收回。其中确立了政策性住房的合法地位。"

2010年深圳市人大常委会制定的《深圳市保障性住房条例》第22条规定："住房困难家庭或者单身居民申请购买保障性住房应当符合下列条件……（六）家庭成员或者单身居民未在本市和国内其他地区购买过具有保障性质或者其他政策优惠性质的住房，但作为家庭成员的子女在单独组成家庭或者达到规定的年龄条件后申请购买保障性住房的除外。"第57条规定："本条例下列用语的含义是……（二）公共租赁住房，是指政府提供政策优惠，限定套型面积和出租价格，按照合理标准筹集，面向中低收入住房困难家庭或单身居民出租的具有保障性质的住房。（三）经济适用住房，是指政府提供政策优惠，限定套型面积和出售价格，按照合理标准建设，面向中低收入住房困难家庭或单身居民配售的具有保障性质的住房。"其中提到政策优惠性质的住房。

关于社会保障方面，立法也确立了民生行政政策的地位。国务院《城市居民最低生活保障条例》第16条规定："省、自治区、直辖市人民政府可以根据本条例，结合本行政区域城市居民最低生活保障工作的实际情况，规定实施的办法和步骤。"其中的"办法和步骤"主要表现为规章和行政政策。

《社会保险法》第5条第3款规定："……国家通过税收优惠政策支持社会保险事业。"《社会救助暂行办法》第46条规定："吸纳就业救助对象的用人单位，按照国家有关规定享受社会保险补贴、税收优惠、小额担保贷款等就业扶持政策。”第53条规定：“社会力量参与社会救助，按照国家有关规定享受财政补贴、税收优惠、费用减免等政策。”第62条规定：“县级以上政府及其社会救助管理部门应当通过报刊、广播、电视、互联网等媒体，宣传社会救助法律、法规和政策。”

至于地方立法，涉及政策的规定更多。如2016年《天津市社会救助实施办法》第5条规定：“市民政部门统筹本市社会救助体系建设，组织拟定社会救助规划、政策和标准，监督、指导区县民政部门社会救助工作。区县民政部门依法负责社会救助的综合管理工作。”据此，市民政部门有义务制定相关政策的职能。此外，行政机关也有义务实施相关政策的义务。第13条规定：“对老年人、未成年人、重度残疾人、重病患者、单亲、失独等符合本市分类救助政策的最低生活保障家庭，区县民政部门应当采取核减家庭收入或者增加最低生活保障金等措施，提高救助水平。”第16条第2款规定：“乡镇政府、街道办事处及村民委员会、居民委员会发现符合特困人员供养条件的人员，应当告知其有关救助政策……”第23条规定：“自然灾害危险消除后，市或者区县人民政府应当组织相关部门研究、制定居民住房恢复重建规划和优惠政策……”第36条规定：“各级政府应当落实就业扶持政策……”第47条规定：“社会救助管理部门应当按照政府信息公开的要求，及时公开本部门与社会救助有关的规划、政策、措施和实施情况。”

法律法规确立的行政政策为行政机关直接适用其作出相关行为提供了法律规范依据。之所以作出如此规定，是因为宪法法律法规规章无法对诸多问题作出明确具体的规定，只能授权行政机关根据情况予以确立。

（二）法律法规规章中使用的民生“政策”的功能与作用

1.把党的涉及民生的政策作为行政行为的依据

国务院1978年《关于安置老弱病残干部的暂行办法》规定：“当前，我们党和国家有一部分干部，由于年龄和身体关系不能继续坚持正常工作。这些干部，在我国新民主主义革命和社会主义革命中，为党和人民做了许多工作，对革命事业作出了宝贵贡献。妥善安置这些干部，使他们各得其所，是党对他们的关怀和爱护，是我党干部政策的一个重要方面，也是我国社会主义制度优越性的具体体现。”可见，将党的政策转变为法规进而作为行政行为的依据就在于此。

还有一些间接将党的政策作为准行政机关执行依据的规定。《高等教育法》第39条规定："国家举办的高等学校实行中国共产党高等学校基层委员会领导下的校长负责制。中国共产党高等学校基层委员会按照中国共产党章程和有关规定，统一领导学校工作，支持校长独立负责地行使职权，其领导职责主要是：执行中国共产党的路线、方针、政策……"据此，中共高等学校基层委员执行党的政策，实际上就是要求采用校长负责制去具体贯彻执行党的政策。

2.与法律法规规章并用

民生行政政策与法律法规规章并用，显示其重要地位。《妇女权益保障法》第10条规定："制定法律、法规、规章和公共政策，对涉及妇女权益的重大问题，应当听取妇女联合会的意见。"其中的"公共政策"包括涉及妇女的民生行政政策。《残疾人保障法》第6条规定："制定法律、法规、规章和公共政策，对涉及残疾人权益和残疾人事业的重大问题，应当听取残疾人和残疾人组织的意见。"这里的"公共政策"包括涉及残疾人的民生行政政策。

3.直接使用某类具体政策

《老年人权益保障法》第27条规定："国家建立健全家庭养老支持政策，鼓励家庭成员与老年人共同生活或者就近居住，为老年人随配偶或者赡养人迁徙提供条件，为家庭成员照料老年人提供帮助。"养老支持政策是民生行政政策的重要组成部分。

4."政策性"之后增加相关术语

《安徽省信访条例》第49条规定："县级以上国家机关的信访工作机构对于信访人反映的有关政策性问题，应当向本级机关报告，重大、紧急信息应当及时报告，并提出制定、修改、废止政策或者解决问题的建议。"这里规定的"政策性问题"包括了涉及民生方面的行政政策的问题。

5.法律法规规章中专门设置政策支持类的章名或者笼统地表达享受"政策优惠""政策扶持"

《民办教育促进法》(2016年修正)专设第七章《扶持与奖励》，主要是政策优惠和奖励等。如第47条规定："民办学校享受国家规定的税收优惠政策；其中，非营利性民办学校享受与公办学校同等的税收优惠政策。"《促进就业法》第二章专章为"政策支持"。

6.其他

将完善政策明确为国家信访机关的职责；将遵守政策作为国家机关和信访人应当遵守的义务。《安徽省信访条例》第14条规定："信访工作机构的职责是：……（六）研究、分析信访情况，开展调查研究，及时提出完善政策和改进工作的建议。"《安徽省信访条例》第48条规定："县级以上国家机关的信访工作机构发现有关国家机关有下列情形之一的，应当及时督办，或者提出改进建议：（一）信访事项的处理不符合有关法律、法规、规章或者政策规定的……"这是将完善政策作为信访工作机构的任务和职责。第38条规定："国家机关对所受理的信访事项，应当按以下方式办理：……（三）信访人因生产、生活中的困难提出求助请求的，政府有关部门应当在法律、政策允许的范围内提供帮助。"第43条规定："有权处理信访事项的国家机关，对事实清楚，符合法律、法规、规章或者其他有关规定的信访事项，作出支持信访请求意见的，有关机关或者单位应当执行。对符合法律、法规、规章和政策规定的信访处理意见，信访人应当接受。"这两条是对国家机关以及信访人提出的要求。

三、行政规范性文件中大量的民生政策

在我国，民生行政政策主要是以行政规范性文件形式表现出来的。2004年国务院制定的《全面推进依法行政实施纲要》(以下简称《纲要》)，特别强调依法行政的重要性。但是从现实情况来看，行政的依据不限于"法"即宪法法律法规和规章，还有大量的政策。该政策性文件也有对政策的要求，还有涉及民生方面的要求。如《纲要》关于"全面推进依法行政的目标"涉及政策方面的要求，包括："提出法律议案、地方性法规草案，制定行政法规、规章、规范性文件等制度建设符合宪法和法律规定的权限和程序，充分反映客观规律和最广大人民的根本利益，为社会主义物质文明、政治文明和精神文明协调发展提供制度保障。"这里对"规范性文件"的要求也是对行政政策提出的要求。还提出目标包括："科学化、民主化、规范化的行政决策机制和制度基本形成，人民群众的要求、意愿得到及时反映。政府提供的信息全面、准确、及时，制定的政策、发布的决定相对稳定，行政管理做到公开、公平、公正、便民、高效、诚信。"这里对"决策""政策"提出了要求。关于"依法界定和规范经济调节、市场监管、社会管理和公共服务的职能"方面，提出要"完善劳动、就业和社会

保障制度”，这是民生制度重要内容，需要完善这方面的政策制度。

这种情况的出现并非偶然。要贯彻依法行政的原则，必须处理好法与政策的关系。从实际情况来看，我国的行政是依法按政策行政，这是我国一项长期要坚持的原则。既然政策是无法回避的行政依据因素，那么就必须正视其存在和发挥的作用，同时对其可能带来的消极影响有足够认识，并采取相应措施予以解决。只有这样才能既充分发挥政策的作用，又能克服和限制其不利的影响。

（一）教育

2003年国务院办公厅转发教育部等部门《关于进一步做好进城务工就业农民子女义务教育工作意见的通知》。国务院2005年发布了《大力发展职业教育的决定》，这是一部重要的政策性规范性文件。2005年发布了《关于进一步推进义务教育均衡发展的若干意见》。2016年国务院印发《关于统筹推进县域内城乡义务教育一体化改革发展的若干意见》。这些都是重要的行政政策。2014年国务院《关于改进加强中央财政科研项目和资金管理的若干意见》将对科研教育事业的发展有重要的推动作用。

至于直接涉及学生教育权的相关政策更多。如2005年教育部办公厅、公安部办公厅发布《关于做好普通高校招生全国统一考试考生报名资格审查工作的通知》，其中第二点规定：“各省级招生委员会可结合实际合理制定本地高考具体报名条件和报名办法……要进一步完善以考生户籍为主、与在本地区高中就读一定学习年限相结合的适合本地区实际的高考报名办法。”这一规定一方面授权省级招生委员会制定更具体的报名条件和报名办法，同时设定了相关限制条件。

2009年上海市教育委员会根据此发布了《关于做好2010年上海市普通高校招生报名工作的通知》，将上述规定“要进一步完善以考生户籍为主、与在本地区高中就读一定学习年限相结合的适合本地区实际的高考报名办法”进一步明确，涉及非户籍地考生的考试资格具体化为“非本市户籍在沪报考对象”，包括：（1）持有效期1年（含1年）以上引进人才类《上海市居住证》人员的子女，且子女须本市高中阶段学校毕业，其居住证至2010年6月7日仍在有效期内；（2）本市中等职业学校（中专、职校、技校，以下简称“三校”）计划内招收的外省市户籍生源应届毕业生；（3）考生父母双方或一方现属或原属上海市常住户籍（含上海支内、支边、支疆职工或知青），且考生须是参加本市中考后从高一起开始在沪借读，有本市高中阶段学校学籍的应届毕业生；（4）考生父母双方或一方是经市政府合作交流办等部门认定的市外在沪工作人员，且考生须是参加本市中考后从高一起开始在沪借读，有本市高中阶段学校学籍的应届毕业生；（5）考生为梅山、大屯、鲁矿三地上海后方基地单位职工子女，且考生须是参加本市中考后升入高中阶段学校的毕业生；（6）在沪定居并持有本市公安机关签发的《中华人民共和国外国人永久居留证》的外国侨民；（7）考生父母双方或一方是在沪高校、科研机构博士后流动站人员，考生为高中阶段学校毕业生；（8）经区县教育行政部门审核并申报，市教委批准的其他特殊情况考生。后者规定比前者新增加了很多特殊的情况。很显然，上海市这一规定具有可操作性，而教育部发布的文件很难直接适用。

涉及教育方面的政策文件在诉讼中作为依据获得适用也比较常见。

在梁某凤诉柳州市教育局行政确认一审行政案中，[1]被告柳州市教育局2014年11月20日作出《关于梁某凤信访事项不予受理告知单》，认为原告梁某凤要求重新审核身份的请求需由所在企业按程序逐级提出，由单位报教育部门认定，故对原告的申请决定不予受理。被告2015年1月20日向法院提供了作出被诉具体行政行为的证据、依据："一、法定职权方面：柳政办〔2012〕120号文。事实和程序方面：1.《关于妥善解决国有企业职教幼教退休教师待遇问题的通知》[国资发分配，证明教育局解决国有企业职教幼教等教育机构退休教师待遇问题是有政策依据的；2.柳州市政府关于印发《柳州市市属国有中小企业改制暂行办法》的通知，证明国家有关解决退休教师待遇的办法是有政策性规定的；3.柳州市政府办公室关于印发《柳州市妥善解决国有企业职教幼教退休教师待遇问题的实施方案》的通知（柳政办〔2012〕120号），证明教育局是适格的审核主体；4.关于贯彻落实国资委、教育部、财政部、人力资源和社会保障部《关于妥善解决国有企业职教幼教退休教师待遇问题的通知》（桂教人〔2012〕2号），证明职教幼教退休教师待遇的申请是由单位进行的；5.2012年第1次解决国企职教幼教退休教师待遇问题会议纪要（柳国资会纪〔2012〕3号），证明被告是适格的审核主体。二、适用法律方面：桂教人〔2012〕2号文、

〔1〕参见广西壮族自治区柳州市城中区人民法院（2015）城中行初字第3号。

柳国资会纪（〔2012〕3号）、柳政办（〔2012〕120号）。”

法院认为，首先，根据柳政办〔2012〕120号文件的规定，被告在柳州市范围内具有对职教幼教机构及退休教师资格审核认定的职权。其次，原告虽对市国资委下属柳州市资产经营有限公司作出的《申诉材料》答复不服，但并非起诉撤销该答复。原告是针对被告作出的不予受理告知提起的诉讼，认为被告不予受理的行为是错误的，应履行审核认定的义务，因此，原告将柳州市教育局作为被告并无错误。最后，国务院国有资产监督管理委员会、教育部、财政部、人力资源和社会保障部2011年联合下发《关于妥善解决国有企业职教幼教退休教师待遇问题的通知》，该通知要求地方政府结合本地实际情况制定具体措施和工作方案，并负责组织实施。该通知指出，具体认定工作由地方政府负责。2012年5月14日，柳州市政府办公室印发《柳州市妥善解决国有企业职教幼教退休教师待遇问题的实施方案》。方案中指出，国有企业负责所办职教幼教机构及退休教师资格审核认定申报、牵头办理生活补助金测算等工作。具体的工作程序是企业根据国企职教幼教退休教师人事档案认定调查核实，并统计、造册报市教育局进行职教幼教机构及退休教师资格审核认定。由此可见，国企办职教幼教退休教师资格的申报，应由所在国企在调查核实的基础上造册报市教育局进行审核认定，被告在没有收到原告所在企业申报的情况下，针对原告自行提交的报告作出不予受理答复没有违反相关规定。综合以上分析，本院认为原告的诉请缺乏足够的理由，故不予支持。在该案中，法院没有引用任何一件法律法规规章，引用的依据全部为政策性文件，重点阐明申请的程序应当由所在企业申请，而本案原告个人到教育局申报，不符合规定。

（二）就业和分配

就业涉及多方面，不仅有农民工、大学生，还有其他公民。这方面民生行政政策较多。如2006年国务院发布《关于解决农民工问题的若干意见》，2009年国务院发布《关于加强普通高等学校毕业生就业工作的通知》，2009年国家工商总局发布《关于实施三年百万高校毕业生就业见习计划做好毕业生就业创业工作的通知》，2009年国家人力资源和社会保障部等发布《关于实施特别职业培训计划的通知》，2010年人力资源社会保障部发布《关于进一步实施特别职业培训计划的通知》，2010年教育部等6部委发布《关于实施2010年高校毕业生就业推进行动大力促进高校毕业生就业的通知》，2016年教育部办公厅发布的《关于促进2016届尚未就业高校毕业生就业创业的通知》等。

其中国务院办公厅发布的《关于做好2014年全国普通高等学校毕业生就业创业工作的通知》具有重要的意义。文件提出，要充分发挥市场配置人力资源的决定性作用，着力改革创新，完善政策措施，强化就业创业服务，改善就业创业环境，引导高校毕业生转变就业观念……其中在“进一步创造公平的就业环境”政策中，强调了要促进就业公平。用人单位招聘不得设置民族、种族、性别、宗教信仰等歧视性条件，不得将院校作为限制性条件。省会及以下城市用人单位招聘应届毕业生不得将户籍作为限制性条件。国有企业招聘应届高校毕业生，除涉密等特殊岗位外，要实行公开招聘，招聘应届高校毕业生信息要在政府网站公开发布，报名时间不少于7天；对拟聘人员应进行公示，明确监督渠道，公示期不少于7天。各地区、各有关部门要严厉打击非法中介和虚假招聘，依法纠正性别、民族等就业歧视现象。加大对企业用工行为的监督检查力度，对企业招用高校毕业生不签订劳动合同、不按时足额缴纳社会保险费、不按时支付工资等违法行为，及时予以查处，切实维护高校毕业生的合法权益。还规定，各地区、各有关部门要消除高校毕业生在不同地区、不同类型单位之间流动就业的制度性障碍。省会及以下城市要放开对吸收高校毕业生落户的限制……上述规定涉及“进一步创造公平的就业环境”政策，以及消除高校毕业生在不同地区、不同类型单位之间流动就业的制度性障碍的要求尤为重要。这些问题在现实中最容易产生争议。有关就业的政策也多次在司法判决中获得适用。

在梁某某诉怀化市鹤城区教育局教育行政管理（教育）行政案中，[1]原告梁某某诉称，原告于2009年8月16日报名参加怀化市鹤城区2009年公开招考幼儿教师考试，原告当时的笔试、面试成绩均为第二名，总排名也是第二名，但未被录用。事后得知仅是因为原告身高未达到1.5米而没有被录用。原告认为被告规定幼儿教师身高为1.5米的限定违法，请求法院判决被告取消录用其为幼儿教师的具体行政行为违法，并责令录用原告为幼儿教师。原告争议的是，被告怀化市鹤城区委、区政府制定的《怀化市鹤城区2009年公开招考幼儿教

〔1〕 参见湖南省怀化市鹤城区人民法院（2010）怀鹤行初字第27号。

师实施方案》。该实施方案第3条报考对象及条件规定了报考对象身高在1.5米以上。该规定是参照湖南省教育厅于2009年6月22日制定的《湖南省农村义务教育阶段学校教师特设岗位计划招聘办法（试行）》“身体健康，五官端正，身高男性160cm，女生150cm以上，无传染病和精神病史”的规定而制定的。法院认为，教育行政部门为“提高办园水平和保教质量”，将地域、学历、健康状况、年龄、身高等作为本次招考幼儿教师基本条件，是就特定事项针对不特定对象颁布的行政文件，并不是针对原告个人而设立的，且未与法律、法规相抵触。招聘条件对一般公众而言实质上就是一种限制，但这种限制并不等同于歧视，而是根据招考目的和特点而特别设定的。正如本次招考限制年龄在25岁以下，但并不构成对25岁以上人员的歧视一样。

综上，被告怀化市鹤城区教育局以原告梁某某身高不符合规定条件为由，对其不予录用的具体行政行为，应予维持。

据此，法院没有对招录的行政政策有任何怀疑，肯定了该项政策能够作为招录工作的直接依据。

（三）医疗卫生和分配

2002年国务院发布《关于进一步加强农村卫生工作的决定》。2004年国务院转发卫生部等部门《关于进一步做好新型农村合作医疗试点工作指导意见的通知》。2007年国务院发布《关于开展城镇居民基本医疗保险试点工作的指导意见》。2009年国家发改委等发布《关于建立国家基本药物制度的实施意见》。2010年卫生部等发布《关于印发公立医院改革试点指导意见的通知》。2012年国家卫生部发布《关于加快推进农村居民重大疾病医疗保障工作的意见》。2014年国务院发布《关于进一步加强新时期爱国卫生工作的意见》。2015年国务院办公厅发布《关于城市公立医院综合改革试点的指导意见》，不仅对医院、医生等产生影响，也关系到广大群众的身心健康利益。2016年国家卫计委等十个单位发布《关于印发加强农民工尘肺病防治工作的意见的通知》。

关于分配和解决贫困问题。2006年国务院发布《关于解决农民工问题的若干意见》。2016年民政部《关于贯彻落实〈中共中央、国务院关于打赢脱贫攻坚战的决定〉的通知》，2015年国务院办公厅转发卫生计生委等部门《关于推进医疗卫生与养老服务相结合指导意见的通知》。

医疗卫生政策也在法院审理案件中经常适用。在侯某珍与德州市优抚医院不履行法定职责二审行政案中，[1]二审法院认为，2011年民政部《优抚医院管理办法》第2条规定："优抚医院是国家为残疾军人和在服役期间患严重慢性病、精神疾病的复员退伍军人等优抚对象提供医疗和供养服务的优抚事业单位。"该行政规章赋予了优抚医院对优抚对象，即残疾军人以及服役期间的患病的复员退伍军人这一特定群体承担有进行医疗救助并免除医疗费用的行政管理职能，原审法院依据该规定以德州市优抚医院作为行政诉讼的被告责任主体并无不当。该行政规章确定了优抚对象范围，即残疾军人以及服役期间患病的复员退伍军人等优抚对象。结合本案，上诉人属低保对象，而低保对象所享受待遇是部分医疗费用的减免，优抚对象所享受的待遇是优抚医院无条件接收并实行医疗费用免除。因此，低保对象与优抚对象所享受的待遇不能等同。虽然德州市民政局、财政局、卫生局印发的《关于优抚对象、五保对象和低保对象在市优抚医院住院诊疗试行医疗减免的通知》规定了医疗减免人员范围为优抚对象、五保对象、低保对象，但对低保对象实行的只是医疗费用的减免，并没有将低保对象纳入优抚对象来对待，该通知并未扩大优抚医院对负有法定医疗救助义务的特定对象范围。所以，对于低保对象是否进行收治属于德州市优抚医院根据其医疗条件自行判断之范畴，并不是被上诉人德州市优抚医院必须履行的行政法定职责，而是基于医疗合同建立平等之间法律关系。关于上诉人所称其属于《优抚医院管理办法》第9条第5项中的情形问题。《优抚医院管理办法》第9条第5项规定，优抚医院根据主管部门下达的任务，收治下列优抚对象："（五）主管部门安排的优抚对象。"本案中，上诉人作为低保对象，在确定未被纳入优抚对象范围的情形下，未能提供证据证明是主管部门安排的优抚对象，其要求被上诉人以低保对象名义享受优抚对象的待遇没有事实和法律依据。因此，原审法院判决驳回上诉人的诉讼请求并无不当。

可见，依据政策作出具体行政行为既有法律依据，也有客观实际的需要。

（四）住房和社会保障

中央政府及其相关工作部门发布了大量调整住房和社会保障方面的政策

---

〔1〕 参见山东省高级人民法院（2016）鲁行终272号。

性文件。如2007年国务院发布《关于解决城市低收入家庭住房困难的若干意见》，2007年财政部发布《关于贯彻落实国务院关于解决城市低收入家庭住房困难若干意见的通知》《关于印发〈廉租住房保障资金管理办法〉的通知》，2010年国务院发布《关于促进房地产市场平稳健康发展的通知》《关于坚决遏制部分城市房价过快上涨的通知》，2010年财政部、国家发展改革委、住房城乡建设部发布《关于保障性安居工程资金使用管理有关问题的通知》，2013年国务院发布《关于加快棚户区改造的意见》，2014年国务院发布《关于进一步加强棚户区改造的通知》。

有关社会保障方面的民生政策文件很多。如1995年国务院发布《关于深化企业职工养老保险制度改革的通知》，1997年国务院发布《关于在全国建立城市居民最低生活保障制度的通知》，1997年国务院发布《关于建立统一的企业职工基本养老保险制度的决定》，2007年国土资源部等部门发布《关于切实做好被征地农民社会保障工作有关问题的通知》，2007年国务院发布《关于在全国建立农村最低生活保障制度的通知》，2014年国务院发布《关于促进慈善事业健康发展的指导意见》，2015年民政部等十家单位发布《关于鼓励民间资本参与养老服务业发展的实施意见》。这一政策性文件是为落实国务院2013年《国务院关于加快发展养老服务业的若干意见》而出台的实施意见。

不少地方政府也相应出台了地方民生行政政策加以具体调整。

涉及住房和社会保障的很多行政政策也在行政和司法中直接适用。

在蔡某梅与南京市社会保险管理中心劳动和社会保障行政管理（劳动、社会保障）二审行政案中，[1]涉及《关于城镇企业职工基本养老保险关系转移接续若干具体问题意见的通知》（人社部发〔2010〕70号，以下简称《养老保险关系转移意见》）第4条第2款规定，男性年满50周岁和女性年满40周岁的人员，首次参保地为非户籍所在地的，参保地应为其建立临时基本养老保险缴费账户。人社险中心函《关于参保人员建立临时基本养老保险缴费账户后补缴有关问题的复函》（〔2014〕4号，以下简称《补缴复函》）答复：参保人员在建立临时缴费账户地补缴之前的养老保险费，其临时缴费账户性质不予改变。

法院指出，上诉人蔡某梅于1994年4月来南京工作，但当时其所在工作单

〔1〕 参见江苏省南京市中级人民法院（2016）苏01行终303号。

位豪威公司并未在上诉人年满40周岁以前为其缴纳社会保险，直至2015年6月，豪威公司才为上诉人补缴了1994年4月至2006年1月的社会保险。故上诉人的首次参保时间应为汇仁恒安公司为其办理参保手续的2014年9月，此时上诉人已年满40周岁，非南京市户籍，故被上诉人市社保中心为上诉人建立临时基本养老保险缴费账户，符合《养老保险关系转移意见》第4条第2款的规定。豪威公司虽于2015年6月为上诉人补缴1994年4月至2006年1月的社会保险费，但根据《补缴复函》的规定，其临时缴费账户性质应不予改变。故上诉人要求将临时保险缴费账户变更为一般保险缴费账户的上诉理由不能成立，本院不予支持。可见，本案就是根据两个政策性文件处理争议问题的。

规范性文件中确立的行政政策最多、适用范围最广泛，其对于民生权利的实现至关重要，但是其中存在的问题也不少。本书研究的主要是此类规范性文件中的民生政策的内容。

四、司法依据

民生行政政策作为行政行为的依据，也可以通过法院采取相应的途径加以实现。与前述其他主体相关文件要求不同，法院相关规定，不仅要提出对民生行政政策是否予以适用，还要解决如何审查和适用的问题。其具体方式有几种情况：

（一）明确行政政策作为民生案件处理的依据

法院出台相关司法文件，为法院依据或者参照民生行政政策处理案件提供依据。如2004年最高人民法院发布的《关于审理行政案件适用法律规范问题的座谈会纪要的通知》提出：“行政审判实践中，经常涉及有关部门为指导法律执行或者实施行政措施而作出的具体应用解释和制定的其他规范性文件，主要是：国务院部门以及省、市、自治区和较大的市的人民政府或其主管部门对于具体应用法律、法规或规章作出的解释；县级以上人民政府及其主管部门制定发布的具有普遍约束力的决定、命令或其他规范性文件。行政机关往往将这些具体应用解释和其他规范性文件作为具体行政行为的直接依据。这些具体应用解释和规范性文件不是正式的法律渊源，对人民法院不具有法律规范意义上的约束力。但是，人民法院经审查认为被诉具体行政行为依据的具体应用解释和其他规范性文件合法、有效并合理、适当的，在认定被诉具体行政行为合法性时应承认其效力；人民法院可以在裁判理由中对具体应用解释和其他规范性文件是否合法、有效、合理或适当进行评述。”这里所言的“规范性文件”其中相当一部分就是行政政策。根据上述规定，法院对于行政机关发布的民生行政政策，对于经审查其合法、有效并合理、适当的，可以作为认定具体行政行为合法性的依据，并在裁判理由中对其合法、有效、合理或适当性情况予以评述。

2009年最高人民法院发布《关于裁判文书引用法律、法规等规范性法律文件的规定》第6条规定：“对于本规定第三条、第四条、第五条规定之外的规范性文件，根据审理案件的需要，经审查认定为合法有效的，可以作为裁判说理的依据。”该条中的“规范性文件”主要指行政规范性文件，其包括了民生行政政策。

（二）出台审理民生案件的具体依据

最高人民法院和高级法院根据中央的政策，特别是根据中共中央、国务院的民生行政政策出台司法政策，为法院审理案件提供直接依据。最高人民法院通过发布司法政策、司法解释、司法指导案例或者典型案例、一般案件的处理、司法建议等多种形式将民生行政政策引用、转化和适用为司法政策，指导各级法院处理案件。

2008年最高人民法院发布《关于充分发挥行政审判职能作用为保障和改善民生提供有力司法保障的通知》，出台这一文件是为了贯彻党的十七大和十七届二中全会关于加快推进以改善民生为重点的社会建设的精神，充分发挥行政审判职能作用，为保障和改善民生提供有力的司法保障，要求各级法院要深刻领会、全面贯彻中央关于保障和改善民生的重要部署，牢固树立关注民生、重视民生、保障民生、改善民生的意识，把司法为民和维护社会公平正义作为行政审判工作的出发点和落脚点，充分发挥行政审判保障和改善民生的重要职能作用。该通知中所指的民生类行政案件及其审判的目的包括：审理好涉及居民收入分配的行政案件，切实保障城乡居民收入权益，推动形成合理的收入分配制度；审理好涉及社会保障类的行政案件，切实保障人民群众的基本养老、基本医疗保险、最低生活保障费等合法权益；审理好涉及基本医疗卫生类行政案件，切实保障人民群众身体健康，推动公共卫生体系、医疗服务体系、医疗保障体系、药品保障体系的完善和发展；审理好关乎人民群众切身利益的土地征收、房屋拆迁行政案件，公平保护被拆迁人的合法利益；审理好涉及受教育权的行政案件，维护教育公平，实现学有所教；审理好涉及劳动权益的行政案件，保障扩大就业的发展战略得到实施。该文件提到了政策："在认真抓好审判和执行工作的同时，各级人民法院要加强涉及民生行政案件的调查研究工作，不断总结审判经验，及时研究解决工作中存在的问题，准确把握法律、政策界限……对审判工作中遇到的新情况和政策法律适用问题及时进行调查研究，必要时报告最高人民法院……"虽然很简单，但是已经表明最高人民法院对法院审理案件会遇到行政政策问题的困惑。

(三)基于保护行政诉讼当事人诉权强调民生方面"土政策"加强审查

2009年最高人民法院发布的《关于依法保护行政诉讼当事人诉权的意见》提出了对限制诉讼权利的"土政策"如何处理。在"不得随意限缩受案范围、违法增设受理条件"中，文件要求："不仅要保护公民、法人和其他组织的人身权和财产权，也要顺应权利保障的需要，依法保护法律、法规规定可以提起诉讼的与人身权、财产权密切相关的其他经济、社会权利。要坚决清除限制行政诉讼受理的各种'土政策'，严禁以服务地方中心工作、应对金融危机等为借口，拒绝受理某类依法应当受理的行政案件。"这里的"土政策"可能包括地方法院出台的，也可能是地方行政机关出台的文件。在"依法积极受理新类型行政案件"部分，文件要求："各级人民法院要深入了解各阶层人民群众的生活现状和思想动向，了解人民群众对行政审判工作的期待，依法受理由此引发的各种新类型案件，积极回应人民群众的现实司法需求。要依法积极受理行政给付、行政监管、行政允诺、行政不作为等新类型案件；依法积极受理教育、劳动、医疗、社会保障等事关民生的案件；依法积极受理政府信息公开等涉及公民其他社会权利的案件；积极探讨研究公益诉讼案件的受理条件和裁判方式。对新类型案件拿不准的，应当在法定期间先予立案，必要时请示上级人民法院，不得随意作出不予受理决定。"

这一文件虽然不是为了某一民生行政方面的政策，但它强调了对民生案件审理必须有的态度和需要注意的问题。其中可能涉及对民生案件的行政政策问题。因为"土政策"可能包括了民生方面的行政政策。

(四)提出为了实现特定时期保民生任务对民生行政政策的态度和措施

2009年最高人民法院发布《关于当前形势下做好行政审判工作的若干意

见》，出台这个文件的背景目的之一是为“保增长、保民生、保稳定”行政政策的贯彻落实提供司法保障。其中两部分规定了如何对待行政政策的问题。“二、充分发挥司法保障作用，依法支持行政机关为应对金融危机而采取的各项政策、措施”，具体要求是“要着眼于科学发展，本着有利于实现‘三保’目标的原则，充分尊重行政机关的选择和判断。对于行政机关在拉动内需、促进企业发展、实行积极的财政政策和适度宽松的货币政策、压缩行政许可和行政审批事项、防范金融风险等方面实施的各项行政行为，在坚持合法性审查的基础上依法维护和支持”。“对于因行政指导或政策调整而引发的案件，既要注意保护各类企业的信赖利益、公平竞争，促进政府诚实守信，也要考虑因金融危机而导致的情势变更因素，充分考虑特殊时期行政权的运行特点，妥善处理好国家利益、公共利益和个人利益的关系。”这部分提出了两个要求：一是在合法性审查的基础上依法维持和支持，就是说维护和支持是有条件的。二是法院要坚持权衡。在“三、正确处理适用法律与执行政策的关系，努力实现法律效果与社会效果的有机统一”部分，法院要求：“要坚持法制的原则性和灵活性相结合，法律标准与政策考量相结合。在对规范性文件选择适用和对具体行政行为进行审查时，充分考虑行政机关为应对紧急情况而在法律框架内适当采取灵活措施的必要性，既要遵循法律的具体规定，又要善于运用法律的原则和精神解决个案的法律适用问题。对于没有明确法律依据但并不与上位法和法律原则相抵触的应对举措，一般不应作出违法认定。”“要始终坚持法制统一原则，不能以牺牲法律为代价迁就明显违反法律强制性规定、侵犯当事人合法权益的行为。对于那些以应对危机为借口擅自突破法律规定，形成新的地方保护和行业垄断，侵犯公民、法人和其他组织合法权益的违法行为，要依法予以纠正。”这一要求表明两点精神：其一，适用法律与执行政策应当结合起来考量，要运用法律精神去考察相关行政政策，不应随意把某些政策宣告为违法。其二，以应对危机为借口出台的行政政策，如果构成地方保护和行业垄断，侵犯相对人合法权益的，应当予以纠正。这说明，法院维持行政政策是有底线的。

（五）提出实施房地产调控政策的对策性措施

2013年最高人民法院《关于房地产调控政策下法院严格审查各类虚假诉讼的紧急通知》，它是把国务院的行政政策转变为司法政策，为法院处理案件提供的具体处理办法。其一，背景和目的。在“国五条”[1]等房地产调控政策实施背景下，为规避税收、限贷及限购政策，现实生活中出现了大量“假离婚”、借名买房、二手房买卖中签订阴阳合同、虚构债务后协议以房抵债等现象，有些已经形成纠纷诉至法院。这些问题的发生，极大地扰乱和冲击了房地产市场的正常秩序，严重影响了国家房地产调控政策的贯彻落实，严重干扰了法院正常的审判活动。其二，要密切关注和高度重视本辖区执行国家房地产调控政策措施过程中已经出现和可能出现的虚假诉讼问题，严格依法加大审查排除力度，确保国家房地产调控措施的贯彻落实。其三，在审理相关纠纷案件时，要认真审查当事人的诉讼请求及相关的证据，要慎重对待，妥善处理。其四，对本辖区执行国家房地产调控政策过程中出现的包括虚假诉讼在内的带有普遍性或者可能呈现蔓延之势的新问题、新情况，要认真研究和及时应对，并且及时层报。

（六）一些地方法院出台措施，将地方政府政策转化为司法政策

2004年江苏省高级人民法院发布《关于进一步规范城市房屋拆迁案件审理工作的通知》，指出了制定该民生司法政策的背景和目的：“……一些地方‘土政策’较多，拆迁工作方法不当等问题，造成城市房屋拆迁引发的上访和诉讼有进一步增加的趋势，甚至引发了一些恶性事件，影响了全省经济发展的大局和社会的稳定。为提高城市房屋拆迁案件的审判质量，维护社会稳定，现将进一步规范城市房屋拆迁案件审理工作的有关事项通知如下：……四、正确适用法律法规，依法保护拆迁案件当事人的合法权益。当前拆迁矛盾突出的一个重要原因，就是一些地方政府或主管机关制定的有关拆迁的规范性文件，不尽符合法律和国务院《城市房屋拆迁管理条例》等有关法规的规定，有的甚

---

〔1〕 指在2013年国务院常务会议确定的五项加强房地产市场调控的政策措施。国务院办公厅于2013年2月26日发布《国务院办公厅关于继续做好房地产市场调控工作的通知》(国办发〔2013〕17号)。五项具体政策措施如下：“(一)完善稳定房价工作责任制。各直辖市、计划单列市和除拉萨外的省会城市要按照保持房价基本稳定的原则，制定并公布年度新建商品住房价格控制目标。建立健全稳定房价工作的考核问责制度。(二)坚决抑制投机投资性购房。严格执行商品住房限购措施，严格实施差别化住房信贷政策。扩大个人住房房产税改革试点范围。(三)增加普通商品住房及用地供应。2013年住房用地供应总量原则上不低于过去五年平均实际供应量。(四)加快保障性安居工程规划建设。配套设施要与保障性安居工程项目同步规划、同期建设、同时交付使用。完善并严格执行准入退出制度，确保公平分配。2013年年底前，地级以上城市要把符合条件的外来务工人员纳入当地住房保障范围。(五)加强市场监管。加强商品房预售管理，严格执行商品房销售明码标价规定，强化企业信用管理，严肃查处中介机构违法违规行为。推进城镇个人住房信息系统建设，加强市场监测和信息发布管理。”

至相抵触。对此，各级法院在审理城市房屋拆迁案件时要正确适用法律法规。对地方人民政府或者行政机关制定的限制被拆迁人依法自主选择补偿方式；房地产市场评估办法不符合建设部、省政府有关规定；货币补偿金额标准低于市场评估价以及其他与法律、法规相抵触的规章或规范性文件，法院在作出裁判时不予参照或者参考。”这是要求法院对地方的民生行政政策进行严格审查。

2006年吉林省高级人民法院发布的《关于人民法院审理和执行城市棚户区改造行政案件若干问题的规定》第3条规定：“人民法院审理和执行‘涉改’案件，要严格执行城市房屋拆迁、土地、规划、城市建设等法律、法规、规章和行政诉讼法、最高人民法院相关司法解释以及省政府和市州人民政府制定的相关政策。”第5条规定：“法院在审理和执行‘涉改’案件时，要注重保护居民即弱势群体的合法权益，落实省政府利民、惠民、为民的各项政策。”第39条规定：“棚户区内被拆迁各类房屋所发生的补偿安置、搬迁补助等均应依照国家和省发布的城市房屋拆迁管理法规、省政府制定的原则政策和当地市州政府制定的具体规定执行。市州政府的规定明显违反法律、法规和省政府相关政策的，法院不应将其作为裁判的依据。这一规定明确了区别对待政府相关政策的措施和态度：对弱势群体有利的政策，依法落实；对涉及拆迁补偿安置、搬迁补助等符合国家、省级法规、省政府和市州政府的具体规定应当依法执行；市州政府规定违反法律法规和省政府政策的，不得作为裁判依据。”

2011年北京市高级人民法院发布的《关于妥善处理涉及住房限购政策的房屋买卖合同纠纷案件若干问题的会议纪要》是为贯彻落实国务院通知精神，进一步加强和改善房地产市场调控，切实解决城镇居民住房问题，以及实施北京市政府《关于贯彻落实国务院办公厅文件精神进一步加强本市房地产市场调控工作的通知》，而出台的司法政策。该会议纪要对政策如何适用作了具体明确的规定。如提出“要确保司法审判与国家对房地产市场宏观调控政策的导向相一致”。提出了“住房限购政策与不可抗力”的识别：“国家对于房地产市场的宏观调控并非是一个令所有市场主体猝不及防的突变过程，而是经历了一个从限贷到限购逐步加强和完善的发展过程。房屋买卖合同作为一种标的额相对较大、与买卖双方切身利益密切相关的合同，当事人在签订合同时对合同订立后可能出现的房地产市场风险及各种履行障碍均应当有一定程度的预见和判断。因此，住房限购政策在司法实践中不宜认定为《合同法》第117

条规定的不可抗力。”这一规定是为了维护涉及住房限购分米的行政政策，对当事人预见和判断责任作了较为严格的要求，提高了当事人自身责任的承担。其中规定了“规避住房限购政策的借名买房合同的处理原则”，即“因住房限购政策的限制，当事人约定一方以他人名义购买房屋，并将房屋登记在他人名下，借名人以其系实际买受人为由，要求确认房屋归其所有或办理房屋过户登记的，不予支持；借名人因自身条件变化或政策发生调整等原因符合住房限购政策的，可以判决登记人为其办理房屋过户登记手续”。这一规定的后一部分是对当事人（登记人）规避政策行为所作的不利的规定，也是为了涉及住房限购政策的有效实施。

从上分析可以看出，我国法院在对待行政机关的民生行政政策方面提出了一些对策性的措施，反映出法院在实施行政机关民生行政政策方面发挥着重要的政治性功能。这一做法也符合国际发展的趋势。现代各国法院不同于传统时期法院处于消极被动的状况，法院可以积极发挥作用。“现代民主制政府承受来自几个方向的压力，法院的政治作用可能被期望作为一种政治体系的变形既对变化作出反应又会导致变化的发生。”〔1〕“在美国，宪法性人权的地位几乎完全取决于最高法院制定宪法政策的职能，而不是它的宪法解释职能。”〔2〕这里说的是国外的宪法诉讼，但其原理也适用于一般诉讼，普通的法院诉讼也同样承担重要的政治功能。出现这种情况并非偶然。“二战”后，人们认识到，由于经济、人们的价值观等发生变化，以及立法和行政运作越不够健全或效率越低，人们越转而希求司法机关以谋求确保或实现其价值和利益。并期望借助司法裁判修正、变更既存的法规范，发挥形成政策的机能，影响立法或行政机关，以达成强化权利救济的目的。〔3〕这就是现代裁判新的机能即形成政策的机能。无论主观上是否承认，这种客观趋势都不可阻挡。它一方面弥补了立法机关立法不足，另一方面也为立法者加强权利保护、规范和控制权力的立法提供了导向。

---

〔1〕 Edited by Jerold L.Waltman and Kenneth M.Holland: The Political Role of Law Courts in Modern Democracies, The Macmillan Press LTD 1988, p.4.该书介绍了美国、澳大利亚、加拿大、德国、英国、法国、意大利、瑞士、日本等国家的法院的政治角色及其产生的问题。

〔2〕 Michael J.Perry, The Constitution, The Courts, and Human Rights, New Haven: Yale University Press, 1982, p.2.转引自［美］阿兰·S.罗森鲍姆:《宪政的哲学之维》，郑戈等译，三联书店2001年版，第175页。

〔3〕 参见邱联恭:《司法之现代化与程序法》，台北，三民书局1992年版，第12～13、15页。

第三章　以规范性文件形式实施民生行政政策

行政机关和司法机关是民生行政政策的执行者和适用者，它们适用和实施民生行政政策的方式方法各不相同。

行政机关实施的民生行政政策多种多样。根据政策的运行层级可以分为中央和地方的民生政策、政府的民生行政政策与政府工作部门的民生行政政策、抽象的民生行政政策和对抽象民生政策的具体适用应用。不同类型的行政政策，所起的作用不同、行政机关在适用时所采取的态度也不同。一般来说，下级行政机关对上级国家机关行政政策的适用无须审查，如同适用法律规范一样；政府工作部门对政府出台的民生行政政策也直接适用，很难对此进行审查。

根据我国宪法法律实践的情况，法院适用实施民生行政政策的情况也不相同。法院对国务院制定的最高行政政策不予审查而直接适用。对于部门和地方行政政策，虽然按照《行政诉讼法》的规定可以进行附带性审查，但基本上是“走过场”，进行形式性审查。多数法院对民生行政政策直接适用，如同法律法规的适用一样。下文具体分析行政机关以抽象行政行为的形式实施民生行政政策的情况。

行政机关实施民生行政政策的情形不同，可以分为以抽象行政行为和具体行政行为的形式加以实施两种情况。前者是指，下级行政机关制定相关民生行政政策来实施法律规范或者上级民生行政政策的行为，行政机关以抽象行政行为的行使实施民生行政政策主要包括制定创制性、执行性的解释性的民生行政政策接下来主要讨论这种情况。至于行政机关具体适用具体民生行政政策作出具体行政行为，在下一章司法适用中加以讨论。

一、创制性民生行政政策

它是指没有直接法律法规或者上级行政政策依据，由行政机关最先设定的民生行政政策。在我国，这方面的政策主要是由国务院及其工作部门创设的。如果地方行政机关制定此类民生行政政策，需要有法律规范、上级国家机关授权，否则越权。中共中央、国务院发布的很多涉及改革开放类的民生政策就属于此类。

中共中央、国务院制定的这类政策多数比较抽象、原则，主要是指导性的方针政策，往往需要下级行政机关制定更为具体的可操作的政策。

由于此类政策多数需要最高立法机关作出立法规定或授权，或者由最高行政机关制定法规和政策加以实施，一般行政机关也不直接根据此类政策规定实施相关行政行为。一旦相对人以此为主张权利的依据，往往很难获得认可。在李某诉浙江省人民政府民政行政管理（民政）行政案中，[1]原告李某起诉称：（1）原告系独生子女，2006年5月15日结婚，2009年6月25日生育第一胎，2014年1月9日生育第二胎。2013年11月12日，中共十八届三中全会通过《中共中央关于全面深化改革若干重大问题的决定》，其中提出，坚持计划生育的基本国策，启动实施一方是独生子女的夫妇可生育两个孩子的政策，逐步调整完善生育政策，促进人口长期均衡发展。该政策一旦发布就在全国范围内立即生效，政策发布以后出生的单独二胎不能再以违法论。（2）2013年12月28日，第十二届全国人大常委会第六次会议表决通过了关于调整完善生育政策的决议，同意启动实施一方是独生子女的夫妇可生育两个孩子政策，决议发布以后出生的单独二胎更加不能再以违法论。（3）在中共中央决定和全国人大决定发布以后，单独二胎已经符合法律规定，当事人就有要求生育第二个子女的权利。浙江省于2014年1月17日才修改地方法规，因为从中央到地方的立法技术操作需要一定的时间，在修改之前，地方法规和中央、全国人大的决定是相冲突的，应当优先适用全国人大的决定。修改地方法规也是需要合理的

〔1〕 参见浙江省杭州市中级人民法院（2015）浙杭行初字第28号。

时间召集人大会议审查的。(4)国卫办指导函〔2014〕419号文件指出:在党的十八届三中全会决定公布以后,省级人大常委会作出实施单独二胎政策或者地方条例修改公布之前,单独夫妇违法再生育第二个子女的,立足于批评教育,原则上不作实质性处理。这是国家计生主管部门对中央政策落实的指导意见,应当在全国范围内均产生效力,也是符合立法精神的。(5)根据上述法律法规和政策的规定,原告是符合生育政策的。在中央和全国人大出台政策和决定以后,没有修改的省计生条例违反了上位法的规定而不能适用,此时应当灵活适用全国性规定。但省卫计委办公室作出《关于进一步明确实施单独两孩政策有关具体政策问题的函》认为在2014年1月17日前单独夫妇不符合条件生育第二个子女的,属于违法生育,应当依法征收社会抚养费,该决定与法律、法规及政策相违背,将原告生育二胎的行为认定违法生育明显不当,应当撤销。

法院指出,本案中,李某向浙江省政府申请行政复议,请求撤销省卫计委于2014年2月25日作出"在2014年1月17日前单独夫妇不符合条件生育第二个子女的,属于违法生育,应当依法征收社会抚养费"的决定。省卫计委办公室下发的《关于进一步明确实施单独两孩政策有关具体政策问题的函》第1条规定,在2014年1月17日前单独夫妇不符合条件生育第二个子女的,属于违法生育,应当依法征收社会抚养费。该规定系省卫计委发布的在全省范围内普遍适用的法律适用指导文件,不属于行政复议法所规定的具体行政行为。据此,浙江省政府对其复议申请不予受理并告知,符合法律规定。原告的诉讼理由不能成立,其诉讼请求不予支持。

在该案中,法院判决中没有回应很多涉及政策适用的问题。

第一,原告引用《中共中央关于全面深化改革若干重大问题的决定》作为主张权利的依据,法院未予说明。因为这是一个创制性文件,确立了生育二胎的政策。

第二,原告主张,国卫办指导函〔2014〕419号文件指出:"在党的十八届三中全会决定公布以后,省级人大常委会作出实施单独二胎政策或者地方条例修改公布之前,单独夫妇违法再生育第二个子女的,立足于批评教育,原则上不作实质性处理。"这是国家计生主管部门对中央政策落实的指导意见,应当在全国范围内均产生效力,也是符合立法精神的。原告这个主张是正确的,国家卫计委这个解释符合《立法法》的精神。因为2000年《立法法》第84条规定："法律、行政法规、地方性法规、自治条例和单行条例、规章不溯及既往，但为了更好地保护公民、法人和其他组织的权利和利益而作的特别规定除外。"现在法律没有作出特别规定，但适用法律应当符合这一原则。而国家卫计委这个创制性政策符合这一原则，因为按照国家卫计委的规定，这一做法可以更好地保护公民的权利和利益。遗憾的是，法院没有对国家卫计委的创制性政策予以评价，只直接引用省卫计委办公室作出《关于进一步明确实施单独两孩政策有关具体政策问题的函》，从理论上，国家卫计委有创制性政策了，浙江省卫计委只有权制定执行性的政策，无权超越国家卫计委的政策要求。可见，法院支持浙江省卫计委的做法是违法的。省卫计委这一政策只是实施性的，因为是对之前法律法规的具体细化。

第三，本案法院处理不符合最高人民法院的要求。2004年最高人民法院《关于审理行政案件适用法律规范问题的座谈会纪要》规定："根据行政审判中的普遍认识和做法，行政相对人的行为发生在新法施行以前，具体行政行为作出在新法施行以后，人民法院审查具体行政行为的合法性时，实体问题适用旧法规定，程序问题适用新法规定，但下列情形除外：(一)法律、法规或规章另有规定的；(二)适用新法对保护行政相对人的合法权益更为有利的；(三)按照具体行政行为的性质应当适用新法的实体规定的。"本案中，相对人的行为发生在新法实施之前，具体行政行为作出在新法之后，符合这一适用前提，本案符合适用新法的例外情形的第二种情况，即"适用新法对保护行政相对人的合法权益更为有利的"，所以法院应当遵守最高人民法院这一规定。

中共中央、国务院的政策在贯彻过程中，往往需要立法加以细化，行政机关应当根据法律原理解决好这个问题。2016年中共中央、国务院发布了《关于进一步加强城市规划建设管理工作的若干意见》，其中提到新建住宅要推广街区制，原则上不再建设封闭住宅小区；已建成的住宅小区和单位大院要逐步打开，实现内部道路公共化。对此引起争议和担忧，有人认为这一文件所提的今后可能不再封闭建小区，道路将公共化，而道路公共化与我们现行《物权法》及相关解释是相违背的。最高人民法院民一庭庭长程新文对此回答："党中央、国务院提出的这一意见属于党和国家政策的层面，涉及包括业主在内的有关主体的权益保障问题，还有一个通过立法实现法治化的过程。作为人民法院，我们将密切关注，对由此可能涉及的相关主体的权益的影响、协调和保护，加强调研，及时研判，并进一步加强对下指导力度，积极协调有关方面妥善地处理好相关的纠纷。”

可见，创制性行政政策的实施需要注意与现行法律之间的衔接，需要相关立法的及时修改完善，否则会影响民众的民生权益。

二、执行性民生行政政策

它是指下级行政机关为了贯彻法律法规和上级行政机关政策而制定的实施性行政政策，或者政府工作部门为了贯彻法律法规和本级政府政策而制定的执行性行政政策。我国的民生行政政策是分级分部门的。从分级来说，下级行政部门可以或者有必要制定执行性行政政策，落实上级行政部门的行政政策；本级政府工作部门可以或者有必要制定执行性行政政策，落实本级政府的行政政策。

如2012年国务院办公厅转发教育部等部门《关于做好进城务工人员随迁子女接受义务教育后在当地参加升学考试工作意见的通知》。其中第三点规定：“因地制宜制定随迁子女升学考试具体政策。各省、自治区、直辖市人民政府要根据城市功能定位、产业结构布局和城市资源承载能力，根据进城务工人员在当地的合法稳定职业、合法稳定住所（含租赁）和按照国家规定参加社会保险年限，以及随迁子女在当地连续就学年限等情况，确定随迁子女在当地参加升学考试的具体条件，制定具体办法。各省、自治区、直辖市有关随迁子女升学考试的方案原则上应于2012年年底前出台。北京、上海等人口流入集中的地区要进一步摸清底数，掌握非本地户籍人口变动和随迁子女就学等情况，抓紧建立健全进城务工人员管理制度，制定出台有关随迁子女升学考试的方案。”上述规定很笼统、不明确，无法直接适用。如进城务工几年、稳定住所和稳定职业是什么意思、参加社会保险多长时间、随迁子女在当地连续就学年限多长等，如果子女属于违反计划生育政策的是否可以报名，等等。这些指标都没有明确规定。

北京市教委、市公安局、市发展改革委、市人力资源和社会保障局2013年发布的《进城务工人员随迁子女接受义务教育后在京参加升学考试工作方案》对前述教育部等部门制定的政策作了具体化。其中第三点作了非常详细的规定：“近期实行过渡期升学考试措施，千方百计为随迁子女在京升学考试提供多样化服务。在北京市出台随迁子女在京升学考试办法之前和新办法公布后三年内，为了方便随迁子女在京升学考试，实行如下过渡措施：（一）自2013年起，凡进城务工人员持有有效北京市居住证明，有合法稳定的住所，合法稳定职业已满3年，在京连续缴纳社会保险已满3年，其随迁子女具有本市学籍且已在京连续就读初中3年学习年限的，可以参加北京市中等职业学校的考试录取。其中来自农村的学生和学习涉农专业等符合相关规定的学生享有北京市中等职业教育免学费和国家助学金政策。学生从中等职业学校毕业后，可按照有关规定参加高等职业学校的考试录取。（二）自2014年起，凡进城务工人员持有有效北京市居住证明，有合法稳定的住所，合法稳定职业已满6年，在京连续缴纳社会保险已满6年，其随迁子女具有本市学籍且已在京连续就读高中阶段教育3年学习年限的，可以在北京参加高等职业学校的考试录取。学生从高等职业学校毕业后，可以参加优秀应届毕业生升入本科阶段学习的推荐与考试录取。（三）自2014年起，凡进城务工人员持有有效北京市居住证明，具有合法稳定职业及合法稳定住所，其随迁子女具有本市学籍且已在京连续就读高中阶段教育3年学习年限的，可选择在京借考高考。北京市按教育部相关文件规定，经学生户籍所在省同意后为学生提供高考文化课在京借考服务，学生回户籍所在省参加高校招生录取。（四）凡进城务工人员持有有效北京市居住证明，其随迁子女均可按照有关规定，和户籍学生同等待遇报名参加北京市成人高等教育、高等教育自学考试、网络高等教育、开放大学的考试录取。”

北京市出台的前述政策非常明确具体。但是施加的限制性条件相当严格。如对居住证明、合法稳定住所要求不高，但对合法稳定职业、连续缴纳社会保险，以及学生在京连续就读高中学习时间和所报考的学校进行了非常严格的限制。这些严格的条件是否违法、是否违反上级行政机关政策，需要考虑。从我国实践来看，法院在审理案件过程中，遇到下级行政政策增加了上级政策没有的条件时，并没有对下级行政机关政策进行实质性审查，只是简单地肯定其合法性。

如果说，对进城务工人员随迁子女接受义务教育后在当地参加升学考试工作设定一定条件还有正当理由的话，那么各地对义务教育设定的很多限制条件是否合宪合法则是一个很大的问题。

在吕某然与慈溪市教育局一审行政案中,[1]原告吕某然不服被告慈溪市教育局于2015年6月11日作出的原告不能在慈溪市接受义务教育的行政决定,于2015年6月23日向法院提起行政诉讼。原告母亲陈某英为原告办理在慈溪市入学的手续时,被告慈溪市教育局所属的匡堰镇教育办公室(以下简称匡堰镇教办)工作人员告知原告母亲,因原告父母违反了计划生育政策,故原告无法根据《慈溪市流动人口子女义务教育阶段入学资格联合审定办法》的规定在慈溪市入学。被告慈溪市教育局于2015年7月10日向本院提供了被诉行政行为作出时的证据、依据:(1)《关于慈溪市流动人口子女义务教育段入学资格审定告家长书》及附件(包括空白告家长书回执、慈溪市流动人口子女入学资格调查表、关于开展全市幼儿园大班、小学六年级在读流动人口子女调查摸底的通知)、原告母亲签字后的告家长书回执各1份,用以证明被告已对原告尽了告知义务;(2)《市委办公室、市政府办公室关于印发〈慈溪市流动人口子女义务教育段入学资格联合审定办法〉的通知》(以下简称慈党办〔2013〕71号文件)1份,用以证明慈溪市流动人口子女入学的条件之一是其父母无违反计划生育政策;(3)浙江省政府《关于进一步加强和改进进城务工人员子女教育工作的意见》(以下简称浙政发〔2008〕69号文件)1份,用以证明浙江省流动人口子女入学条件是领取暂住证或临时居住证后无行政拘留以上处罚、违法生育等记录;(4)《义务教育法》,用以证明法律规定流动人口子女在非户籍所在地就学的具体办法由省、自治区、直辖市规定;(5)原告母亲陈某英的生育证明1份,用以证明原告父母育有1男2女,违反了计划生育政策的事实。

原告认为,根据《义务教育法》第12条第1款的规定,“适龄儿童、少年免试入学。地方各级人民政府应当保障适龄儿童、少年在户籍所在地学校就近入学”。《浙江省实施〈中华人民共和国义务教育法〉办法》第12条规定:“学校应当保障适龄儿童、少年接受义务教育的权利。”第16条规定:“农村小学以就近入学为原则。”根据上述规定,原告享有在被告处接受义务教育的权利,任何组织、单位与个人均无权予以剥夺。被告所依据的慈党办〔2013〕71号文件与上述规定相悖,被告据此作出拒绝原告入学的决定错误。原告诉请判令:(1)责令被告按九年义务教育的规定就近安排原告入学,依法为原告办理学籍

〔1〕 参见浙江省慈溪市人民法院(2015)甬慈行初字第54号。

卡;(2)认定慈党办〔2013〕71号文件第2条第3项“无违反计划生育政策”的规定违法;(3)本案诉讼费由被告承担。经本院释明后,原告变更第一项诉请为:撤销被告作出的原告不能在慈溪市接受义务教育的行政决定。

法院认为,《义务教育法》第7条第1款规定,“义务教育实行国务院领导,省、自治区、直辖市人民政府统筹规划实施,县级人民政府为主管理的体制”;《义务教育法》第12条第1款规定,“地方各级人民政府应当保障适龄儿童、少年在户籍所在地学校就近入学”;该条第2款规定,“父母或者其他法定监护人在非户籍所在地工作或者居住的适龄儿童、少年,在其父母或者其他法定监护人工作或者居住地接受义务教育的,当地人民政府应当为其提供平等接受义务教育的条件。具体办法由省、自治区、直辖市规定”。根据上述法律规定,义务教育实行县级人民政府为主的管理体制,适龄儿童、少年应首先在其户籍所在地接受义务教育,也即本地的教育资源应当首先满足拥有当地户籍的适龄儿童、少年的入学需要,父母或者其他法定监护人在非户籍所在地工作或者居住的适龄儿童、少年,在不影响当地正常教育秩序的前提下,符合流入地政府规定的条件的,也可在父母或法定监护人工作或居住地接受义务教育,具体的条件则由省、自治区、直辖市规定。浙江省人民政府发布的浙政发〔2008〕69号文件,设定了进城务工人员子女在流入地接受义务教育的相关条件,宁波市教育行政主管部门亦发布了相应的文件,明确了具体办法由各县(市)区自行制订,而慈党办〔2013〕71号文件系慈溪市政府根据浙江省、宁波市有关文件精神而发布的规范性文件。慈溪市政府为合理利用当地教育资源,在不影响当地正常教育秩序的前提下,结合慈溪市的实际,发布文件明确流动人口子女入学的具体条件,并无不当。原告诉称慈党办〔2013〕71号文件与《义务教育法》第12条第1款、《浙江省实施〈中华人民共和国义务教育法〉办法》第12条、第16条的规定相悖,但《义务教育法》和《浙江省实施〈中华人民共和国义务教育法〉办法》的上述条款明确规定适龄儿童、少年以就近入学为原则,政府、学校应当保障适龄儿童、少年在户籍所在地学校入学,而慈党办〔2013〕71号文件并未剥夺原告在其户籍所在地接受义务教育的权利,故原告该诉称主张不能成立。综上,原告要求本院认定慈党办〔2013〕71号文件第2条第3项“无违反计划生育政策”的规定违法的诉请,于法无据,法院不予支持。慈党办〔2013〕71号文件第2条规定,流动人口子女在慈溪市接受义务教育的,其父母应具备如下条件:(1)子女在户籍所在地无监护条件;(2)在慈溪取得《浙江省临时居住证》1年及以上;(3)无违反计划生育政策;(4)在慈溪依法缴纳基本养老保险或外来务工人员社会保险(连续缴纳1年及以上,且延续到查验日仍然在参保,补缴无效);(5)在慈溪具有相对固定住所(有房产证、有效的租房证明或居住证明);(6)在慈溪有稳定职业(与慈溪用工单位签订了劳动合同,或取得工商营业执照)。本案中,原告父母分别于1997年、2004年各生育1女,后又于2008年生育了原告,其违反计划生育的事实清楚,故原告不符合该文件规定的"父母无违反计划生育政策"这一入学必备条件,被告以此作出原告不能在慈溪市接受义务教育的行政决定,并无不当。对原告要求撤销该行政决定的诉请,法院不予支持。

《义务教育法》第12条第2款规定,"父母或者其他法定监护人在非户籍所在地工作或者居住的适龄儿童、少年,在其父母或者其他法定监护人工作或者居住地接受义务教育的,当地人民政府应当为其提供平等接受义务教育的条件。具体办法由省、自治区、直辖市规定"。从民生行政政策的合宪性、合法性来说,法院对本案的处理是有问题的,法院至少要考虑以下几个问题:

第一,《义务教育法》第12条第2款规定的"具体办法由省、自治区、直辖市规定"是一种授权,问题在于,省、自治区、直辖市是否有权设定违反计划生育的孩子不能在父母工作地接受义务教育。从宪法法律精神来说,在没有上位法明确授权的情况下,省级政府没有此项权力。因为,解释法律的一个基本方法是合宪性解释。如果对该条中授权条文所作的涉及公民权利的解释作限缩性解读,明显不符合合宪性解释的规则要求。

第二,浙江省政府发布的浙政发〔2008〕69号文件能否作为教育行政部门作出决定的依据?法院能否以之作为判定行政行为是否合法的依据?我认为需要对此进行审查,如果其违反上位法和中央政策,就不能作为相关依据。2004年国务院《全面推进依法行政实施纲要》规定:"行政机关实施行政管理,应当依照法律、法规、规章的规定进行;没有法律、法规、规章的规定,行政机关不得作出影响公民、法人和其他组织合法权益或者增加公民、法人和其他组织义务的决定。"由于浙江省政府的该文件对当事人义务教育增加了严重的限制性条件,特别是违反计划生育等,不能作为行政行为的依据。法院应当判断适用此项规定属于适用法律依据错误予以撤销教育局的决定。

2004年最高人民法院发布的《关于审理行政案件适用法律规范问题的座谈会纪要》规定:"行政机关往往将这些具体应用解释和其他规范性文件作为具体行政行为的直接依据。这些具体应用解释和规范性文件不是正式的法律渊源,对人民法院不具有法律规范意义上的约束力。但是,人民法院经审查认为被诉具体行政行为依据的具体应用解释和其他规范性文件合法、有效并合理、适当的,在认定被诉具体行政行为合法性时应承认其效力;人民法院可以在裁判理由中对具体应用解释和其他规范性文件是否合法、有效、合理或适当进行评述。"在本案中,法院只从授权这个角度指出了其合法性,但没有从实质内容上去证明合法。

第三,本案中,慈党办〔2013〕71号文件第2条第3项"无违反计划生育政策"的规定明显与法律规定相抵触,导致未成年人的义务教育权利受到不利影响。但法院未予对此进行实质性审查,仅仅指出其根据浙江省政府规范性文件和宁波市教育局文件,就自然认定其合法是不当的。

2008年国务院《关于加强市县政府依法行政的决定》规定:"市县政府及其部门制定规范性文件要严格遵守法定权限和程序,符合法律、法规、规章和国家的方针政策,不得违法创设行政许可、行政处罚、行政强制、行政收费等行政权力,不得违法增加公民、法人或者其他组织的义务。"在本案中,慈溪市政府的文件违法设定了行政许可的条件,增加了公民的义务,显然是违法的,不能作为判定其行政行为合法的依据。但法院还是支持了教育局依据违法的民生行政政策作出行政行为。

第四,2003年国务院办公厅转发教育部等部门《关于进一步做好进城务工就业农民子女义务教育工作意见的通知》规定:"进城务工就业农民流入地政府(以下简称流入地政府)负责进城务工就业农民子女接受义务教育工作,以全日制公办中小学为主。地方各级政府特别是教育行政部门和全日制公办中小学要建立完善保障进城务工就业农民子女接受义务教育的工作制度和机制,使进城务工就业农民子女受教育环境得到明显改善,九年义务教育普及程度达到当地水平。"还规定:"流入地政府要制定有关行政规章,协调有关方面,切实做好进城务工就业农民子女接受义务教育工作。"据此,按照国务院的要求,地方政府无权设定任何新的限制性条件,对于进城务工人员子女义务教育要无条件接受。而浙江省政府、慈溪市政府出台的文件设定的限制性条件都是违反这一规定的。

执行性行政政策多种多样，有的非常具体，可以称为裁量基准。裁量基准，是指行政执法部门结合行政执法实践，对法律、法规、规章中的行政行为裁量的适用条件、适用情形、行为结果等予以细化、量化而形成的具体标准。我国近几年在行政处罚领域广泛适用。

在上诉人闽西职业技术学院因退学决定一案中，[1]被诉行政行为：闽西职业技术学院于2008年10月24日对其下属的化学工程系作出闽西职院学字第〔2008〕68号《关于给予钟某杰同学退学处理的批复》，其主要内容为：经查2006级环境监测与治理技术专业钟某杰同学，2008年2月25日至2008年7月1日累计旷课达58节，经系领导反复教育与学生家长联系后，该同学仍未有所改正，情节恶劣。根据《闽西职业技术学院学分制学籍管理细则》第41条规定，给予钟某杰同学退学处理。

原审认定，原告钟某杰系被告闽西职业技术学院化学工程系2006级环境监测与治理技术专业学生。2008年1月14日和2008年5月19日因原告累计旷课32节和38节，被告分别给予原告记过处分二次，同年6月16日因原告累计旷课48节，被告给予原告留校察看处分。原告以水土不服为由，要求回原籍就读，向被告申请转学，2008年7月7日被告在《高等学校学生转学申请（确认）表》中签署同意转学并加盖公章。2008年10月24日被告作出闽西职院学字〔2008〕68号《关于给予钟某杰同学退学处理的批复》，该批复抄送学生本人及家长存档。被告将退学材料上报福建省教育厅。原告在办理转学时，因学籍被注销而致不能再办理转学，尔后原告向被告要求撤销被诉批复，经协调未果，原告向法院起诉。原审认为，闽西职业技术学院是国务院教育行政主管部门批准设立的高等院校。高等学校作为公共教育机构，虽然不是法律意义上的行政机关，但依据《高等教育法》第41条的规定，高等学校有对学生进行学籍管理并实施奖励或者处分的职权。因此，高等学校在行使这一国家行政职能时，属于法律、法规授权的组织，其应当具有行政诉讼的被告主体资格。教育属于社会公共资源，受教育权是公民的一项基本权利，闽西职业技术学院对钟某杰所作的退学决定，使钟某杰丧失学籍资格，直接影响、限制和否定了钟

---

〔1〕 福建省龙岩市中级人民法院（2010）岩行终字第37号。

某杰的受教育权和大学生身份权。学校对受教育者的受教育权和身份权的处理，系特殊的外部行政管理关系，不属于内部管理行为，故依法具有可诉性。作出行政行为时行政主体应当遵循正当程序原则，以维护相对人的合法权益。被告对原告作出的退学决定，涉及原告受教育权利，从充分保障当事人的权益的原则出发，在拟作出该项处理前，应告知被处理者拟作出处理的事实、理由及依据，充分听取当事人的陈述、申辩，确保意见的正当表达。但被告并未向本院提供其在作出处理前已告知原告陈述、申辩方面的证据材料，视为没有证据材料，应认定为重大程序违法。而且，被诉批复未告知救济权利和途经，亦属不当，应予指正。被诉批复认定原告累计旷课58节的事实，但其援引的《闽西职业技术学院学分制学籍管理细则（试行）》第41条，并无相对应的实体法律责任条款，属适用法律错误。原告要求恢复学籍的诉讼请求，属另一法律关系，本案不予并案审理，待本案判决生效后，关于原告恢复学籍的问题如有纠纷，当事人可另行主张权利。综上，被告作出被诉批复程序违法，适用法律错误，依法应予撤销。遂判决：撤销被告闽西职业技术学院于2008年10月24日作出闽西职院学字第〔2008〕68号《关于给予钟某杰同学退学处理的批复》的退学决定。本案案件受理费50元，由被告闽西职业技术学院负担。

宣判后，原告闽西职业技术学院不服。二审法院指出：《普通高等学校学生管理规定》第27条规定："学生有下列情形之一，应予退学：（一）学业成绩未达到学校要求或者在学校规定年限内（含休学）未完成学业的；（二）休学期满，在学校规定期限内未提出复学申请或者复学经复查不合格的；（三）经学校指定医院诊断，患有疾病或者意外伤残无法继续在校学习的；（四）未请假离校连续两周未参加学校规定的教学活动的；（五）超过学校规定期限未注册而无正当理由的；（六）本人申请退学的。"《闽西职业技术学院学分制学籍管理细则（试行）》第40条规定学生有下列情形之一，应予退学："1.超过学院规定期限未注册而又无正当事由者；2.不论何种原因在校学习期间超过其学制二年者；3.休学期满，不办理复学手续者或者申请复学经复查不合格者；4.经学院动员，因病该休学而不休学，且在一学期内缺课超过该学期总学时三分之一者；5.未办理请假手续离校连续两周未参加学院规定的教学活动者；6.经学院指定医院诊断，患有精神病，癫痫等疾病或者意外伤残无法继续在校学习者；7.隐瞒既往病史而录取在限考专业、不能坚持学习者；8.在规定最长修业年限内未取得的学分超过规定最低毕业学分10%者；9.本人申请退学，经劝说无效者。”按照上述规定退学，对学生不是一种处分。第41条规定：“按40条作退学处理的学生，由其所在系提出书面报告，送教务处审核提交院长办公会议研究决定。经研究决定后即出具退学决定书并送交本人，无法送达的在校内公告，自发出公告之日起经过15个工作日即视为递达，同时报省教育厅备案。”本案被诉批复认定被上诉人累计旷课58节的事实，但被诉批复仅援引的《闽西职业技术学院学分制学籍管理细则（试行）》第41条，并无援引前述规章、规定相对应的实体法律责任条款，属适用法律错误。综上，原审认定事实清楚，程序合法，适用法律正确，本院予以维持。上诉人上诉理由不予采纳。依照《行政诉讼法》第61条第1项之规定，判决如下：驳回上诉，维持原判。

在该案中，作为行政主体的闽西职业技术学院作出退学决定依据的是《闽西职业技术学院学分制学籍管理细则（试行）》，这部文件就是实施教育部规章《普通高等学校学生管理规定》的裁量基准，是行政政策性规定。其规定的退学情形比教育部规章规定的情形增加了很多新的内容。本案中当事人并没有对裁量基准是否合法提出挑战，法院撤销其决定也是基于违反正当程序和行政决定引用的裁量基准条文不完整等原因。

在上诉人谢某艳与被上诉人泰州市财政局行政处理行为及附带规范性文件审查案中，[1]上诉人谢某艳因行政处理行为及附带规范性文件审查一案，不服泰州医药高新技术产业开发区法院（2015）泰开行初字第00017号行政判决，向泰州市中级人民法院提起上诉。原审法院审理查明，谢某艳系原泰州纺织厂（国有企业）幼儿园教师，1989年从泰州市教师进修学校结业，1993年取得泰州市职称改革领导小组颁发的幼儿教师三级资格证书，2002年内部退养，延至2007年正式退休时，仍未取得教师资格证书。2012年11月9日，谢某艳向“市国资办等部门”提交申诉书1份，认为其作为国有企业退休幼儿教师，具有幼儿教师三级资格证书，工作成绩突出，此次未被纳入调整范围，与国资发分配〔2011〕63号《关于妥善解决国有企业职教幼教退休教师待遇问题的通知》（以下简称国63号文）精神相悖，请求“市国资办等部门”严格按照国63号文将申诉人列入幼教退休教师待遇调整范围，并要求相关部门给予谢某艳以书面

〔1〕 参见江苏省泰州市中级人民法院（2015）泰中行终字第00096号。

答复。泰州市财政局工作人员受领了该申诉书。其后，谢某艳又于2012年12月3日、2014年1月15日向泰州市财政局提交情况说明、“我的理由”等材料。泰州市财政局于2014年1月17日作出涉案答复1份。原审法院对行政规范性文件即行政机关作出决定所依据的政策进行了审查说明。

法院指出：《行政诉讼法》第53条规定：“公民、法人或者其他组织认为行政行为所依据的国务院部门和地方人民政府及其部门制定的规范性文件不合法，在对行政行为提起诉讼时，可以一并请求对该规范性文件进行审查。”原告在庭审前申请对第68号泰州市政府专题会议纪要所附《泰州市妥善解决国有企业职教幼教退休教师待遇问题实施方案》（以下简称实施方案）与《审核过程中有关注意事项（代细则）》（以下简称审核细则）进行审查。第一，审查的可行性。上述文件虽属可予附带审查的规范性文件范围，但泰州市财政局认为实施方案与审核细则并非其适用依据。泰州市财政局作出涉案答复，系以对谢某艳是否具有教师资格证的审核为基础，但该审核行为并非由泰州市财政局而是由教育部门依据实施方案与审核细则实施，故该些文件并非涉案答复之依据，原则上在本案中不应予以审查。但鉴于上述文件系作出答复的事实根据之依据，故为充分保障谢某艳之诉讼权利，在此就其实体内容作适当审查。第二，审查的具体内容及其合法性。谢某艳要求附带审查的上述规范性文件，其内容与作为间接依据适用的规范性文件客观上存在差异，且谢某艳亦未能就请求本院审查的具体条款予以明确。本院根据认证意见并结合原告之主张，确定其要求审查的内容在于审核细则中“教师资格视同”一节。法院认为，从实施方案与审核细则的体系与内容来看，实施方案除第2条以外主要涉及内部组织、责任设定及工作计划，均与行政机关内部管理活动相关，法院无介入判断之余地。而国63号文、苏国资〔2011〕88号《妥善解决国有企业职教幼教退休教师待遇问题的通知》（以下简称苏88号文）允许各地结合本地情况制定具体政策措施与工作方案，故关于可纳入给付范围内的人员对象、资格认定等问题，属行政机关就地方自决事务所形成的高度政策性考量，司法对此应予尊重而排除干涉。第三，规范性文件的合理性。上述文件既不存在合法性问题，就其内容在裁量权行使上，经审查并无违反法律、行政法规与部门规章之强制性规定以及法律原则或行政习惯之情形。谢某艳虽认为认定标准存在不公正与歧视，但该些标准在客观上并无不公，谢某艳亦未提供规范制定者主观上存在恶意裁量的线索，故上述文件亦不存在应予消极评价的不合理之处。

二审法院指出，上诉人在一审庭审前申请对实施方案与审核细则进行审查，但未明确请求法院审查的具体内容，《行政诉讼法》第53条规定："公民、法人或者其他组织认为行政行为所依据的国务院部门和地方人民政府及其部门制定的规范性文件不合法，在对行政行为提起诉讼时，可以一并请求对该规范性文件进行审查。"故法院审查该规范性文件主要针对的是涉案答复所依据并对上诉人权利义务产生实际影响的条款。就本案而言，被上诉人作出涉案答复所依据的仅系会议纪要对其进行授权答复的相关条款，至于答复所涉的事实系被上诉人根据案外人泰州市教育局依据实施方案和审核细则所作的具体认定，因此，该实施方案和审核细则与本案并无法律上关联性，原则上应不予审查。鉴于原审法院结合上诉人的诉讼请求和理由已经审查了根源纠纷即教师资格认定与否所依据的实施方案和审核细则中的相关条款，法院为从根本上解决争议，再次对相关内容进行审查。因实施方案和审核细则上位法即国63号文、苏88号文中明确规定各区市政府可以结合本地情况制定具体政策措施与工作方案，可见，对于国有企业职教幼教待遇调整问题的具体操作办法实质是各级政府根据实际情况进行自由裁量而确定，故本案中的实施方案及审核细则系行政机关就地方事务制定的裁量基准性质的条款，只要其未突破上位法的授权或违反其明确性规定，司法便应当尊重其行政裁量的合法效力，而本案所涉的实施方案和审核细则的上位法即国63号文、苏88号文中未明确规定具体认定办法以及条件等硬性标准，故市政府制定的实施方案和审核细则不存在违法情形。

在该案中，一审法院确认本案中争议的实施方案及审核细则属于政策性规定。二审法院承认其属于裁量基准性质的政策规定，均不违反上位法的规定。

三、解释性行政政策

它是指有权主体根据法律法规规章的规定对相关法律法规规章和政策所作的解释。在鼓浪屿水族博物馆诉厦门市鼓浪屿区地方税务局征税案中，原告是主营水族生物展览、兼营零售工艺美术品等的企业，于1996年2

月经厦门市工商行政管理局核准登记为“厦门市鼓浪屿水族博物馆”。1996年6月10日，原告以其可以依照《营业税暂行条例》第6条第1款第6项关于博物馆免税的规定享受免征营业税待遇为由，向被告厦门市鼓浪屿区地方税务局提出减免税申请。同年8月16日，被告以“关于‘厦门市鼓浪屿水族博物馆’有关税收政策问题的函”通知原告：企业名称不能作为界定征免税的标准；对原告应按“文化体育业”征收营业税。原告不服该通知，向福建省厦门市地方税务局申请复议。1996年11月25日，该局以《营业税暂行条例》第6条及其《实施细则》第26条为依据，作出厦地税复〔1996〕002号“复议决定书”：原告不符合有关“博物馆”项目的免税规定，维持鼓浪屿区地税局作出的征税通知；门票收入应按规定如实申报纳税。原告不服该复议决定，1996年12月5日向厦门市鼓浪屿法院提起行政诉讼。原告诉称：厦门市地税局的复议决定书是依据《营业税暂行条例》第6条第1款第6项及其《实施细则》第26条第5项作出的，并没有明确阐明原告不符合免征营业税的有关法规条款，该复议决定书没有法规依据。故请求法院判令撤销厦门市地税局厦地税复〔1996〕002号“复议决定书”关于维持被告作出的征税通知；确认原告的门票收入属于《营业税暂行条例》规定的免征营业税的项目；被告应退还原告按通知已缴纳的门票税款10647.65元。1996年12月18日，被告厦门市鼓浪屿地方税务局向鼓浪屿区法院提交的国家税务总局国税函〔1996〕678号《关于对‘博物馆’免税范围界定问题的批复》规定：“‘免征营业税的博物馆’，是指经各级文物、文化主管部门批准并实行财政预算管理的博物馆”，“对其他虽冠以博物馆的名称，但不符合上述条件的单位，不得给予免征营业税的照顾”。1996年12月20日，鼓浪屿区法院向原告送达答辩状副本并出示国家税务总局《关于对“博物馆”免税范围界定问题的批复》。原告阅后，认为该批复符合《营业税暂行条例实施细则》第35条的规定，同意按该批复缴纳门票营业税，并向法院申请撤回起诉。厦门市鼓浪屿区法院经审查认为，原告提出申请撤诉的事实和理由符合法律规定，应予准许。该案中涉及的由国家税务总局的解释是对行政税收政策优惠范围和相关概念的解释。

现实中，行政机关在执行法律规范和政策过程中，经常涉及相关概念、相关政策的具体含义和界限不清楚，在此情况下，有关国家机关依法作出解释是必要的。相关解释有多种形式。如2005年财政部、国家税务总局发布《关于城镇房屋拆迁有关税收政策的通知》:“经国务院批准，现将城镇房屋拆迁有关税收政策通知如下:一、对被拆迁人按照国家有关城镇房屋拆迁管理办法规定的标准取得的拆迁补偿款，免征个人所得税。二、对拆迁居民因拆迁重新购置住房的，对购房成交价格中相当于拆迁补偿款的部分免征契税，成交价格超过拆迁补偿款的，对超过部分征收契税。”这一解释涉及财产权和收入分配政策，对于房屋拆迁人明显有保护的作用，符合宪法的精神。

1980年7月8日教育部作出《关于民办教师工龄计算问题的答复意见》:“最近，接到一些单位来信，要求对教育部、财政部、粮食部、国家民委、国家劳动总局1979年10月31日《关于边境县(旗)、市中小学民办教师转为公办教师的通知》和教育部1979年12月15日(79)教计字503号文件的规定中，关于民办教师工龄计算的范围问题，予以明确。经商得民政部、国家劳动总局同意，现答复如下:一、中小学民办教师、长期顶编代课教师，已按上述两个文件规定转(包括直接招收、录用、顶替)为公办教师的，均可按照上述两个文件中计算工龄的规定执行。二、民办教师经组织批准被录取(或保送、推荐)到各级师范学校学习毕业(结业)后，仍继续从事教育工作的，其原任民办教师的时间可与毕业后任教师的时间合并计算为连续工龄。”这一解释涉及教师工作权政策。

2002年劳动和社会保障部办公厅在给上海市劳动和社会保障局《关于对户籍不在参保地的人员办理退休手续有关问题的复函》(劳社厅函〔2002〕190号)答复如下:“一、参保人员因工作流动在不同地区参保的，不论户籍在何地，其在最后参保地的个人实际缴费年限，与在其他地区工作的实际缴费年限及符合国家规定的视同缴费年限，应合并计算，作为享受基本养老金的条件。二、参保人员达到法定退休年龄时，其退休手续由其最后参保地的劳动保障部门负责办理，并由最后参保地的社会保险经办机构支付养老保险待遇。三、在非户籍地参保的原行业统筹企业的职工，与原单位终止劳动合同并失业后，在实现再就业前，原参保地社会保险经办机构应保留其养老保险关系。”在异地实现再就业的，原参保地社会保险经办机构应为其及时办理养老保险关系的转移手续，接受地的社会保险经办机构要及时为其接续基本养老保险关系。”这一解释保障的是劳动者退休权和相关社会保障权。可见，解释性民生政策对于法律法规规章的有效实施不可缺少。合法合理的解释有利于民生权利的保护。

四、小结

接下来对行政机关以抽象规范性文件形式实施民生行政政策作出总结。

(一)取得的成绩

从前文论述可见,我国在制定民生政策方面取得了很多有益的经验。

1.通过各级各类行政机关的共同努力,我国在民生行政领域,形成了一个多层次多部门制定的民生行政政策体系。这些政策体系基本能弥补法律规范不足,使现实中出现的民生问题得到政策的调整。这是民生行政政策实施的重要路径。

2.在制定民生行政政策过程中,注意到尽可能符合公开民主、合法合理。这是对政策在形式和内容上的要求。对民生行政政策的要求逐步接近对规章的要求。比如,《国有土地上房屋征收与补偿条例》第19条第3款规定:"房屋征收评估办法由国务院住房城乡建设主管部门制定,制定过程中,应当向社会公开征求意见。"这里对政策制定提出的遵守公开原则的要求。

2005年教育部办公厅、公安部办公厅发布的《关于做好普通高校招生全国统一考试考生报名资格审查工作的通知》提出要求:"各省级招生委员会可结合实际合理制定本地高考具体报名条件和报名办法。要针对高考移民现象对本地教育公平和社会稳定带来的负面影响,商请有关部门从严掌握、审慎出台以'高考优惠'作条件发展本地经济和吸引人才的政策,以免给高考过多的承载和负担。"因为这些政策极不公平、容易引起矛盾。在此基础上,为了促进教育公平公正,教育部、国家民委、公安部及国家体育总局、中国科学技术协会发布《关于进一步减少和规范高考加分项目和分值的意见》。这些是对公正公平原则的要求。

3.特别强调结合本地实际制定可行的民生行政政策,这就增强了政策实施的可操作性和科学性,使民生权利当事人能够行使申请权。从前文列举的一些地方政策可见,由于各地出台的政策大多考虑了本地的情况,使政策具有实施的可操作性。

4.提出了必须坚持的一些原则。如2006年国务院《关于解决农民工问题的若干意见》，提出要坚持下列原则：公平对待，一视同仁；强化服务，完善管理；统筹规划，合理引导；立足当前，着眼长远。其中第21点规定："保障农民工子女平等接受义务教育。输入地政府要承担起农民工同住子女义务教育的责任，将农民工子女义务教育纳入当地教育发展规划，列入教育经费预算，以全日制公办中小学为主接收农民工子女入学，并按照实际在校人数拨付学校公用经费。城市公办学校对农民工子女接受义务教育要与当地学生在收费、管理等方面同等对待，不得违反国家规定向农民工子女加收借读费及其他任何费用。输入地政府对委托承担农民工子女义务教育的民办学校，要在办学经费、师资培训等方面给予支持和指导，提高办学质量。输出地政府要解决好农民工托留在农村子女的教育问题。"民生领域政策对公平、平等原则尤其敏感，强调这些要求是非常必要的。2011年国务院《关于做好进城务工人员随迁子女接受义务教育后在当地参加升学考试工作的意见》提出："做好随迁子女升学考试工作的主要原则。坚持有利于保障进城务工人员随迁子女公平受教育权利和升学机会，坚持有利于促进人口合理有序流动，统筹考虑进城务工人员随迁子女升学考试需求和人口流入地教育资源承载能力等现实可能，积极稳妥地推进随迁子女升学考试工作。"据此，保障随迁子女公平受教育权是主要目的。

其他民生行政政策也强调公平公正。如《关于加快发展公共租赁住房的指导意见》第6点《监督管理》中明确提出了公平公正原则："住房保障部门要按照规定的程序严格准入审批，加强对公共租赁住房运营的监督管理，做到配租过程公开透明、配租结果公平公正。"据此，公平公正是对配租结果提出的要求。

国务院办公厅《关于做好2014年全国普通高等学校毕业生就业创业工作的通知》强调平等公平就业和公开原则：各地区、各有关部门要积极采取措施，促进就业公平。用人单位招聘不得设置民族、种族、性别、宗教信仰等歧视性条件，不得将院校作为限制性条件。省会及以下城市用人单位招聘应届毕业生不得将户籍作为限制性条件。国有企业招聘应届高校毕业生，除涉密等特殊岗位外，要实行公开招聘。强调公开来说是非常重要的。英国大法官休厄特曾说过："公平的实现本身是不够的。公平必须公开地、在毫无疑问地被人们所能看见的情况下实现。这一点至关重要。”[1]

5.提出了一些制定行政政策需考虑的相关因素，体现合理差别对待的原则。

如在进城务工人员随迁子女义务教育和义务后教育方面采取差别对待。我们认为这是合理的。2003年国务院办公厅转发教育部等部门《关于进一步做好进城务工就业农民子女义务教育工作意见的通知》规定：“进城务工就业农民流入地政府负责进城务工就业农民子女接受义务教育工作，以全日制公办中小学为主。地方各级政府特别是教育行政部门和全日制公办中小学要建立完善保障进城务工就业农民子女接受义务教育的工作制度和机制，使进城务工就业农民子女受教育环境得到明显改善，九年义务教育普及程度达到当地水平。”换言之，该规定要求各地不得设定任何限制进城务工人员随迁子女在非户籍地接受义务教育。而进城务工人员随迁子女义务后教育则受到较多的限制。2012年国务院《关于做好进城务工人员随迁子女接受义务教育后在当地参加升学考试工作的意见》提出：“因地制宜制定随迁子女升学考试具体政策。各省、自治区、直辖市人民政府要根据城市功能定位、产业结构布局和城市资源承载能力，根据进城务工人员在当地的合法稳定职业、合法稳定住所（含租赁）和按照国家规定参加社会保险年限，以及随迁子女在当地连续就学年限等情况，确定随迁子女在当地参加升学考试的具体条件，制定具体办法。各省、自治区、直辖市有关随迁子女升学考试的方案原则上应于2012年年底前出台。北京、上海等人口流入集中的地区要进一步摸清底数，掌握非本地户籍人口变动和随迁子女就学等情况，抓紧建立健全进城务工人员管理制度，制定出台有关随迁子女升学考试的方案。”这里对省级政府制定具体办法必须考虑的相关因素作了明确，其中涉及合法稳定职业、合法稳定住所和参加社会保险等，都是必须考虑的相关因素。

住房和城乡建设部2011年《国有土地上房屋征收评估办法》第14条规定：“被征收房屋价值评估应当考虑被征收房屋的区位、用途、建筑结构、新旧程度、建筑面积以及占地面积、土地使用权等影响被征收房屋价值的因素。”这些相关因素给行政机关依法行为提供了标准。但行政机关仍然有很大的裁

---

[1] [英]彼得·斯坦、约翰·香德：《西方社会的法律价值》，王献平译，中国人民公安大学出版社1990年版，第97页。

量权。

6.提出了一些具体的保障措施。通常包括组织保障、财政保障、涉及教育考试的名额配置保障等。

（二）问题

行政机关制定民生行政政策方面，也有不足。主要说明如下：

1.行政政策层级太多，每一级上级行政机关授权下级行政机关结合本地情况制定政策时，几乎没有施加实质性限制。上级民生行政政策需要下级行政政策细化，但是又缺少实质性限制，几乎属于空白性授权，明显不符合授权明确性原则。这有违反法治原则的嫌疑。

2.政策缺位。一些法律法规授权行政机关制定的优惠性政策，长期没有制定出来。在涉及民办教育税收优惠政策上就是如此。

2003年12月18日，福建省平潭私立岚华中学收到平潭县国家税务局发出的《限期缴纳税款通知书》，要求学校以33%税率，缴纳2002年度企业所得税472121.12元，岚华中学次日缴纳了税款。2004年2月17日，岚华中学向福州市国税局申请复议，福州市国税局维持平潭县国税局行政处理决定。岚华中学不服税务机关要求其缴纳企业所得税，把平潭县国税局告上法庭，请求法院撤销被告的《限期缴纳税款通知书》；判令被告返还向原告不当收取的税款，并赔偿经济损失等。2005年11月17日，“福建民办学校第一税案”在福州中院二审开庭。岚华中学认为，平潭县国税局向该校征收企业所得税的具体行政行为没有法律依据，不具备征税主体资格。岚华中学是1996年依法成立的一个民办教育机构，根据《民办教育促进法》第47条的规定，“民办学校享受国家规定的税收优惠政策”，不是企业所得税的纳税主体。另外，当时国家尚未进行所得税收入分享体制改革，企业所得税的征收工作依法由地方税务局进行，根据规定，如果岚华中学要缴纳企业所得税，也是由地方税务局进行征收，而不是平潭县国税局。福州中院经审理认为，《民办教育促进法》是规范民办教育管理的法律，该法规定“民办学校享受国家规定的税收优惠政策”，但并未规定民办学校系非纳税义务人。在国家对民办学校税收优惠政策出台之前，民办学校应依照国家现行的税收法律法规依法纳税。但该校于2003年12月10日才取得《民办非企业单位登记证书（法人）》，证明此时才获得法人资格而承担企业所得税的缴纳义务。因此，平潭县国税局对岚华中学征收2002年度的税缺乏主要证据与法律依据。并且岚华中学已向平潭县地税局办理了税务登记并缴纳个人所得税，平潭县国税局也明知这件事。在岚华中学尚未取得非企业法人登记的情况下，平潭县国税局就向岚华中学发出征收企业所得税的决定，造成岚华中学双重税负而侵害其合法权益。民办私立学校有纳税义务，但原审法院认定事实不清、适用法律错误。故撤销了平潭县法院作出的一审判决，撤销平潭县国家税务局岚税管字〔2003〕第008号《限期缴纳税款通知书》，并判令平潭县国税局向岚华中学返还征收的47万余元税款。[1]

2007年，北京市某律师事务所律师雷思明上书国务院法制办，认为财政部和国家税务总局发布的《关于教育税收政策的通知》（以下简称39号通知）违法，建议对此审查。他认为，39号通知对民办学校与公办学校所享受的税收待遇上作了区别性规定，其中最典型的是公办学校可免征企业所得税，而民办学校不享有这一优惠政策。[2]第39号通知第1条第5项规定："对政府举办的高等、中等和初等学校（不含下属单位）举办进修班、培训班取得的收入，收入全部归学校所有的，免征营业税和企业所得税。"第6项规定："对政府举办的职业学校设立的主要为在校学生提供实习场所并由学校出资自办、由学校负责经营管理、经营收入归学校所有的企业，对其从事营业税暂行条例'服务业'税目规定的服务项目（广告业、桑拿、按摩、氧吧等除外）取得的收入，免征营业税和企业所得税。"据此，只有政府举办的公立学校享有上述待遇，而民办学校不享有上述税收优惠。律师主张，《民办教育促进法》第47条规定，民办学校享受国家规定的税收优惠政策。国务院制定的《民办教育促进法实施条例》第38条规定："捐资举办的民办学校和出资人不要求取得合理回报的民办学校，依法享受与公办学校同等的税收及其他优惠政策。出资人要求取得合理回报的民办学校享受的税收优惠政策，由国务院财政部门、税务主管部门会同国务院有关行政部门制定。"可见，第39号文明显排除了民办学校此种同等待遇的机会，与行政法规的规定不符。

之后，一些省级税务部门和财政部门请示国家税务总局和财政部、一些人

〔1〕 参见刘熙：《我国民办教育税收政策评析——从民办中学税收第一案谈起》，载《民办教育参考》2005年第6期。赖劲松、康云：《全国首例民办学校状告国税局案二审结束，平潭国税局败诉》，载《东南早报》2006年2月3日，第2版。

〔2〕 参见王亦君：《一律师上书国务院法制办质疑民办学校税收政策》，载《中国青年报》2007年8月29日。

大代表、政协委员提议案，要求国家税务总局、财政部尽快出台相关政策，但是至今没有出台任何相关政策。可见，行政机关不作为，使法律法规规定的税收优惠政策无法落地，不仅损害了法律法规的权威，也影响了民办学校的健康发展，助长了公私立学校不平等发展的不良风气。

3.民主性和公开性不够。不少民生行政政策特别是低层级的政策制定程序比较简单，没有法律法规和规章那样严格，很少广泛地听取意见和建议。即使有些政策在制定过程中征求了意见，对于公众提出的意见也很少回应。

4.一些地方政策违反上位法设定较多的限制条件。如在进城务工人员随迁子女义务教育方面，福建省惠州大亚湾经济技术开发区管理委员会办公室发布的《关于做好进城务工人员随迁子女义务教育工作的意见》规定的条件有："符合计划生育政策，并符合下列条件之一，经本人申请，其随迁子女报读小学和初中起始年级的，由区宣教局统筹安排免费入读就近或相对就近的公办学校：(1)具有我区临时居住证，在我区连续居住并依法缴纳社会保险费满五年、有稳定职业的；(2)达到市委、市政府《关于惠州市"优秀外来人员扎根工程"的实施意见（试行）》（惠市委发〔2008〕31号）规定的积分条件的；(3)在本区工作期间，在其工作专业领域内获得省级以上政府部门认可的发明创造、技术创新等专项奖励及有关荣誉称号的；(4)因其工作成绩突出，获得惠州市人民政府授予优秀称号的。"该政策中关于符合计划生育考虑了不相关的因素；后四个条件太高；第一个条件规定的5年太长。2008年浙江省人民政府《关于进一步加强和改进进城务工人员子女教育工作的意见》需要提供领取暂住证或临时居住证后无行政拘留以上处罚、违法生育等记录，这些相关因素是否违反上位法，值得审查检讨。

5.对享有相关民生权利必须具备的条件、相关事项范围、给付数额标准等的确定，所列举的相关因素还不完整，有的也没有认真论证是否属于必需的相关因素或者不需要的不相关因素。上级行政政策对制定相关民生政策应当考虑的相关因素确定方面还不严谨。有的立法或者政策有了一些原则规定，有的几乎没有确定制定相关政策不得考虑的相关因素和必须考虑的相关因素。

6.有些民生行政政策过于僵硬，缺乏应有的灵活性。由于民生类行政政策对公民教育、就业、住房、社会保障、财富分配等多项权益产生影响。而在制定过程中所遇到的具体个人又千差外别，在制定政策时，如果没有必要灵活度，不允许具体行政机关享有一定的裁量权，就会导致个案处理上的不公正。

如宁波市鄞州区教育局《关于规范有序做好2016年外来务工人员子女入学工作的通知》规定："2016年秋季，外来务工人员子女需要在鄞州区入读小学（初中）一年级，其父母或其他法定监护人应同时具备以下四项条件：(1)在鄞州区有稳定职业（指与鄞州区用人单位签订了劳动合同，或取得工商营业执照，或在我区专业从事农业种养业）；(2)在鄞州区依法缴纳基本养老保险或外来工社会保险（截止到2016年4月30日，依次上推已连续按月缴纳一年及以上，且延续到查验日仍然在参保，补缴无效）；(3)在鄞州区取得《浙江省居住证》或《浙江省临时居住证》一年及以上；(4)无违反国家计划生育政策。"上述四项条件非常明确，但是没有留下任何可以进行裁量的特殊情形。

这一点在国外早已注意到，并采取多种方法予以解决。在美国，行政机关行使自由裁量权力大都由于实施政策的需要，不涉及政策的决定很少需要行使自由裁量权力。为了防止权力滥用，行政机关必须公开地说明这种政策，必要时可以制成法规。当然，为了全面贯彻法律规定的政策，行政机关的政策必须具有灵活性质，允许例外情况存在，并随情况的发展而变更。[1]

英国也意识到政策过分僵化的问题。我国学者提出警示：在肯定上述实践的积极意义的同时，还要警惕防止这样的基准实质性地将裁量空间挤压为零，否则裁量将不复存在，实现个案正义的理想也将破灭。在其看来，最理想的是，由行政政策给出若干执法的基础，并且在每一个基准上给予执法人员一定的裁量幅度。同时，政策也要留有例外。[2]司法审查的重要理由之一，是根据政策作出决定。它是指因行政决定者事先制定了限制裁量权灵活行使的政策，导致公共机关可能无法正当行使授予它的裁量权。其结果是，公共机关在个案中不是根据具体案件的特点作出决定（它完全有权力），而是根据无关的因素作出决定。[3]

---

〔1〕 参见王名扬：《美国行政法》（上），中国法制出版社1997年版，第549～550页。

〔2〕 参见余凌云：《行政自由裁量论》，中国人民公安大学出版社2005年版，第124页。

〔3〕 参见［英］彼得·莱兰戈登·安东尼：《英国行政法教科书》（第5版），杨伟东译，北京大学出版社2007年版，第320页。

7.行政机关没有放弃实施政策的理念和经验。国外一些国家意识到，行政政策并不总是好的，也并非在任何情况下都要严格执行，都承认行政机关有不执行行政政策的权利，只是在这样做时，须说明理由。从前文分析相关行政政策的规定，以及从相关案件来看，行政机关都比较经常性地、机械地执行僵化的行政政策。

行政政策是用来约束行政裁量，如果生搬硬套和机械地执行，某种程度上将使其失去本来的性质。我们说政策可以成为相关考虑因素，并不是说政策不管在什么情况下都必须考虑。所以，我们要求行政机关在行使裁量权的时候，必须深入到个案之中去判断是不是要适用政策，是不是应该作为政策的例外来考虑，或者政策在适用到该案的时候是不是应该进行必要的修正。有的时候恰好我们要求行政机关必须根据情势变更和公共利益的需要，改变政策、背弃政策。假如行政政策本身就是错误的、有问题的，那么就更不应该适用了。[1]我国行政机关对行政政策从无质疑适用，反映了行政机关整体认知能力有待提高。而很多法院在审理案件中也没有意识到行政政策并非在任何情况下都不能放弃的。

8.对民生行政政策内容及其实施结果的监督力度很小，效果很差。我们从相关案例和我国现实可以看到，至今对行政机关的民生行政政策几乎没有有效的审查监督制度。虽然我国宪法和法律法规规章规定了人大及其常委会监督、本级政府有权监督其工作部门、上级政府有权监督下级政府的政策，但从实际操作来说，基本没有发挥作用。

2001年国务院《法规规章备案条例》第21条规定，省、自治区、直辖市人民政府应当依法加强对下级行政机关发布的规章和其他具有普遍约束力的行政决定、命令的监督，依照本条例的有关规定，建立相关的备案审查制度，维护社会主义法制的统一，保证法律、法规的正确实施。当时不少地方也出台了相关规章，对行政政策文件进行监督。如1997年江苏省政府《江苏省规范性文件备案审查规定》、2000年浙江省政府发布《浙江省行政规范性文件备案审查规定》都对备案作了规定。但是备案审查监督制度很难起到应有的作用。

如某市化肥厂（破产退休）工人（600多人）代表对该市出台的《某市市属

〔1〕 参见余凌云：《行政自由裁量论》，中国人民公安大学出版社2005年版，第164～165页。

破产、改制困难企业退休人员参加基本医疗保险的补充意见》提请备案机关进行审查，备案机关收到申请后，及时对此进行审查，提出如下审查意见：第一，该文件规定的要求参加医疗保险的退休人员个人缴纳基本医疗费的规定违反了国务院《关于建立城镇职工基本医疗保险制度的决定》《某省城镇职工医疗保险制度改革的实施意见》《某市城镇职工医疗保险制度改革实施方案》。第二，该文件中规定的要求个人缴纳的医疗保险费从养老金中直接扣缴的规定不符合国家关于个人养老金支付的规定，侵犯了退休职工的合法权益。同时明确建议制定机关对该文件及时进行修改，并对该文件实施产生的后果进行妥善解决。制定机关在收到备案机关的审查意见后，市委主要领导明确表态，对违法的文件坚决予以修改、调整。负责实施的部门把该文件实施的情况向市委、市政府主要领导进行汇报时指出：一是财政需拿出600多万元的资金用以补偿适用该文件规范管理权益受到影响的相对人；二是文件一旦修改或废止，文件规定由个人缴纳的部分需由市财政来负担，财政缺口很大，难以保证，如此一来会对相对人的权益产生更大的影响，市委、市政府领导听到汇报后态度发生了很大变化，要求有关部门一定要和备案机关认真地进行沟通，审查意见绝对不能让有关相对人知道，尽量争取上级机关的支持，帮助做好政策宣传和引导作用，同时市政府主要领导向上级政府领导作了专门汇报，强调了制定该文件的现实客观性、必要性和惠民性。最后的结果是该文件继续实施，一部分相对人继续上访，有关部门继续接待和宣传。〔1〕

十几年过去了这种情况并没有多少改变。虽然各地出台了更为完善的制度。

如2009年《江苏省规范性文件制定和备案规定》第29条规定：“备案监督机关的法制机构经审查发现报送备案的规范性文件存在违法或者不当内容等问题的，按照下列规定予以处理：（一）由备案监督机关的法制机构要求制定机关在规定时间内自行纠正，制定机关应当在规定期限内改正，并向备案监督机关的法制机构书面报告处理结果；制定机关无正当理由逾期未纠正的，由备案监督机关的法制机构制发《行政执法监督决定书》，责令制定机关限期纠正；仍拒不纠正的，由备案监督机关的法制机构提请备案监督机关决定撤销或者

〔1〕 参见毛红：《对抽象行政行为法律监督的可行性研究》，载《新时代论坛》2003年增刊。

改变;(二)继续执行可能造成严重后果的,在制定机关改正之前,备案监督机关的法制机构可以提请备案监督机关及时作出中止执行该规范性文件部分或者全部内容的决定。”

2010年《浙江省行政规范性文件管理办法》第26条规定:“备案机关或者县级以上人民政府法制机构发现行政规范性文件与法律、法规、规章和国家方针政策相抵触,或者超越法定权限、违反制定程序的,应当及时通知制定机关自行纠正、暂停执行;必要时,备案机关依照职权直接予以撤销或者改变。制定机关收到备案机关或者县级以上人民政府法制机构的书面审查意见后,应当在15日内书面回复处理结果。对审查意见有异议的,可以申请复核。备案机关或者县级以上人民政府法制机构应当在收到复核申请之日起15日内书面回复意见。”

总之,我国行政机关通过多种形式,明确了民生行政政策的内容,实施涉及民生的法律规范,保障相对人的合法权益,确保国家民生建设任务的顺利实现。

第四章　法院对行政机关适用民生行政政策的审查

如前所述，行政机关在作出行政行为时，经常引用民生行政政策。由于行政机关在引用时很少进行审查和分类，几乎全部作为行政行为的依据。但在引起行政争议后，法院在审理案件时，对民生行政政策既要审查表态，又要予以适用或者不予适用。以下考察法院对行政机关适用民生行政政策情形作具体分析。

2014年修订《行政诉讼法》之前，当时法律没有确立法院对行政行为所依据的规范性文件（政策的载体）进行审查的制度。但是，最高人民法院在2004年《关于审理行政案件适用法律规范问题的座谈会纪要》中弥补了法律的不足，确认了法院的有限审查权。其中规定："行政审判实践中，经常涉及有关部门为指导法律执行或者实施行政措施而作出的具体应用解释和制定的其他规范性文件，主要是：国务院部门以及省、市、自治区和较大的市的人民政府或其主管部门对于具体应用法律、法规或规章作出的解释；县级以上人民政府及其主管部门制定发布的具有普遍约束力的决定、命令或其他规范性文件。行政机关往往将这些具体应用解释和其他规范性文件作为具体行政行为的直接依据。这些具体应用解释和规范性文件不是正式的法律渊源，对人民法院不具有法律规范意义上的约束力。但是，人民法院经审查认为被诉具体行政行为依据的具体应用解释和其他规范性文件合法、有效并合理、适当的，在认定被诉具体行政行为合法性时应承认其效力；人民法院可以在裁判理由中对具体应用解释和其他规范性文件是否合法、有效、合理或适当进行评述。”据此规定，国务院的行政政策是不受法院审查的。法院在审理行政案件中，对国务院以下行政机关发布的行政政策可以审查，合法有效合理适当的，予以适用，并可以对其是否合法有效合理适当进行评述。但从实际情况来看，过去很少有法院主动或者因申请对行政机关适用的政策性文件进行审查。当时也有不少人对行政机关适用的规范性文件是否合法有效提出质疑，但法院都引用当时的《行政诉讼法》相关规定予以驳回或者不予评述。

2014年修改的《行政诉讼法》第53条规定：“公民、法人或者其他组织认为行政行为所依据的国务院部门和地方人民政府及其部门制定的规范性文件不合法，在对行政行为提起诉讼时，可以一并请求对该规范性文件进行审查。”“前款规定的规范性文件不含规章。”第64条规定：“人民法院在审理行政案件中，经审查认为本法第五十三条规定的规范性文件不合法的，不作为认定行政行为合法的依据，并向制定机关提出处理建议。”这一规定给法院审查民生行政政策提供了直接依据。

从该条文实施以来的法院案件可以看出，法院对民生行政政策的审查主要有以下几种情形。

一、法院对行政机关适用的民生行政政策不予评判

由于法律法院对授权审查行政政策的权力有限，加上其他多种原因，导致法院对行政机关适用行政政策的行为通常处于消极被动状态，不愿和不予审查。需要指出的是，虽然在修正后的《行政诉讼法》中没有把2004年最高人民法院《关于审理行政案件适用法律规范问题的座谈会纪要》的内容全部涵盖其中，但是我们认为这一座谈会纪要仍是有效的，也就是说，即使当事人没有提出规范性文件是否合法有效、合理适当，法院应当对此进行一定程度的审查，并进行述评。

这里所说的不予审查和述评主要针对当事人对行政行为所依据的规范性文件的合法性、合理性提出了审查的要求，法院主动审查得极少，本书暂时不讨论。法院不予评判主要有以下几种情况。

1.以超过起诉时限为由不予审查评判

在王某录与西宁市社会保险事业管理局、青海省人力资源和社会保障厅

行政给付纠纷二审案中，[1]原审法院经审理查明，王某录1997年1月1日从青海省饲料总公司退休。市保险局根据青海省政府《关于印发青海省深化企业职工养老保险制度改革办法的通知》（青政〔1996〕4号）第5条第2款和青海省政府印发《青海省贯彻〈国务院关于建立统一的企业职工基本养老保险制度的决定〉实施办法的通知》（青政〔1998〕78号）第5条第2款规定，核定了王某录的养老金。王某录自认为青海省文件与国务院文件不一致，并与情况相类似的部分人员逐级信访。青海省信访局将其上访材料转送省社保厅，省社保厅于2011年10月27日对王某录等人的多次上访问题作出书面答复。在答复中对王某录反映的情况逐一进行了回答。虽然王某录对市保险局按照上述文件规定核定养老金的事实予以认可，但同时认为，青海省政府青政〔1998〕78号文与国务院《关于统一的企业职工基本养老金保险制度的决定》（国发〔1997〕26号）内容有冲突，且背离国务院决定第5条的基本原则，故核定王某录初次养老金的行政行为所持依据不合法。致使所核定的养老金错误，每月少发395.4元，诉至法院要求确认青海省政府青政〔1998〕78号违法，并对王某录的养老金重新予以核定并补发。

原审法院认为，青海省实施办法是青海省政府在国务院决定允许的范围内结合青海省的实际情况制定的，适用于青海省范围内具有普遍约束力的规范性文件。就本案争议的内容，是青海省实施办法对国务院文件的具体化，符合合法有效、合理适当的审查标准。并不存在相抵触的问题。青海省职工养老保险为省级统筹，市保险局依据青政〔1996〕4号、青政〔1998〕78号和宁政〔1996〕第81号文核定支付王某录养老金668.09元＋104.74元=773.03元并无不当。据此，王某录主张对其养老金重新进行核定的理由不能成立，不予支持。

宣判后，王某录不服上诉称：（1）国务院1997年7月16日发布的《关于建立统一企业职工基本养保险制度的决定》第5条规定，本决定实施前已经离退休的人员仍按国家原来的规定发给养老金，同时执行养老金调整办法。王某录在决定实施半年前的1997年1月退休，应当按国家原来的规定发给养老金，而青海省的原办法已被青政〔1996〕4号文所取代。被上诉人应出示青政

---

〔1〕 参见青海省西宁市中级人民法院（2016）青01行终17号。

〔1996〕4号文第5条第2款第2项条款被纳入青政〔1998〕78号文的法律依据。青政〔1998〕78号文在国发〔1997〕26号文实施16个月后，于1998年11月13日在青海省出台，错过了国发〔1997〕26号文在青海地区同步的最佳执行期。青政〔1998〕78号文第5条第2款第2项规定，1996年1月1日至1998年12月31日前退休的人员，按青政〔1996〕4号文规定计发办法执行。青政〔1996〕4号文第5条第2款第2项规定，以1995年年底按照国家和省原规定的基本工资或标准工资为基数计发［但最高不得超过本人原在职（岗）时的100%］，另加个人缴费累计储存额除以120。青政〔1996〕4号文与国务院决定原则存在重大差异，擅自篡改决定划定的两个群体到四个群体，令两种养老金标准变为四种标准。两被上诉人均确认王某录养老金依据青政〔1996〕4号文第5条第2款第2项核定发放，对1996年至1998年在青退休人员都依本条款核定了养老金，而依此款专列第二退休群体，有悖于国发〔1997〕26号文规定的原则，于法无据。三年中的退休人员被合为一体，老人不能享受老办法待遇，中人不计发过渡性养老金，他们既不是老人，也不是中人过渡群体，无法在国务院决定中找到依据。截至2015年5月底，王某录少领取养老金209个月，欠付养老金94773.14元。依据《社会保险法》第73条的规定，社会保险经办机构应当按时足额支付社会保险待遇。（2）王某录提起的行政诉讼合法有效。青政〔1996〕4号文出台于国务院〔1997〕26号文发布前，该文违规取代青海省依据国务院（1978）104号文制定的青海退休政策。根据《宪法》规定，全国地方各级政府都是国务院统一领导下的国家行政机关，都应服从国务院。国务院〔1997〕26号决定发布后，青政〔1998〕78号文如与决定原则不一致，就应停止执行，弥补过失，而该文却延续实施近20年，后果极为严重。王某录认为社会保险机构应当履行法定职责。根据《行政诉讼法》第47、48条的规定，王某录的诉讼合法有效。故王某录坚持原诉状三项诉讼请求，并请依法撤销西宁市城西区法院（2015）西行初字第14号判决。

二审法院认为，本案的争议焦点为王某录的起诉是否超过了法律规定的起诉期限。行政诉讼的起诉期限，指的是提起行政诉讼的法定有效期限。起诉期限不同于诉讼时效，不存在中断的效力，不能因行政相对人信访或是向行政机关提出要求等因素而重新计算，超过起诉期限，行政相对人即丧失对行政行为提起诉讼的权利。关于行政诉讼的起诉期限相关法律作了如下规定：《行政诉讼法》第46条规定："公民、法人或者其他组织直接向法院提起诉讼的，应当自知道或者应当知道作出具体行政行为之日起六个月内提出。因不动产提起诉讼的案件自行政行为作出之日起超过二十年，其他案件自行政行为作出之日起超过五年提起诉讼的，人民法院不予受理。"最高人民法院《关于执行〈中华人民共和国行政诉讼法〉若干问题的解释》第41条规定："行政机关作出具体行政行为时，未告知公民、法人或者其他组织诉权或者起诉期限的，起诉期限从公民、法人或者其他组织知道或者应当知道诉权或者起诉期限之日起计算，但从知道或者应当知道具体行政行为内容之日起最长不得超过二年。"本案中，王某录1997年退休，市保险局依据相关文件为王某录核定养老金，王某录认为市保险局初次为其核定的养老金数额有误且所依据的青海省相关文件与国务院文件规定不一致，并与情况相类似的部分人员逐级信访。根据《职工离退休基本养老计发核定表》记载，王某录自1997年1月起开始领取养老金，而直至2015年5月12日王某录才向法院提起行政诉讼，要求市保险局为其重新核定养老金并附带审查相关文件，根据上述法律规定，王某录的起诉已经超过了法定的起诉期限及最长保护期，且本案亦不存在《行政诉讼法》第48条规定的起诉期限扣除与延长的情形。一审法院依据《行政诉讼法》第69条规定作出实体判决驳回王某录的诉讼请求属于适用法律错误，本院予以纠正。依照最高人民法院《关于执行〈中华人民共和国行政诉讼法〉若干问题的解释》第79条第1项、最高人民法院《关于适用〈中华人民共和国行政诉讼法〉若干问题的解释》第3条第2项规定，裁定如下：（1）撤销西宁市城西区人民法院（2015）西行初字第14号行政判决；（2）驳回王某录的起诉。

在本案中，一审法院明确认定了青海省政府相关行政政策的合法性，没有对此有任何的实质性审查和监督。二审法院则以起诉超过诉讼时效，对当事人主张对政策性规定进行审查的诉求不作任何评价。虽然本案二审以过了起诉期限予以驳回，但当事人提出的相关政策与中央政策不一致的情形是否合法确实是一个问题。当事人主张青海省政府的民生行政政策违反国务院政策，其主张有道理，理应获得支持，但是法院没有任何实质性的审查，就肯定该文件合法有效。

2.认为相关政策性文件不是作出行政行为的直接依据而不予审查和评判

原告主张对相关行政政策进行审查，法院认为该政策不是行政机关作出行政行为的依据而不予审查。但法院没有查明为什么当事人会把行政机关没有作为行政行为的政策性文件列为行政行为的依据，并且要法院对此进行审查。

在李某平与海宁市人力资源和社会保障局行政征用一审案中，[1]法院认为，关于原告申请本院对海宁市政府《批转市公安局〈关于户籍管理城乡一体化改革意见（试行）〉的通知》（海政发〔2003〕46号）是否合法进行附带审查，根据《行政诉讼法》第53条“公民、法人或者其他组织认为行政行为所依据的国务院部门和地方人民政府及其部门制定的规范性文件不合法，在对行政行为提起诉讼时，可以一并请求对该规范性文件进行审查”之规定，虽然被告将该文件作为作出行政行为的依据提交，但根据庭审查明的事实，被告作出对原告不予办理被征地农民基本生活保障的行政行为主要理由为原告不是村经济合作社社员，不属于村经济合作社在册农业人员，故该文件并非被告作出的对原告不予办理被征地农民基本生活保障的具体行政行为的直接依据，本案中不作审查。

在时某义与北京市石景山区人力资源和社会保障局（以下简称区人保局）其他一审案中，[2]2015年3月17日，被告区人保局核准了由第三人古城社保所申报的关于原告时满义的《北京市基本养老保险待遇核准表》。被告在该表中确认：“姓名时某义……统筹支付金额3730.86元，起始支付年月2015-04……”同时该表备注：时某义“……不参加2012年、2013年、2014年、2015年养老金调整。”原告时某义诉称，原告系北京市社会保险参保人员，2011年3月16日达到办理退休的法定条件，但因当时其正在监狱服刑，虽委托其妻代其办理退休手续，但被有关部门以其正在服刑为由拒绝办理。2012年原告获得假释后经过多次咨询，直到2015年3月被告才核准了原告的退休申请，但养老金却从2015年4月才开始发放，且不参加2012年至2015年养老金调整。原告认为被告适用法律错误，《社会保险法》及《北京市基本养老保险规定》均规定达到法定退休年龄且累计缴费满15年即可办理退休手续按月领取基本养老金，并未附加其他条件。且原告虽在服刑，但不能因此被剥夺退休的民事权利。被告对原告在服刑期间不予办理退休手续的行为属于适用法律错误。被告违反

〔1〕 参见浙江省海宁市人民法院（2015）嘉海行初字第5号。
〔2〕 参见北京市石景山区人民法院（2015）石行初字第83号。

法定程序。原告于2011年就到古城社保所申请办理退休手续，履行了相关申报手续，被告不予办理且未履行相关告知义务。因此被告应当于2011年3月为原告办理退休核准手续。现被告于2015年3月17日才核准原告的退休待遇，且退休金支付时间被核准为2015年4月是错误的。原告现诉到法院，诉讼请求：(1)撤销被告于2015年3月17日办理的关于原告的《北京市基本养老保险待遇核准表》，并要求被告重新对原告履行基本养老保险待遇核准的法定职责；(2)请求法院依法附带审查《关于对劳社厅函〔2001〕44号补充说明的函》(劳社厅函〔2003〕315号)的合法性。其中第二个诉求是对政策性规定的合法性产生质疑。

法院查明，原劳动和社会保障部办公厅于2003年7月7日作出劳社厅函〔2003〕315号文件："江西省、广东省、重庆市劳动和社会保障厅(局)：你们关于劳社厅函〔2001〕44号有关问题的请求收悉。经研究，答复如下：退休人员被判刑后暂予监外执行、假释期间，可以按被判刑前的标准继续发给基本养老金，但不参与基本养老金调整。被撤销假释继续服刑的，从撤销之月起停止发放基本养老金，假释期满被宣告原判刑罚执行完毕的，继续按判刑前的标准发给基本养老金并参加下一年度的基本养老金调整。参加企业职工基本养老保险的人员被判处拘役及以上刑罚或劳动教养的，服刑或劳动教养期间达到法定退休年龄的，暂缓办理退休手续，待服刑或劳动教养期满后按规定办理退休手续。"法院指出，由于被告在被诉行政行为中并未将劳社厅函〔2003〕315号文件列明为执法依据，在本案诉讼过程中，被告明确否认该文件属于本案被诉行政行为的执法依据(被告提交作出被诉行政行为的规范依据包括：(1)《北京市基本养老保险规定》；(2)《关于贯彻实施〈北京市基本养老保险规定〉有关问题的具体办法》(京劳社养发)；(3)《关于贯彻实施〈北京市基本养老保险规定〉有关问题的通知》，且该文件中相关内容与2015年3月原告提出《退休申请》时的实际情况以及被告做出被诉行政行为的情况并不相符，因此该文件并不符合《行政诉讼法》规定人民法院在行政诉讼中对规范性文件进行审查的法定条件，故本院在本案中对该份规范性文件的合法性不进行审查。

上述案件出现的情况令人深思：相对人在行政诉讼过程中所引用的政策性文件，既然是被告没有引用的，为什么相对人主张对此进行审查？最可能的一种情况是：行政机关在作出行政行为时没有明确告知相对人其作出行政行为为的依据。换言之，被告在作出行政行为时没有依法应当告知相对人其所作行为的依据，而到了行政诉讼阶段才明确列举出其实施行政行为的依据，这显然属于先决定、后找证据和依据的情况，违反了行政法上要求先有事实和依据再作决定的原理。如果这种情况属实，法院应当依法对此实际上是否依据了当事人所主张的规范性文件作为依据，并向相关行政机关提出司法建议。其实这个问题也比较容易搞清楚，只要在审判过程中，进一步询问行政机关和相对人相关具体情况，即可以查清真正的事实，避免行政机关先作决定、后取证的违法行为的发生。

3.认为行政机关所依据的规范性文件争议发生在新行政诉讼法实施之前，不予审查

在佛山市高明长溢合成革有限公司与佛山市高明区环境保护局环保行政命令二审案中，[1]原审法院审理查明：2014年4月9日，佛山市政府发布《佛山市人民政府关于扩大高污染燃料限制使用区域的通告》（以下简称31号《通告》），扩大五区的高污染燃料限制使用区域，其中高明区荷城街道新划定的限制使用区域为“西江以西、高明大道—沧江河堤（三洲新桥至海华路段）以北、海华路以东、广明高速以南”。通告规定，自2014年10月1日起，在高污染燃料限制使用区域内禁止新建高污染燃料锅炉或者其他燃用设施（包括炉窑），有关单位和个人应当按照环境保护行政主管部门的要求，将现有的高污染燃料燃用设施予以拆除或者改造，改用天然气、液化石油气、电或者其他清洁能源。长溢公司处于该限制区域内。为贯彻落实该通告，2014年4月23日，高明环保局召开高明区高污染燃料限制区域环保工作会议，包括长溢公司在内的限制区内的企业派代表参加会议。但长溢公司在2014年10月1日后仍然继续使用其已经申请报废的YLW-3500MA、YLW-4600MA燃煤锅炉，其行为已经违反了《大气污染防治法》第25条第2款、第51条的规定。现高明环保局针对长溢公司的违法行为，作出责令改正决定书并依法送达当事人，并无不妥。长溢公司关于高明环保局责令其改正违法行为实质上是责令其停产停业，依法应进行听证的主张，与法律规定不符，法院不予支持。长溢公司关于其继续使用已经申请注销的锅炉是由于高明环保局未依法及时验收并批准其安装其购买

〔1〕 参见广东省佛山市中级人民法院（2015）佛中法行终字第287号。

的新锅炉，故其使用上述锅炉具有正当理由的主张，不能成立。综上所述，高明环保局对长溢公司作出责令改正决定书并未违反法律的有关规定，长溢公司主张高明环保局违法行政，请求其赔偿损失，无法律和事实理据，法院不予支持。

当事人不服，提起上诉。上诉人还提出，原审判决并未对31号《通告》的合法性进行审查。由于31号《通告》是佛山市政府依法定职权所制定的规范性文件，在未发现有明显违反上位法规定的情况下可以作为被上诉人进行辖区内大气污染防治执法工作的依据，且修改前的《行政诉讼法》并未赋予行政审判附带审查规范性文件的职权，上诉人要求对31号《通告》的合法性进行审查超出了本案的审查范围，原审判决对此不予评判，并无不当。可见，这是以《通告》这一行政政策虽然引起争议，但在《行政诉讼法》修改前未赋予法院进行附带审查的权利为由，不予审查核评判。前文已经指出，根据最高人民法院2004年的《关于审理行政案件运用法律规范问题的座谈会纪要》，法院有权也有必要对此进行审查。因此法院的做法是违法的。

4.对当事人审查政策性文件的要求，法院部分审查部分不审查

在王某某诉青州市土地行政管理（土地）行政案中，[1]原告王某诉被告青州市住房和城乡建设局、第三人青州市建设投资开发有限公司征收行政补偿一案，于2015年6月19日向法院提起诉讼。2014年5月13日，被告青州市住房和城乡建设局根据《青州市人民政府关于玉竹片区房屋征收的决定》以及《青州市玉竹片区提升改造项目房屋征收补偿方案》，与王某某签订《房屋征收补偿协议》，委托实施单位为青州市城市建设投资开发有限公司。协议约定支付王某房屋征收补偿金额717,083元，协议签订后王某选取安置房两套、领取现金366,608.76元。

原告诉称：（1）被告强拆了原告的房屋。（2）原、被告于2014年5月13日签订的“房屋征收补偿协议”无效。（3）补偿标准过低，要求被告依据最新拆迁补偿条例进行补偿。（4）因为被告的违法行为，给原告造成巨大财产损失，要求被告赔偿原告家具损失、圣水信息服务部被非法停业造成损失及强制搬迁费用120万元；给被告全家成员造成无法弥补的精神伤害，原告于2015年3月在

〔1〕　参见山东省青州市人民法院（2015）青法行初字第45号。

青州市中医院住院治疗，要求指挥部赔偿住院费及生活补贴6万元，赔偿原告信访费用2万元，合计128万元。诉讼请求：（1）确认强拆违法；（2）判定原告与被告、第三人签订的“房屋补偿协议”无效并撤销；（3）按照最新拆迁补偿标准对原告房屋重新进行补偿；（4）赔偿原告家庭财产损失，精神损失及上访费用128万元；（5）附带审查青州市政府青政发〔2013〕45号、青政发〔2011〕13号、14号规范性文件的合法性；（6）诉讼费用由被告承担。

针对当事人请求审查三个规范性文件的要求，法院指出，原告一并请求附带审查青州市政府三个规范性文件的合法性。三个文件即《城乡结合部房屋征收补偿安置指导意见》（青政发〔2013〕45号）、《关于城区民用房屋征收补偿安置的指导意见》（青政发〔2011〕13号）、《关于非民用房屋征收补偿的指导意见》（青政发〔2011〕14号）。原告认为，上述文件违反《国有土地上房屋征收与补偿条例》第19条规定和房地产估价规范的相关规定。如青政发〔2011〕13号文件第1条第1项中提到合法住宅房屋的补偿“结合被征收房屋成新程度、权益状况、建筑结构形式、楼层和容积率等因素评估确定”违法，理由是规范性文件将估价规范中规定的市场比较法、重置成本法、假设开发法混为一体，限制被拆除房屋的正常市场价值。经审查，《国有土地上房屋征收与补偿条例》第19条规定：“对被征收房屋价值的补偿，不得低于房屋征收决定公告之日被征收房屋类似房地产的市场价格。被征收房屋的价值，由具有相应资质的房地产价格评估机构按照房屋征收评估办法评估确定。”青州市政府上述规范性文件是依据条例规定并结合本地实际，对房屋征收补偿计算标准作出的具体规定，无证据表明评估价格结合房屋成新程度、权益状况、建筑结构形式、楼层和容积率等因素确定的规定与上位法存在冲突。原告提出上述规范性文件中有关计算公式、营业房规定、搬迁补助费规定、房屋置换规定、安置政策以及奖励政策等无法律依据，但未提供具体、明确的法律法规依据，法院不予审查。

在本案中，法院对规范性文件的部分内容进行审查，认为与上位法规定不存在冲突。对另一部分内容不予审查。法院不予审查的理由是当事人未提供明确具体、明确的法律法规依据，这个理由是否成立，《行政诉讼法》规定的法院对行政行为所依据的规范性文件进行附带性审查，法院在审查时是否需要当事人提供具体、明确的法律法规理由。如果当事人不能提供是否就成为不予审查的理由。

我们认为法院的审查过于简单，本书以当事人争议的《关于城区民用房屋征收补偿安置的指导意见》相关内容为例。法院应当审查制定权限依据、立法目的和依据、内容是否跟上位法相抵触、是否与上位法确立的相关因素一致、是否经过征求意见、是否公开、是否备案等进行审查。分析如下：

（1）该文件是青州市政府办公室以市政府名义发布，根据我国法律法规的规定，青州市政府有权制定此类规范性文件。

（2）制定的目的和依据为，为规范城区民用房屋征收补偿安置，维护公共利益和确保城市建设顺利实施，保障被征收房屋所有权人的合法权益，根据《国有土地上房屋征收与补偿条例》的有关规定，结合该市实际情况。据此，宏观目的和依据合法。

（3）内容审查。当事人争议的是该规定不符合《国有土地上房屋征收与补偿条例》第19条规定："对被征收房屋价值的补偿，不得低于房屋征收决定公告之日被征收房屋类似房地产的市场价格。被征收房屋的价值，由具有相应资质的房地产价格评估机构按照房屋征收评估办法评估确定。"

但是，当事人只引用该条第1款。其实该条还有第3款规定："房屋征收评估办法由国务院住房城乡建设主管部门制定，制定过程中，应当向社会公开征求意见。"据此，法院应当进一步查阅住房和城乡建设部于2011年11月制定的《国有土地上房屋征收评估办法》，因为这是行政法规直接授权的主体制定的有效的规章。该规章第14条规定："被征收房屋价值评估应当考虑被征收房屋的区位、用途、建筑结构、新旧程度、建筑面积以及占地面积、土地使用权等影响被征收房屋价值的因素。""被征收房屋室内装饰装修价值，机器设备、物资等搬迁费用，以及停产停业损失等补偿，由征收当事人协商确定；协商不成的，可以委托房地产价格评估机构通过评估确定。"

而青州市政府制定的《关于城区民用房屋征收补偿安置的指导意见》早于住房和城乡建设部制定的规章，出台于2011年3月，地方出台的政策很有可能不完全符合中央的部门规章精神。该指导意见规定："合法住宅房屋的补偿，遵循不低于房屋征收决定公告之日被征收房屋类似房屋市场价格的估价原则，由房地产价格评估机构按照被征收房屋所处区位的新建普通商品房市场价格，结合被征收房屋成新程度、权益状况、建筑结构形式、楼层和容积率等因素评估确定。”很显然，青州市政府出台的地方政策文件考虑的相关因素较少，比如，没有考虑区位、用途、土地使用权等。而这些因素显然对被征收房屋的补偿价格影响很大，所以法院应当据此宣告其有严重的缺陷，即使有合法性，也只有阶段性合法性，应当尽快修改或者废止，在确定补偿价格标准上，应当直接适用住房和城乡建设部发布的规章规定的标准。

（4）《国有土地上房屋征收与补偿条例》第19条第3款规定：“房屋征收评估办法由国务院住房城乡建设主管部门制定，制定过程中，应当向社会公开征求意见。”我们认为，如果地方政府制定相关规定，也应当推定必须符合这一条要求，否则程序不合法。法院可以审查，青州市政府在制定上述文件时，是否遵循了此类公开征求意见的程序，如果没有，应当认定其程序违反无效。

总之，法院应当有更好的办法来处理此类问题。但是从本案来看，法院没有尽到应尽的审查义务，放任地方政策性文件的适用。

5.法院认为不属于抽象行政行为不予附带审查

在曹某英与南通市社会保险基金管理中心一审行政案中，[1]原告曹某英不服被告南通市社会保险基金管理中心（以下简称南通社保中心）劳动和社会保障行政给付，于2015年5月5日向法院提起行政诉讼。原告诉称，原告系第三人富民港种畜场（原系事业单位）退休人员。1990年经南通县多种经营管理局批准退休。原告近期得知被告南通社保中心多年按照企业退休人员标准对其发放退休金，比事业单位类似退休人员每月少付1500元。请求：（1）责令被告南通社保中心按照国家规定的事业单位退休人员标准向其发放退休金；（2）判令被告南通社保中心给付原告曹某英自2004年来退休金损失人民币6万元；（3）诉讼费用由被告南通社保中心负担。另外，2015年6月1日，原告向法院申请对《市政府办公室关于南通市富民港良种场、南通市富民港种畜场事改企有关问题的函》（通政办发〔2004〕57号）、《关于同意南通市富民港种畜场改革转企的批复》（通开发管办〔2004〕21号）、《关于我省事业单位转制为企业后有关养老保险问题的处理意见》（苏劳社险〔2003〕7号）的合法性一并予以审查。

2004年4月12日，第三人富民港种畜场向南通市经济技术开发区管理委员

〔1〕 参见江苏省南通市港闸区人民法院（2015）港行初字第00206号。

会报送《南通市富民港种畜场关于改革转企工作的请示》，在第三人富民港种畜场制订的《南通市富民港种畜场改革转企实施方案》中明确，2004年4月底前转为自主经营、自负盈亏和自我发展的独立国有农业企业单位。2004年5月1日起，由原事业单位登记改为企业登记。对已离、退休人员待遇的处理明确为离休人员待遇按原标准由市社会保险经办机构按月实行社会化发放。改革转企前已退休人员，按事业单位退休金标准核定，从2004年5月1日起由市社会保险经办机构按月实行社会化发放。今后养老金调整及其他待遇按企业办法执行。同日，南通市经济技术开发区管理委员会办公室作出通开管办〔2004〕21号《关于同意南通市富民港种畜场改革转企的批复》，同意第三人富民港种畜场改革转企实施方案，要求做好人员身份置换及社会保险的衔接工作，办理事业单位注销和工商变更登记等相关手续。2004年4月21日，南通市政府办公室作出通政办发〔2004〕57号《市政府办公室关于南通市富民港良种场、南通市富民港种畜场事改企有关问题的函》，同意第三人富民港种畜场由事业单位转为企业，对人员养老、医疗保险待遇的处理按相关法规和政策办理。自2004年7月至今，被告南通社保中心按企业办法为原告调整基本养老金并实施社会化发放。

原江苏省劳动和社会保障厅《关于我省事业单位转制为企业后有关养老保险问题的处理意见》（苏劳社险〔2003〕7号）第4条明确，事业单位转制为企业后，转制前已办理离退休手续的人员（含经批准的提前退休人员）养老金，按企业办法调整，并在养老保险基金中列支。有条件的地区和单位可参照劳动保障部等五部委《关于转制科研机构和工程勘察设计单位转制前离退休人员待遇调整等问题的通知》（劳社部发〔2002〕5号）的精神办理。

至于原告要求附带对苏劳社险〔2003〕7号文、通政办发〔2004〕57号文、通开发管办〔2004〕21号文进行合法性审查的问题。法院认为，行政诉讼法所指的规范性文件，是指由行政机关制定、发布的具有普遍约束力的决定、命令等，即学理上所称的抽象行政行为。规范性文件通常具有普遍约束力，能反复适用的特征。而通政办发〔2004〕57号文、通开发管办〔2004〕21号文系针对特定主体制定的，不具有普适性、能够反复适用的特征，不属于行政规范性文件的范畴。而苏劳社险〔2003〕7号文的规定并未违反法律、法规的规定。

我们认为法院的看法基本正确。问题在于，如果其中的两份文件不是抽象行政行为，应该属于具体行政行为，法院仍有必要对此进行审查。不能以不属于规范性文件为由就不予审查。至于另一份文件，法院说并未违反法律、法规的规定，不知道这一结论是如何得出的。如此审查等于没有任何审查。

6.对被告适用的行政政策不予回应。因为原告并未提出审查要求

在不少案件中，相对人或者行政机关引用了一些行政政策，但是当事人并没有对行政政策提出异议，未提出附带性审查的要求。此时，法院是否有审查的义务呢？实践中法院是怎么做的呢？

在陈某英诉宁都县竹笮乡人民政府侵犯土地承包经营自主权案一审行政案中，[1]原告陈某英认为被告宁都县竹笮乡政府侵犯其土地承包经营自主权一案，于2016年3月1日向法院提起行政诉讼。原告诉称，请求法院确认被告放任并批准允许其下属组织将原告家庭依法拥有的承包地调整给别人的行政行为违法；确认被告在原告依法向其提出行政赔偿申请后不作为的行为违法；判令被告赔偿原告因其违法行为而造成的各种损失共计人民币约16万元。事实和理由如下：1986年，原告与祖籍竹笮乡九塘村现在宁都县赖村中学工作的黄油生结婚，婚后先后生育了两个小孩，母子三人于1989年后均在竹笮乡九塘村石上小组按人均标准通过依法承包拥有了属于自己的家庭承包地。1995年因原告丈夫不幸蒙受冤狱；此后不知何时又因当时的竹笮乡政府没有正确把握宣传贯彻好相关的国家政策和法律，放任并批准允许了其下属的相关组织将原告家母子三人依法实际已经拥有且又并未到期的家庭承包地违法调整给了别人。……现今，原告丈夫冤狱已经得到彻底平反；但是，原告所在单位的土地现已全被政府征用，而原告母子三人则因被告的过错行为，导致的家庭承包地被违法调整给了别人而没有得到这种补偿。（当地类似原告母子三人性质但没有被违法调整掉家庭承包地的人员均获得了相应的失地补偿），原告的合法权益受到侵犯。……依据现行的《国家赔偿法》第4、7、9条等条款的规定及其他相关法律法规，原告曾于2015年5月25日依法向被告提出过行政赔偿申请，请其依法给予赔偿。但被告不仅对神圣的国家法律法规置若罔闻而且一再亵渎其权威和尊严，甚至违法长时间借故推诿、敷衍、拖延至今仍未对该申请依法作出妥善的处理，从而进一步加大了原告的损失。为此，特依据现行的《国家

〔1〕 参见江西省宁都县人民法院（2016）赣0730行初4号。

赔偿法》第2、14条规定提起本诉讼。

被告宁都县竹笮乡政府在答辩过程中引用了不少政策性文件，包括：1997年中共中央办公厅、国务院办公厅《关于进一步稳定和完善农村土地承包关系的通知》，省委办公厅、省政府办公厅《关于贯彻中发办〔1997〕16号文件进一步稳定和完善农村土地承包关系的通知》及宁都县委、县政府下发《关于印发宁都县第二轮延长农村土地承包期工作实施方案的通知》文件。

法院认为：被告宁都县竹笮乡政府对其管辖的村委会、村小组进行的土地承包有指导监督的权利，村民土地承包权利的实施不是被告的行政行为，本案被告不存在行政违法；原告诉请被告在原告提出行政赔偿申请后不作为的行为违法，没有事实理由和法律依据，理由不成立；原告诉请被告赔偿各种损失16万元人民币，亦未提供事实理由和证据，《国家赔偿法》第15条规定，法院审理行政赔偿案件，赔偿请求人和赔偿义务机关对自己提出的主张，应当提供证据。原告对自己的主张没有提供证据，法院不予支持。

可见，行政机关引用了若干个政策文件作为行政行为的依据。当事人没有提出审查的请求，法院也未对此作任何审查。

二、将行政政策作为作出行政行为的证据加以审查适用

将行政政策性文件作为证据，是《行政诉讼法》的特色之一。《行政诉讼法》第34条规定："被告对作出的行政行为负有举证责任，应当提供作出该行政行为的证据和所依据的规范性文件。""被告不提供或者无正当理由逾期提供证据，视为没有相应证据。但是，被诉行政行为涉及第三人合法权益，第三人提供证据的除外。"据此，行政机关提交的政策性文件也应当受到法院的审查，法院应当根据证据的一般要求，以及制定规范性文件的一般要求对此进行审查。但从我国法院审理实践来看，对于行政机关作出行政行为所依据的行政政策，无论当事人是否提起挑战，往往都倾向于直接肯定其有效性；也有少数法院在附带审查时，对此进行认真的审查，以确定是否能够作为证据使用。具体分析如下。

（一）不予审查，直接作为证据

这种情况主要出现在当事人对行政机关作出行政行为时依据相关政策性文件没有提出任何质疑的情况下。在黄某玉诉北京市西城区民政局未依法发

放生活保障金案中，[1]涉及的行政政策包括《关于实施城镇居民最低生活保障制度中有关具体问题的通知》(京民社字〔1996〕209号)、《关于进一步完善我市城市居民最低生活保障制度有关具体问题的通知》(京民救发〔1997〕367号)、《北京市城市居民最低生活保障制度实施细则(试行)》、京民计字〔1997〕134号、京民救发〔1998〕182号、京民救发〔1999〕115号、京民救发〔1999〕281号文件。

经庭审质证，法院认为，被告提供的证据中，209号、367号、134号、182号、115号、281号文件以及《北京市城市居民最低生活保障制度实施细则(试行)》均系国家有关部门制定发布的规范性文件，其证据效力依法应当予以采信。

本案当事人并未对上述政策性规定提出质疑，法院也是直接肯认其合法有效性，并且作为有效的证据加以采纳。

(二)只作简单审查，即确认其作为认定事实的证据和依据

这种情况较多。在范某峰与宁波市海曙区教育局行政确认一审行政案中，[2]原告范某峰不服被告宁波市海曙区教育局(以下简称海曙区教育局)教育行政确认一案，被告海曙区教育局于2014年5月21日通过“宁波市外来随迁子女入学预登记平台”系统向原告范某峰作出宁波市外来随迁子女入学网上预报名初审未通过决定，并告知其尽早选择回户籍所在地就读或到民办学校咨询相关政策。原告范某峰起诉称：被告海曙区教育局关于原告范某峰不符合海曙区2014年进城务工人员随迁子女小学招生入学条件决定违反了法律、法规及《宁波市教育局关于切实做好进城务工随迁子女教育工作的意见》文件精神，因此应予撤销。

原告提供的第6组证据有：《浙江省行政规范性文件备案实施办法》《浙江省行政规范性文件备案审查规定》《宁波市人大常委会规范性文件备案审查工作办法》《浙江省教育厅关于完善政策规定切实做好进城务工人员随迁子女教育工作的意见》各1份，拟证明：被告在2014年4月21日发布的《海曙区教育局2014年小学招生工作实施意见》未经提前公告，且被告应通过向有资质的民办学校购买学位的方式解决海曙区教育资源不够的情况。被告提供的第7、8

〔1〕 参见北京市西城区人民法院行政判决书(2000)西行初字第9号。

〔2〕 参见宁波市海曙区人民法院(2014)甬海行初字第55号。

组证据为:《宁波市教育局关于切实做好进城务工人员随迁子女教育工作的意见》第2点;《海曙区教育局2014年小学招生工作实施意见》第4点第3项。拟证明被告对原告作出的审核未通过的决定符合法律及规范性文件规定。法院对原告提供的证据6,系地方性法规及规范性文件,对其本身予以认可,对其合法性不作评判。对被告提供的证据5至证据8,系法律、法规及规范性文件,法院不作评判,对其适用是否正确,在判由中阐述。

在邵某海与大连市民政局请求履行法定职责一审行政案中,[1]被告向法院提供了《大连市人民政府办公厅关于调整市扶贫帮困工作领导小组等五个临时性议事机构成员的通知》第5条,《关于从普通高等学校毕业生中直接招收士官的通知》第2条、第3条、第5条第2项,《中国人民解放军现役士兵服役条例》第19条,《民政部办公厅对提前退役直招士官安置问题的复函》,《退役士兵安置条例》第19条,《辽宁省人民政府关于退役士兵安置改革工作的实施意见》第1条,《中共辽宁省委辽宁省人民政府辽宁省军区关于加强退役士兵职业教育和技能培训工作的意见》第1条第2项第1目、第2目,《关于是否发给直招士官邵东海义务兵自主就业经济补助的请示》,《辽宁省退伍退休军人安置办公室回复》,《关于颁发〈直接从非军事部门招收士官工作规定〉的通知》作为其答辩意见的法律法规及政策依据。

经法庭质证认为,原、被告双方提供的证据具有真实性、客观性、关联性,法院依法予以采信。可见,上述行政政策因为符合上述"三性"而予以采信。

可见,法院对相关行政政策性文件是否可以作为证据,采用证据须具备的一般条件进行审查,一般不按照制定规范性文件的要求对其进行审查。

(三)指出相关冲突,认为旧的政策内容不能作为证据和行政行为的依据

在韩某霞与莱芜市食品药品监督管理局行政处罚二审行政案中,[2]上诉人韩某霞因与被上诉人莱芜市食品药品监督管理局药监行政处罚一案,不服莱芜市钢城区人民法院(2015)钢行初字第28号行政判决,向法院提起上诉。2014年1月2日,被上诉人受理莱芜市信访局移交信访事项函,当日对上诉人韩某霞诊所进行了初查,4月9日,因涉嫌向患者提供的药品超出规定范围和品种该局予以立案,经调查6月3日向上诉人送达了(莱食药)〔2014〕020号行政处

〔1〕 参见大连市沙河口区人民法院(2015)沙行初字第8号。
〔2〕 参见山东省莱芜市中级人民法院(2016)鲁12行终13号。

罚事先告知书和听证告知书，6月20日举行听证会，7月3日，作出（莱食药）行罚〔2014〕024号行政处罚决定书，决定：(1)没收违法所得16元；(2)处违法向患者提供超出《山东省个人设置的门诊部、诊所等医疗机构药品使用范围目录》的药品货值金额16元的三倍罚款计48元（罚没款合计64元）。后上诉人申请复议，12月25日，山东省食品药品监督管理局作出鲁食药监复决字〔2014〕51号行政复议决定书，维持了被上诉人作出的行政处罚决定，上诉人仍不服，向莱芜市莱城区人民法院提起行政诉讼。后莱城区法院报请本院异地管辖，本院于2015年7月16日作出裁定，指定本案由莱芜市钢城区法院管辖。

原审法院认为，被告莱芜市食品药品监督管理局作出的（莱食药）行罚〔2014〕024号行政处罚决定书认定事实清楚，证据确凿，适用法律法规正确，依法应予维持。上诉人韩某霞不服一审判决，上诉称：根据现行的国家基本药物制度，国家鼓励公立医院和其他医疗机构优先使用国家基本药物，且《山东省增补药物目录》已将阿奇霉素粉针列入增补药物目录，故其使用该药物符合山东省鲁卫医发〔2003〕18号文件规定。

二审法院认为，关于上诉人是否存在超出规定范围和品种使用药品的情况。《关于建立国家基本药物制度实施意见》（卫药政发〔2009〕78号）规定，基本药物是适应基本医疗卫生需求，剂型适宜，价格合理，能够保障供应，公众可公平获得的药品。政府举办的基层医疗卫生行政机构全部配备和使用基本药物，其他各类医疗机构也都必须按规定使用基本药物；国家建立基本药物优先和合理使用制度，政府举办的基层医疗卫生机构全部配备和使用国家基本药物，其他各类医疗机构也要将基本药物作为首选药物并达到一定的使用比例，具体使用比例由卫生行政部门确定。该意见是根据中共中央、国务院《关于深化医药卫生体制改革的意见》和国务院《关于印发〈医药卫生体制改革近期重点实施方案（2009—2011年）〉的通知》制定的，可以看出，国家从2009年起，公布了基本药物目录，提倡各类医疗机构优先使用基本药物，个体诊所使用比例要有最低比例标准。因此从立法目的上看，国家提倡个体诊所使用基本药物，并且使用越多越好。

2010年山东省实施基本药物制度并制定了《山东省增补药物目录》（2010年版农村基层和社区部分），在国家基本药物范围的基础上，增补了216种药物，规定政府举办的基层医疗卫生机构确需配备使用的，可分别从上述增补药物目录中选用。阿奇霉素粉针虽然不在国家确定的基本药物目录范围内，但在山东省增补药物目录范围内，说明从2010年开始，山东的基层医疗机构可以优先使用阿奇霉素粉针。上诉人虽然是个体诊所，不是政府举办的基层医疗卫生机构，但是根据卫药政发〔2009〕78号规定，也可以优先使用基本药物和增补药物，其使用阿奇霉素粉针不超出适用范围。

卫药政发〔2009〕78号文件规定："其他各类医疗机构也要将基本药物作为首选药物并达到一定的使用比例，具体使用比例由卫生行政部门确定。"上述规定说明，个体诊所使用基本药物，要由卫生行政部门确定，自2009年以来，山东省卫生行政部门没有出台相应规定规范个体诊所使用基本药物的比例，应当认定上诉人使用阿奇霉素粉针是符合医疗体制改革精神和卫药政发〔2009〕78号实施意见规定的，是合法的。

山东省鲁卫医发〔2003〕18号文件即《山东省个人设置的门诊部、诊所等诊疗机构药品使用范围目录》是2003年以来，省卫生行政部门规范个体诊所使用药物的规范性文件，是国家在没有实施基本药物制度的情况下，根据国家公布的基本药物制剂选配药物的规定，和卫药政发〔2009〕78号实施意见相比，是旧的规范性文件，在和卫药政发〔2009〕78号实施意见相冲突的情况下，应该使用新的和层级高的实施意见的规定。因此应当认定，上诉人韩春霞使用阿奇霉素粉针，符合卫药政发〔2009〕78号实施意见的规定，是合法的。

在这个案件中，涉及多个政策性文件。法院查明新旧政策文件不一致。认为应当适用新的政策文件。在这个案件中，行政机关错误理解了行政政策，对相对人作出了违法处罚。

(四)承认相关政策文件的证据效力，但否定其内容的有效性，兼具具体行政行为与抽象行政行为的双重特征

在吴某诉武陵源区政府民政行政管理民政行政案中，[1]原告吴某因不服被告武陵源区政府采取的生活保障补贴发放措施及行政赔偿一案，向法院提起行政诉讼。2007年8月21日，第三人张管处受被告区政府委托制定了《张家界国家森林公园世居户农(居)民生活保障补贴和历史征用稻田面积补偿发放方案》(以下简称《发放方案》)，其中第1条第2项第4点规定："只有女儿没有儿

〔1〕 参见湖南省张家界市中级人民法院(2009)张中行初字第13号。

子的世居户，其女儿结婚后仍居住在娘家的，经女方父母认定，且与其所在居委会签定协议，招进来负责赡养女方父母的上门女婿（仅限一人）享受全额补贴。”

原告吴某诉称，原告1993年9月与张管处张家界村二等组的张某爱结婚，2003年11月，原告将户口迁入张管处张家界村二等组。2007年6月7日，武陵源区委办、区政府办印发了《武陵源区解决核心景区世居户生活保障问题暂行办法》，该办法第4条规定了生活保障资金发放范围，其中第三类规定了“在总体规划界定的核心景区内，在门票站以外，没有拆迁任务，未失去土地的农（居）民”享受生活保障金。该办法第12条规定：“张家界国家森林公园范围内的核心景区世居户农（居）民生活保障问题解决办法由张家界国家森林公园管理处参照该本办法规定自行制订。”2007年张管处制定了《发放方案》。该方案规定2006年12月31日前，户口在张家界居委会、袁家界居委会、锣鼓塔居委会张家台组和青山组的世居户农（居）民享受生活保障金。但该方案的第1条第2项第4点同时又对原告应该享受保障金的资格进行了限制，致使原告不能享受生活保障金。张管处的这一规定明显违反了《婚姻法》关于男女平等的规定，是对原告的一种歧视，是违法的规定。原告为维护自己的合法权益，特向人民法院起诉。请求：（1）确认张管处〔2007〕14号文件第1条第2项第4点违法。（2）区政府和张管处给原告赔偿因违法行为造成的经济损失。

法院认为：第一，经了解，被告也承认，1994年1月1日，原大庸市武陵源区政府下发文件将张管处范围内的张家界、袁家界等村改为居委会，并委托张管处代管。法院已采信的《保障办法》第12条也规定：“张家界国家森林公园管理处范围内的核心景区世居户农（居）民生活保障问题解决办法由张家界国家森林公园管理处参照本办法规定自行制订。”据此，根据《最高人民法院关于执行〈中华人民共和国行政诉讼法〉若干问题的解释》第21条的规定，本案中，张管处对张家界等居委会的管理和发放生活保障资金的行为应视为是区政府委托行使的行政职权行为，依法应由区政府在行政诉讼中作为被告并承担责任。第二，原告的诉讼请求之一是确认张管处〔2007〕14号文件第1条第2项第4点违法，该第1条第2项第4点的内容为“只有女儿没有儿子的世居户，其女儿结婚后仍居住在娘家的，经女方父母认定，且与其所在居委会签定协议，招进来负责赡养女方父母的上门女婿（仅限一人）享受全额补贴”。从

第1条第2项第4点的内容来看，它只是规定了上门女婿享受全额补助（即原告诉称的生活保障补贴）的条件，并未明确将原告排除在享受全额补助的范围之外，而且通观张管处〔2007〕14号文件，也没有其他条款明确将原告排除在享受全额补助的范围之外。但根据原告诉称，原告就是因为张管处〔2007〕14号文件第1条第2项第4点的规定而在事实上不能享受生活保障补贴的，被告区政府及第三人张管处在庭审中对此也予以认可，因此原告对该第1条第2项第4点提起诉讼，起诉的对象是正确的。法院应当对其进行合法性审查。第三，张管处〔2007〕14号文件第1条第2项第4点的规定违法，其违法性表现在：一是通过设定条件将上门女婿分为享受生活保障补贴的上门女婿和不享受生活保障补贴的上门女婿两大类，但被告及第三人不能提供进行分类的法律（广义的概念，包括法律、法规、规章和其他规范性文件）依据，也就是说被告及第三人将上门女婿分为两类法律依据不足；二是被告及第三人给2006年12月31日前户口在张管处范围内的儿媳发放了生活保障补贴，但根据该第1条第2项第4点的规定，却没有将原告纳入发放生活保障补贴的范围之内，违反了《婚姻法》第2条规定的男女平等的婚姻制度和第9条“登记结婚后，根据男女双方约定，女方可以成为男方家庭的成员，男方可以成为女方家庭的成员”的规定，显属违法，应予撤销。后法院判决撤销第三人张家界国家森林公园管理处受被告张家界市武陵源区政府委托制订的处发〔2007〕14号《张家界国家森林公园世居户农（居）民生活保障补贴和历史征用稻田面积补偿发放方案》第1条第2项第4点。第四，原告的诉讼请求之二是要求被告及第三人赔偿经济损失，其诉讼请求不能成立，不予支持。

在该案中，法院对被告提交的政策文件的效力是确认的。但对其实体内容进行审查，发现其违反《婚姻法》等相关法律规定，所以予以撤销。实际上，法院在这个案件中解决了一个诉求，即被告发布的政策性文件，认为其中相关内容违法，予以撤销。另一个诉求被法院驳回了。

此外，也有少数法院对行政政策作认真全面的审查，确认其证据和依据的效力。但这种情况极少。

（五）小结

考察法院对行政机关适用行政政策作为证据的审查实践，可以得出以下几点结论：第一，法院对民生行政政策的收集程序和方式予以“查明”。但多数法院没有对行政政策性文件的收集程序和方式作真实的“查明”审查，只要行政机关和相对人提供了原件或复印件，双方没有争议，即承认其为合法有效的证据。只有在少数情况下，法院为了查明案件，主动向行政机关或者其他单位调查收集政策性文件。第二，对行政政策文件进行质证和认证。主要是双方对政策性文件的真实性、合法性、关联性进行质证。很多情况下，当事人对真实性没有异议，主要对合法性和关联性产生争议。但在有些情况下，法院没有进行质证和认证，而是直接把相关行政政策文件认定为“证据”。第三，对行政政策的“三性”特征进行审查，法院像审查其他事实证据一样，对行政政策的真实性、合法性和关联性进行审查。但在合法性审查上，实际上并没有严格按照规范性文件制定的主体、程序和内容是否合法进行审查，往往只是以当事人是否认同其合法性为审查的基本方法。第四，通过查明“行政政策”之后的主要目的是证明案件的事实。在不少情况下，法院判决书中虽然称行政政策性文件为“证据”，但实际上并未发挥证据的功能，因为法院在事实部分使用行政政策文件的目的并不是要证明与判决结果有关的事实真伪。很多行政政策文件实际上是行政机关作出行政行为的依据，也有的被法院与法律法规规章放在一起作为裁判的依据，而不是证据。

三、认定行政政策作为行政行为的依据

法院在审理案件中，引用民生行政政策文件作为依据的具体有以下情况：

（一）未审查相关行政政策证据，认为只引用行政政策依据未引用法律规范的构成适用法律错误予以撤销

在杭锦后旗双庙镇太荣村八社、杭锦后旗双庙镇太荣村十社诉巴彦淖尔市杭锦后旗人民政府、巴彦淖尔市人民政府、第三人巴彦淖尔市太阳庙农场土地权属界线处理决定一审行政案中，[1]原告杭锦后旗双庙镇太荣村八社、十社诉被告杭锦后旗政府、巴彦淖尔市政府土地权属界线处理决定一案由法院管辖。

杭锦后旗政府于2014年以杭政发〔2014〕57号文件的形式作出《关于确定双庙镇太荣村八社、十社与太阳庙农场土地权属界线的决定》（以下简称

〔1〕 参见内蒙古自治区磴口县人民法院（2015）磴行初字第7号。

〔2014〕57号决定)，决定如下：申请人所属太荣村与被申请人土地权属界线应以1989年全国第一次土地详查确定的界线为准，因地处沙漠地段，没有明显分界参照物，具体界线数据以实地测量经纬度坐标点为准，并写明具体界线坐标点，且告知利害关系人相关权利及行使权力的法定期限。2015年巴彦淖尔市政府作出巴政复决字〔2015〕1号行政复议决定书，决定维持杭锦后旗政府作出的杭政发〔2014〕57号决定。

原告诉称：被告杭锦后旗政府作出的〔2014〕57号决定主要事实不清，证据不足，适用法律错误，损害了原告的合法权益。理由如下：(1)原告认为该决定的作出并未经合法有效的走访调查，也未向直接的当事人原告及其代表进行调查询问。(2)被告只查明太阳庙农场的机构及体制转变的部分事实，对于1969年组建兵团，1975年转为太阳庙农场时其所辖地的面积及界线改变等事实均未查清。(3)被告据以确权的主要依据是《关于乌兰布和沙区国有农牧场土地确权划界补充规定的通知》及杭锦后旗1989年全国土地详查资料。原告对详查资料确定的原告与太阳庙农场的界线不认可，原因是该详查资料取得的程序不合法，证据不足。综上所述依照修改前的《行政诉讼法》第54条第2项之规定请求依法判决：(1)撤销杭政发〔2014〕57号决定。(2)被告承担本案全部诉讼费用。在庭审中，原告对市政府作出的复议决定亦不认可，请求撤销巴政复决字〔2015〕1号行政复议决定书。

法院认为：本案被诉确权决定是对集体土地所有权和国有土地所有权之间界线所作的划界决定。依据《土地管理法》第16条的规定，土地所有权和使用权争议，由当事人协商解决，协商不成的，由人民政府处理。单位之间的争议，由县级以上政府处理；个人之间、个人与单位之间的争议由乡级政府或者县级以上政府处理。故本案杭锦后旗政府有作出确权决定的法定职权。依据《行政复议法》的相关规定，被告市政府有作出复议决定的职权。本案被告旗政府作出的杭政发〔2014〕57号决定只依据了1962年《杭锦后旗太阳庙农牧场规划设计方案》,《中央关于转发国营农场领导管理体制的规定的批示》，国务院办公厅转发国土资源部、农业部《关于依法保护国有农场土地合法权益的意见》，国办发〔2001〕8号文件、巴盟行署办公室发布的《关于乌兰布和沙区国有农牧场土地确权划界补充规定的通知》及杭锦后旗1989年全国土地详查资料而未适用相关法律、法规及具体条款，故被告旗政府作出的该决定属于适用法律、法规错误的情形，应予以撤销，被告市政府在进行行政复议时未尽到依法审查义务，没有对被复议的行政行为适用法律做认真合法性审查，导致其对适用法律错误的行政行为予以维持，属定性错误，故其作出的复议决定也应予撤销。因本案属于适用法律法规错误情形，故对原、被告及第三人提供的证据在文书中未作评析。综上依据《行政诉讼法》第70条第2项、第79条之规定判决如下：(1)撤销杭政发〔2014〕57号决定。(2)撤销巴政复决字〔2015〕1号行政复议决定书。

本案比较有意思的是，法院对规范性文件证据不予审查，只因为行政行为没有引用相关法律规范而引用行政政策就予以撤销似乎并不妥当。法院虽然引用了《土地管理法》《行政复议法》等规定，但这些条文至多只能提供职权依据，对实体性问题的解决没有什么大帮助。所以能否算得上“属于适用法律、法规错误的情形”，是值得怀疑的。但是法院这种崇尚法律的态度是值得称道的。

(二)对规范性文件进行全面审查后认为合法可以作为行政行为的依据

在陶某华与青岛市社会保险事业局二审行政案中，[1]上诉人陶某华因诉被上诉人青岛市社会保险事业局退休待遇审核一案，不服青岛市市南区法院(2015)南行初字第66号行政判决，在法定期限内提起上诉。原审法院查明：原告陶淑华身份证和户籍登记的出生日期为1965年3月25日。2012年6月11日，青岛市市北区登州路街道劳动保障服务中心为其颁发《就业失业登记证》。2015年3月11日，原告向被告提出退休申请。2015年3月25日，被告作出涉案《退休时间确认函》，确定原告退休时间应为2015年10月。原告不服，提起行政诉讼。原告档案中最先记载出生时间的材料为1982年12月17日的《农、林、渔、参、茧场招收固定工审批表》，该表记载的原告出生日期为1965年10月25日。

原审法院认为，本案争议的焦点为被告作出退休时间确认所依据的规范性文件的合法性问题。《行政诉讼法》第53条规定：“公民、法人或者其他组织认为行政行为所依据的国务院部门和地方人民政府及其部门制定的规范性文件不合法，在对行政行为提起诉讼时，可以一并请求对该规范性文件进行审

〔1〕 参见山东省青岛市中级人民法院(2016)鲁02行终203号。

查。前款规定的规范性文件不含规章。”《最高人民法院关于执行〈中华人民共和国行政诉讼法〉若干问题的解释》第62条规定：“人民法院审理行政案件，适用最高人民法院司法解释的，应当在裁判文书中援引。人民法院审理行政案件，可以在裁判文书中引用合法有效的规章及其他规范性文件。”根据上述规定，对被告依据涉案规范性文件审查如下：

第一，关于涉案规范性文件的制定权限。涉案规范性文件均是为贯彻落实《国务院办公厅关于进一步做好国有企业下岗职工基本生活保障和企业离退休人员养老金发放工作有关问题的通知》(国办发〔1999〕10号)而制定的，国办发〔1999〕10号文第4条第2项规定，加强企业职工退休审批工作的管理，坚决制止和纠正违反国家规定提前退休的行为。原劳动和社会保障部作为我国的劳动保障部门，是退休审批管理部门，有权对执行退休审批中的问题作出具体规定。山东省政府办公厅为贯彻落实国办发〔1999〕10号文有权制定在其辖区内实施的规范性文件。

第二，关于争议规范性文件内容的合法性。

(1)涉案规范性文件没有对法律保留事项进行规定。涉案规范性文件没有违反《立法法》第9条规定的只能由法律制定的“有关犯罪和刑罚、对公民政治权利的剥夺和限制人身自由的强制措施和处罚、司法制度等事项”，也不在《立法法》第8条和第9条共同规定的应由法律或行政法规规定的事项范围内。

(2)涉案规范性文件与上位法并不相抵触。一方面，在企业职工退休待遇审核领域，我国现行法律、行政法规有《社会保险法》和《国务院关于工人退休、退职的暂行办法》。上述法律、行政法规仅规定了法定退休年龄和工作年限、缴费年限，并未涉及出生时间，但实际进行退休审批确定退休年龄就必须确认出生时间，涉案规范性文件是职能部门为指导上述法律、行政法规的执行而作出的具体应用解释，该解释并不违反《社会保险法》和《国务院关于工人退休、退职的暂行办法》的立法目的和法律原则，且具有实践操作的必要性。所以原告关于涉案规范性文件不在《青岛市市级行政权力清单》职工退休核准依据中，不能作为退休审核依据的主张，不予支持。另一方面，关于原告主张涉案规范性文件与上位法《身份证法》和《最高人民法院关于贯彻执行〈中华人民共和国民法通则〉若干问题的意见(试行)》第1条相抵触，法院认为《身份证法》强调是身份证的身份证明效力，而涉案规范性文件并未否认身份证的身份证明效力，而是要求审核身份证，只是对办理退休过程中身份证与档案记载的出生时间不一致这一特殊情况进行了规定。《最高人民法院关于贯彻执行〈中华人民共和国民法通则〉若干问题的意见（试行）》第1条是关于民事权利能力的起始时间，是属于民法领域中对民事主体资格的一般性规定，与退休待遇审核属不同范畴，故不存在相抵触问题。关于原告主张《公安部等14部委关于进一步加强居民身份证使用核查工作的通知》（公发〔1992〕21号）第1条、第2条、第3条第6项优于涉案规范性文件，法院认为公发〔1992〕21号文也属于规范性文件，规定的是身份证在一般情况下具有身份证明效力，在办理退休过程中也需要核查身份证，但是涉案规范性文件的是专门针对办理退休过程中身份证与档案记载的出生时间不同的情况，所以公发〔1992〕21号文虽是多部门联合制定，但涉案规范性文件属于特殊规定，应优先适用。

（3）是否减损退休职工的权利或设置义务。《立法法》第82条第6款规定："没有法律、行政法规、地方性法规的依据，地方政府规章不得设定减损公民、法人和其他组织权利或者增加其义务的规范。"根据上述规定，没有法律、法规作为依据，规范性文件更不得设定减损退休职工的权利或为退休职工增设义务。涉案规范性文件仅是对办理退休过程中身份证与档案记载的出生时间不一致这一情况规定了一个判断标准，所以对退休职工而言，不存在增设义务或者减损权利，因为出生时间是一个客观事实，只能通过证据来证明，档案中记载材料和身份户籍材料均是证明材料，当两者不一致时，就需要一个判断标准。

第三，关于是涉案规范性文件的制定程序。涉案两份规范性文件均是为贯彻执行国办发〔1999〕10号文而制定于1999年，早于2000年通过的《立法法》和2002年1月1日起施行的《规章制定程序条例》，当时我国并未有统一的制定法律、法规的程序规定，目前关于规范性文件的制定程序也未有法律规定，所以涉案规范性文件制定程序并未违反法律规定，亦无明显不当。

第四，涉案规范性文件具有合理性。一方面，退休审核涉及的工作经历、视同缴费年限（连续工龄认定）等依据的是档案资料。人事档案是中国人事管理制度的一项重要特色，它是个人身份、学历、资历等方面的证据，与个人工资待遇、社会劳动保障、组织关系紧密挂钩，是记载人生轨迹的重要依据，档案记载具有全面性、真实性、机密性等特点，依据《档案法》《干部档案工作条例》《流动人员档案管理暂行规定》等进行管理，据此认定退休时间具有连续性和一贯性。另一方面，我国早期户籍登记制度不完善，居民身份证制度是20世纪80年代才开始实施的，部分早期的户籍登记和身份证记载存在与事实不符的情况。随着户籍管理制度的完善，户籍记载错误和登记不一致的情况越来越少，所以涉案规范性文件也是对特定历史时期的特殊情况进行的特殊规定，具有合理性。综上，涉案规范性文件合法合理，且目前有效，可以作为被告作出涉案具体行政行为的法律依据。根据涉案规范性文件关于退休中出生时间的认定，本案原告档案中最先记载的原告出生日期为1965年10月25日，根据女工人满50周岁退休的规定，原告退休时间应为2015年10月，所以被告作出的《退休时间确认函》符合法律规定，原告的诉讼没有事实和法律依据，依法应予驳回。案经合议庭评议，依照《行政诉讼法》第69条之规定，判决如下：(1)原劳动和社会保障部《关于制止和纠正违反国家规定办理企业职工提前退休有关问题的通知》第2条第2项规定和山东省政府办公厅《关于进一步做好国有企业下岗职工基本生活保障和企业离退休人员养老金发放工作有关问题的通知》第6条第2项规定合法；(2)驳回原告陶淑华的其他诉讼请求。

上诉人陶某华不服原审判决，提起上诉，二审法院指出：对于本案争议的被上诉人作出退休时间确认所依据的规范性文件是否合法这一焦点问题，即原劳动和社会保障部《关于制止和纠正违反国家规定办理企业职工提前退休有关问题的通知》第2条第2项规定和山东省政府办公厅《关于进一步做好国有企业下岗职工基本生活保障和企业离退休人员养老金发放工作有关问题的通知》第6条第2项规定是否合法的问题，原审法院已从涉案规范性文件的制定权限、内容的合法性、制定程序以及合理性等角度进行了充分论证，本院同意原审法院的认定意见。也就是说，身份证当然具有身份证明的效力，但在办理职工退休这一特殊事项时，为准确规范并统一尺度，如果出现身份证记载与档案记载的出生时间不一致时，应以本人档案最先记载的出生时间为准。据此，上诉人要求撤销被上诉人出具的《退休时间确认函》、确认其退休时间为2015年3月并为其办理退休手续以及对导致上诉人延迟退休进行赔偿的主张均于法无据，法院不予支持。

本案原审法院对受质疑行政政策性文件作了全面的审查和论证，认为其不违法。我们认为，法院采用的方法非常值得借鉴。至于法院引用《立法法》

《规章制定程序条例》来论证规范性文件合法，不是非常合适。我们认为可以引用2012年实施的《山东省行政程序规定》，这是山东省政府规章，其中对规范性文件提出了详细的要求。可以引用其中相关规定对受质疑的规范性文件进行评析。如该规章第44条规定："规范性文件不得设定行政许可、行政处罚、行政强制等事项，不得违法限制或者剥夺公民、法人和其他组织合法权利，不得违法增加公民、法人和其他组织的义务。""规范性文件对实施法律、法规、规章以及上级规范性文件作出具体规定的，不得与所依据的规定相抵触。"据此规定，山东省政府办公厅为贯彻落实国办发〔1999〕10号文只要不违反《社会保险法》、国务院《关于工人退休、退职的暂行办法》、国务院办公厅《关于进一步做好国有企业下岗职工基本生活保障和企业离退休人员养老金发放工作有关问题的通知》即为合法。

当然本案中争议的政策性文件在当时制定时，山东省尚未出台上述规章提出这些要求，因此不构成违法。但是该规章的精神应该在那个时候也是有的坚持的。

（三）直接以中办国办政策文件作为认定村委会村务是否属于信息公开范围的依据

在东某诉北京市通州区梨园镇人民政府其他一案中，[1]原告东某因认为被告北京市通州区梨园镇政府未履行法定职责，向法院提起行政诉讼。原告东某诉称：其系北京市通州区梨园地区西小马庄村（以下简称西小马庄村）村民，依据《村民委员会组织法》等相关规定，其于2015年6月30日、8月4日先后两次通过中国邮政EMS的方式向西小马庄村委会提出公开西小马庄村村集体土地征收征用情况等25项村务信息的申请，但西小马庄村委会均未回复。同年8月25日，东某根据《村民委员会组织法》第31条之规定向梨园镇政府提交《要求镇政府责令村务公开申请书》，梨园镇政府于8月27日签收，但至今未责令村务公开。现诉至人民法院，请求法院确认梨园镇政府未在法定期间内责令西小马庄村委会对东某提出的村务公开申请进行公开的行为违法，并判令梨园镇政府责令西小马庄村委会依据《村民委员会组织法》等相关法律法规的规定向东福公开其依法申请的25项村务信息。

〔1〕 参见北京市通州区人民法院（2016）京0112行初26号。

法院除根据《村民委员会组织法》第31、23、24、30条，《北京市实施〈中华人民共和国村民委员会组织法〉的若干规定》第19、28条的规定确立村务公开范围外，还依据《中共中央办公厅、国务院办公厅关于健全和完善村务公开和民主管理制度的意见》《中共中央办公厅、国务院办公厅关于在农村普遍实行村务公开和民主管理制度的通知》的规定，确立村务公开的范围。最后判决如下：(1)被告北京市通州区梨园镇政府自本判决生效之日起60日内对原告东福提交的《要求镇政府责令村务公开申请书》进行调查核实并作出答复。(2)驳回原告东福的其他诉讼请求。

本案中，法院之所以直接引用两份行政政策，是因为这两份文件由党中央和国务院的办公厅发布，也就是属于最高层级的党的文件和最高层级的行政文件。

(四)对政策性文件进行可行性、合法性和合理性附带审查之后予以适用

理想的做法是，对受到质疑的行政政策文件进行认真的审查，在确认其不违法的前提下予以适用。在上诉人谢某艳与被上诉人泰州市财政局行政处理行为及附带规范性文件审查案中，[1]一审法院对相关行政政策进行了审查，二审法院进一步对此进行审查，确认其可以作为行政行为的依据。一审法院指出：《行政诉讼法》第53条规定："公民、法人或者其他组织认为行政行为所依据的国务院部门和地方人民政府及其部门制定的规范性文件不合法，在对行政行为提起诉讼时，可以一并请求对该规范性文件进行审查。"原告在庭审前申请对第68号泰州市政府专题会议纪要(以下简称68号会议纪要)所附《泰州市妥善解决国有企业职教幼教退休教师待遇问题实施方案》(以下简称实施方案)与《审核过程中有关注意事项(代细则)》(以下简称审核细则)进行审查。

(1)审查的可行性。上述文件虽属可予附带审查的规范性文件范围，但泰州市财政局认为实施方案与审核细则并非其适用依据。泰州市财政局作出涉案答复，系以对相冲突是否具有教师资格证的审核为基础，但该审核行为并非由泰州市财政局而是由教育部门依据实施方案与审核细则实施，故这些文件并非涉案答复之依据，原则上在本案中不应予以审查。但鉴于上述文件系作

---

〔1〕 参见江苏省泰州市中级人民法院(2015)泰中行终字第00096号。

出答复的事实根据之依据，故为充分保障谢某艳之诉讼权利，在此就其实体内容作适当审查。

（2）审查的具体内容及其合法性。谢某艳要求附带审查的上述规范性文件，其内容与作为间接依据适用的规范性文件客观上存在差异，且谢某艳亦未能就请求法院审查的具体条款予以明确。法院根据认证意见并结合原告之主张，确定其要求审查的内容在于审核细则中"教师资格视同"一节。法院认为，从实施方案与审核细则的体系与内容来看，实施方案除第2条以外主要涉及内部组织、责任设定及工作计划，均与行政机关内部管理活动相关，法院无介入判断之余地。而国资发分配〔2011〕63号《关于妥善解决国有企业职教幼教退休教师待遇问题的通知》（以下简称国63号文）、苏国资〔2011〕88号《妥善解决国有企业职教幼教退休教师待遇问题的通知》（以下简称苏88号文）允许各地结合本地情况制订具体政策措施与工作方案，故关于可纳入给付范围内的人员对象、资格认定等问题，属行政机关就地方自决事务所形成的高度政策性考量，司法对此应予尊重而排除干涉。

（3）规范性文件的合理性。上述文件既不存在合法性问题，就其内容在裁量权行使上，经审查并无违反法律、行政法规与部门规章之强制性规定以及法律原则或行政习惯之情形。谢某艳虽认为认定标准存在不公正与歧视，但该些标准在客观上并无不公，谢某艳亦未提供规范制定者主观上存在恶意裁量的线索，故上述文件亦不存在应予消极评价的不合理之处。

二审法院就争议焦点四而言，上诉人在一审庭审前申请对实施方案与审核细则进行审查，但未明确请求法院审查的具体内容，根据《行政诉讼法》第53条的规定，"公民、法人或者其他组织认为行政行为所依据的国务院部门和地方人民政府及其部门制定的规范性文件不合法，在对行政行为提起诉讼时，可以一并请求对该规范性文件进行审查"。故法院审查该规范性文件主要针对的是涉案答复所依据并对上诉人权利义务产生实际影响的条款。就本案而言，被上诉人作出涉案答复所依据的仅系会议纪要对其进行授权答复的相关条款，至于答复所涉的事实系被上诉人根据案外人泰州市教育局依据实施方案和审核细则所作的具体认定，因此，该实施方案和审核细则与本案并无法律上关联性，原则上应不予审查。鉴于原审法院结合上诉人的诉讼请求和理由已经审查了根源纠纷即教师资格认定与否所依据的实施方案和审核细则中的相关条款，本院为从根本上解决争议，再次对相关内容进行审查。因实施方案和审核细则上位法即国63号文、苏88号文中明确规定各区市政府可以结合本地情况制定具体政策措施与工作方案，可见，对于国有企业职教幼教待遇调整问题的具体操作办法实质是各级政府根据实际情况进行自由裁量而确定，故本案中的实施方案及审核细则系行政机关就地方事务制定的裁量基准性质的条款，只要其未突破上位法的授权或违反其明确性规定，司法应当尊重其行政裁量的合法效力，而本案所涉的实施方案和审核细则的上位法即国63号文、苏88号文中未明确规定具体认定办法以及条件等硬性标准，故市政府制定的实施方案和审核细则不存在违法情形。

与前述其他审查相比，法院审查的态度、方法都有提高，体现了司法审查水平在逐步提升。第一，体现在审查的可行性方面。原本政策文件不属于审查范围，因为原本属于案外人依据实施方案和审核细则所作的具体认定。但是，正如一二审法院所说，为了从根本上解决争议，保护合法权益，对此进行审查。第二，体现在审查的内容判断上，一审法院区分了法院有权审查和无权审查的事项，对于可以审查的事项，一审法院认为，行政机关就地方自决事务所形成的高度政策性考量，司法对此应予尊重而排除干涉。二审法院则明确提出：对于国有企业职教幼教待遇调整问题的具体操作办法实质是各级政府根据实际情况进行自由裁量而确定，故本案中的实施方案及审核细则系行政机关就地方事务制定的裁量基准性质的条款，只要其未突破上位法的授权或违反其明确性规定，司法应当尊重其行政裁量的合法效力，而本案所涉的实施方案和审核细则的上位法即国63号文、苏88号文中未明确规定具体认定办法以及条件等硬性标准，故市政府制定的实施方案和审核细则不存在违法情形。第三，体现在对合理性的分析。一审法院指出：原告认为认定标准存在不公正与歧视，但这些标准在客观上并无不公，谢某艳亦未提供规范制定者主观上存在恶意裁量的线索，故上述文件亦不存在应予消极评价的不合理之处。虽然这一回答还不是很理想，比如，让原告提供证据举证，但至少是针对当事人的质疑来展开的。法院可以从公正与歧视的含义着手，比如，公正有很多衡量要求，如须考虑相关因素、不得考虑不相关因素。受质疑的政策中是否存在这种情况。再如关于歧视问题，要明确合理的差别对待并不构成歧视，恰恰是平等权的表现。

（五）对受质疑的民生行政政策文件基本未予实质性审查即作为依据

在前述提到的范某峰与宁波市海曙区教育局行政确认一审行政案中，[1]原告范某峰不服被告宁波市海曙区教育局（以下简称海曙区教育局）教育行政确认一案，被告海曙区教育局于2014年5月21日通过“宁波市外来随迁子女入学预登记平台”系统向原告范某峰作出宁波市外来随迁子女入学网上预报名初审未通过决定，并告知其尽早选择回户籍所在地就读或到民办学校咨询相关政策。原告范某峰起诉称：被告海曙区教育局关于原告范某峰不符合海曙区2014年进城务工人员随迁子女小学招生入学条件决定违反了法律、法规及《宁波市教育局关于切实做好进城务工随迁子女教育工作的意见》文件精神，因此应予撤销。

法院认为，《宁波市教育局关于切实做好进城务工人员随迁子女教育工作的意见》中规定，“2014年作为过渡，延续2013年外来务工人员随迁子女入学政策……具体办法由各县（市）区自行制订”，“各地要结合区域实际，在调查摸底的基础上，科学合理制订本地学前教育、义务教育、高中教育阶段招生条件和操作办法”。故被告海曙区教育局应根据本辖区内流动人口预期教育要求和教育资源可承载能力等区域实际情况，制订关于2014年海曙区进城务工人员随迁子女入学的具体办法。2014年4月22日，被告发布《海曙区教育局2014年小学招生工作实施意见》，其中对进城务工人员随迁子女入学条件作了具体规定。原告认为，被告制定的上述文件中关于“父母双方或一方在海曙区依法缴纳基本养老保险（截至2014年4月30日，已连续按月缴纳一年以上，查验日仍在参保，无中断，补缴无效）”的内容违反上位法及浙江省教育厅和宁波市教育局的有关文件规定。对此，本院认为，《海曙区教育局2014年小学招生工作实施意见》是被告作为海曙区教育行政部门，根据法律及政策的规定对辖区范围内的义务教育工作制订的具体方案，其中关于城务工人员随迁子女入学条件中“基本养老保险缴纳条件”的规定并未明显违反上位法及浙江省教育厅和宁波市教育局的有关文件内容。故被告在审核海曙区进城务工人员随迁子女入学报名时，可将该项内容作为报名条件予以核查。原告认为被告制定的《海曙区教育局2014年小学招生工作实施意见》内容违法故要求撤销

---

〔1〕 参见宁波市海曙区人民法院（2014）甬海行初字第55号。

被告的被诉具体行政行为，其理由于法无据，法院不予支持。

本案中法院未对行政政策进行实质性审查，只是一般的形式审查。这种审查没有什么实质性意义。原告提出的理由在法院没有获得任何令人信服的说明。

原告的理由如下：第一，宁波市区入读小学一年级的进城务工人员随迁适龄子女原则上父（母）应符合缴纳社保一年及以上这一条件，原告完全满足。原告母亲黄某某是在2014年4月23日被告发布《海曙区教育局2014年小学招生工作实施意见》之前社保补缴满1年以上的。被告以原告母亲社保缴纳未满1年作为原告不符合海曙区2014年进城务工人员随迁子女小学招生入学条件决定与事实不符。第二，被告以原告母亲社保补缴满1年区别正常缴纳满1年不能作为原告入读小学一年级条件，没有法律依据。《宁波市教育局关于切实做好进城务工人员随迁子女教育工作的意见》入学政策要求在宁波市区入读小学一年级的进城务工人员随迁适龄子女原则上应符合如下条件：(1)在户籍所在地无监护条件；(2)父母双方在宁波有合法稳定住所（含租赁），取得居住证（临时居住证或暂住证）1年及以上，无中断；(3)父母双方或一方在宁波具有稳定职业（已与在宁波用人单位签订劳动合同或工商部门办理的在宁波营业执照，且在之后一直按规定办理，无中断）；(4)父母双方或一方已在宁波缴纳社会保险（原则上1年及以上）且在之后一直按规定缴纳，无中断。上述条件中并没有社保"补缴无效"的政策，原告上述四项条件全部满足。在2013年及之前海曙区小学入学政策中依然实行社保"补缴有效"政策。今年海曙区的入学条件比江东区等其他区入学条件严格的做法不合法也很不合理。第三，被告制定的《海曙区教育局2014年小学招生工作实施意见》中关于社保"补缴无效"的内容违反上位法规定。被告无权制定增加限制入学条件的政策，且被告有义务将对相对人有重大影响的情形提前公告。综上，要求撤销被告于2014年5月21日对原告作出的网上预报名审核未通过决定。

从原告理由来说，一个是事实方面的，另一个是法律依据方面的，还有一个是制定权限和程序是否合法的问题。可以说，这三个问题都是致命性的问题，但法院未有任何令人信服的说明，就肯定行政机关政策和行政行为的合法有效性。

（六）行政政策违法但为了维护改革而支持适用行政政策

1999年2月，广东省佛山市顺德区北滘镇国土资源管理所与金冠公司签订工业用地协议书，约定将4万平方米的国有土地使用权转让给金冠公司，地价款为3600万元。之后，金冠公司支付了首期地价款570万元，开始占用该宗地，但一直未与国土资源部门签订土地使用权出让合同取得国有土地使用权证，也未支付地价款中的余额部分。

2003年12月，根据《顺德区规划国土管理体制改革方案》的规定，北滘土地储备中心成立。2005年1月，土地储备中心向区国土资源局申请将上述土地划拨给该中心作工业用地储备，待引入具体项目后再进行出让开发，市国土资源局审核同意办理土地储备手续。2005年11月，市政府为土地储备中心颁发了国有土地使用权证，证载土地使用类型为储备，没有土地使用期限。2006年3月，土地储备中心提起民事诉讼，请求法院判令金冠公司拆除在上述土地上所建围墙，恢复土地原状。法院支持了该诉讼请求。2007年10月，金冠公司提起行政诉讼，请求法院撤销储备中心的国有土地使用权证。

一审法院认为，市政府未能提供北滘土地储备中心符合以划拨方式取得土地使用权的事实依据和法律依据。《土地管理法》第54条规定，建设单位使用国有土地，应当以出让等有偿使用方式取得；但是，国家机关用地和军事用地，城市基础设施用地和公益事业用地，国家重点扶持的能源、交通、水利等基础设施用地，法律、行政法规规定的其他用地，经县级以上人民政府依法批准，可以以划拨方式取得。可见，用地单位一般应是具体项目的建设单位，以划拨方式取得国有土地使用权应符合法定条件，北滘土地储备中心和用于储备的土地很难说符合上述要求。虽然市政府辩称，该国有土地使用权证不是一般意义上的土地使用权证，而是具有土地储备证性质的证件，土地储备中心也不是真正的土地使用权人，只是该宗地的管理人，该宗地尚未确定使用权人。但是，市政府未能提供法律依据证明其以国有土地使用权证的方式颁发土地储备证的行为合法。相反，根据《土地管理法实施条例》第5条第2款的规定，未确定使用权的国有土地，由县级以上政府登记造册，负责保护管理。因此，市政府的辩解不能成立。故判决撤销了该国有土地使用权证。

二审法院认为，市政府的发证行为是涉案土地国有土地使用权依法出让之前的一项过渡性管理措施，该行为虽然当时没有明确的法律依据，但符合我国土地管理制度改革和相关文件的精神，且未侵害金冠公司的合法权益，不应认定为违法并予以撤销。故判决驳回了金冠公司的诉讼请求。

与本案有关的政策文件和规范性文件主要有：2001年国务院发布《国务院关于加强国有土地资产管理的通知》，要求有条件的地方政府要对建设用地试行收购储备制度。同时要求国土资源部等各有关部门和各省、自治区、直辖市政府认真贯彻落实通知精神，制定具体的实施办法，逐步建立和完善各项土地资产管理制度。2003年广东省政府办公厅发布《关于加快建立和完善土地储备制度的通知》，要求加快推进土地收购和储备工作，逐步建立和完善土地储备制度。2004年佛山市政府制定的《佛山市土地储备实施办法》规定，在储备土地的整理、开发中，土地储备机构可凭有关储备土地批准文件或已生效的国有土地使用权收回协议书直接到所在市（区）有关部门办理临时建筑报建及有关审批或登记手续。2007年国土资源部、财政部、中国人民银行联合制定的《土地储备管理办法》规定，市、县政府可根据需要，对产权清晰、申请资料齐全的储备土地，办理土地登记手续，核发土地证书。供应已发证储备土地前，应收回土地证书，设立土地抵押权的，要先行依法解除。上述文件反映了土地储备制度是自上而下推动的一项改革政策，而非地方政府一时随意的越轨行为。[1]

在这个案件中，二审法院直接依据行政政策而不适用法律维持行政行为。

（七）法院适用行政政策文件的功能

从前述内容可以发现，法院引用行政政策，有以下几种不同的功能。第一，多数情况下，直接作为具体行政行为合法的依据，行政机关主张和法院审查适用的往往不限于单一的民生行政政策，有时同时适用多项行政政策作为行政行为的依据。第二，在某些情况下，将民生行政政策作为审判基准之一，就是说，行政政策不是证明具体行政行为的直接依据，但是确实是审判不可缺少的基准之一。第三，作为依据的情况取决于行政政策的合法性程度。多数情况下，民生行政政策如同法律规范一样，被作为法院审理案件的依据，比如涉及中共中央、国务院的行政政策，法院通常不会审查，而是直接适用；也有的需要进行合法性审查之后才能成为合法的依据；有的经审查发现其有明显的违法情形，不予适用，有的经审查，与案件没有关联性，不予适用。

---

〔1〕 参见林俊盛：《于法无据，为何也能胜诉？——案析利益衡量原则在行政诉讼中的应用》，载国土资源网：http://www.guotuzy.cn/html/1401/n-165770.html，最后访问日期：2016年8月13日。

四、对法院审查行政机关适用民生行政政策的评析

(一)取得了一些明显的成绩

法院在审查适用民生行政政策方面,取得了一些成效,概括如下:

1.适用民生行政政策的类型化。法院在审查和适用民生行政政策过程中,将民生行政政策作为审理案件的裁判依据,出现了类型化特点

(1)对高、中级民生行政政策,通常不予审查,或者很少审查,直接予以适用。这主要包括中共中央、国务院、中共中央组织部、中共中央办公厅、国务院办公厅、省级政府发布的行政政策。这取决于审理案件的法院的级别。比如说,基层法院很可能对县级以上的民生行政政策不愿意审查或者只作形式审查。

(2)对确认行政职权类民生行政政策,往往直接肯定相关国家机关发布的行政政策。这是因为,这些政策往往与党的组织有关。在我国,国家组织机构的调整、行政职权的调整,往往是由政党组织、人大及其常委会,或者政府批准或者决定,行政机关发布的涉及此类组织和职权方面的行政政策只是把党委、人大、政府的决定呈现出来而已,法院无法对此进行实质性审查。不少民生行政政策涉及相关行政主体是否享有职权处理某一问题。这方面的政策文件大多涉及民生类的行政管理体制调整和改革方面的政策性文件。

在冯某清与乐山市国土资源局市中区分局土地行政征收二审行政案中,[1]上诉人冯某清因诉被上诉人乐山市国土资源局市中区分局(以下简称区国土分局)土地行政征收一案,不服峨眉山市法院(2015)峨眉行初字第36号行政判决,向法院提起上诉。原审法院查明,原告冯某清系乐山市市中区苏稽镇蚕桑村3组村民,本案被诉行政行为系被告责令原告限期交出土地的决定,针对本案有关法律问题和双方争议焦点之一是被告是否具有作出责令交出土地决定的法定职权。《土地管理法实施条例》第45条规定,违反土地管理法律、法规规定,阻挠国家建设征用土地的,由县级以上政府土地行政主管部门责令交出土地;拒不交出土地的,申请法院强制执行。同时,根据《地方各级人民代表大会和地方各级人民政府组织法》第56条第2款“县、自治县、不设区的市、

〔1〕 参见四川省乐山市中级人民法院(2015)乐行终字第112号。

市辖区的人民政府分别由县长、副县长，市长、副市长，区长、副区长和局长、科长等组成”之规定，县、自治县、不设区的市和市辖区政府均属于同一级别的县级政府范畴。因此，被告作为市辖区政府的土地行政主管部门，依法享有作出责令交出土地决定的行政职权。

上诉人冯某清上诉称，一审判决事实认定及法律适用错误。其一，被上诉人无作出责令交出土地决定的法定职权。根据《国务院关于做好省级以下国土资源管理体制改革有关问题的通知》以及《四川省人民政府关于四川省国土资源管理体制改革的实施意见》规定，市辖区国土资源主管部门的机构编制收到市人民政府管理，改为国土资源管理分局，为市国土资源主管部门的派出机构。可见其并非隶属区政府的工作部门，并非《土地管理法实施条例》第45条规定的“县级以上人民政府土地行政主管部门”，故无作出责令交出土地决定的法定职权。

二审法院认为，上诉人主张根据《国务院关于做好省级以下国土资源管理体制改革有关问题的通知》规定，市辖区国土资源主管部门为市国土资源主管部门的派出机构，被上诉人无作出责令交出土地决定的法定职权。法院认为，该通知是根据中央关于调整省级以下国土资源主管部门干部管理体制的决定而进行的国土资源管理体制改革，虽然将市辖区国土资源主管部门作为市国土资源主管部门的派出机构，但并未明确对其土地管理范围进行调整。《土地管理法实施条例》第45条规定，违反土地管理法律、法规规定，阻挠国家建设征收土地的，由县级以上政府土地行政主管部门责令交出土地；拒不交出土地的，申请法院强制执行。本案中，《乐山市人民政府办公室关于印发乐山市国土资源局主要职责内设机构和人员编制规定的通知》（乐府办发〔2010〕54号）载明，区国土分局为市国土资源的派出机构，由市国土资源局和市中区人民政府共同管理，市国土资源局负责乐山市中心城区城市规划区范围内的土地管理，区国土分局负责中心城区规划区范围以外的土地管理工作。因本案所涉被征收土地系中心城区城市规划范围以外的土地，故区国土分局负责被征收土地的行政管理工作。由于川府土〔2008〕1251号批复将乐山市市中区人民政府作为本次征收土地的组织实施主体，从而作为被征收土地管理部门的区国土分局应为相应的土地行政主管部门，故区国土分局具有作出被诉行政行为的职权。可见，法院引用行政政策文件作为其判定相关行政机关是否享有行政管理权的依据。在该案中，一审法院引用法律和行政法规作为认定行政机关是否享有管理权的依据，而二审法院直接引用行政政策文件予以认定。实际上，该案一审、二审法院只引用单一依据是不妥的、不完整的，应该把引用法律行政法规和引用行政政策文件结合起来。

（3）涉及行政专业知识较强的民生行政政策。法院在多数情况下，直接适用民生行政政策，或者只对其作简单的形式审查。此种情况，除了受我国法律确立的审查权力较小、多数法官审查知识和技能有限影响以外，很大程度上因为民生行政政策有很强的专业性。一般来说，很多行政政策在出台前须进行事前的测算，涉及诸多社会资源的支出。比如地方对农民工随迁子女的义务教育设定限制条件，往往可能基于流入人口多、学校容纳量有限等因素的考虑。比如，关于退休年龄时间的规定，也可能涉及社会保障资源的分配，很大程度上受制于物质资源的限制。

这一点我们可以从民生行政政策的制定本身带有层级性和多样性看出来。那些处于高层级的民生行政政策之所以规定得比较原则和抽象，就是因为如果制定得过于具体，无法适用于各个地方，因为我国各个地方有很大的差异。

尊重行政专业知识，这是世界很多国家的普遍做法。在美国，行政政策主要通过行政机关对行政法规范的解释得以实现。那种早期所认为的解释法律是法院正当与特有的职责的时代早已发生了变化。现在已经变为行政机关与司法机关都要解释行政法规从而更好地执行、适用法律。美国分权由传统的国家“守夜人”变为“积极能动者”也发生了很大变化。分权更多是一种程序意义上的概念，“当宪法将权力分散以保障自由，它同时也期待实务运作上能够整合各个分散的权力以促成可运作的政府。宪法要求各部门分离但相互依赖，自主且互动”。[1]这种“自主且互动”的现象称为公共正当形成的合作主义模式，即一项法律政策出台，行政机关不仅仅是简单地执行，而是要充分发挥自己在专业、经验方面的特长，通过法规范解释，在执行与适用的过程中促进公共政策的发展，促进公共福祉的实现。[2]1984年美国谢弗林案，针对的是受质疑的行政机关解释效力问题。法院确立了著名的谢弗林原则或司法尊重

〔1〕 Youngstown Sheet & Tube Co.V.Sewyer, 343U.S.579(1952), Jackson J., concurring.

〔2〕 参见［英］米切尔·黑尧：《现代国家的政策过程》，赵成根译，中国青年出版社2004年版，第155～172页。

原则。[1]

(4)基于贯彻中央和上级行政政策的考量。法院在适用法律规范时并非完全机械地适用,有些情况下,为执行中央和上级政策的民生行政政策,可能导致法律规定需要进行某种程度的变通。在此情况下,法院不宜简单地判决其为违法。

2.法院将民生行政政策作为行政行为依据的理由基本反映我国司法特点

我国法院审理案件中之所以大量适用民生行政政策,有很多原因。第一,我国法院和法官的审查权力较小,在多数情况下无法对民生行政政策作实质性审查。即使审查出合法性问题也很难从根本上解决问题,所以在多数情况下,法院多从形式上进行审查;即使有些法院比较全面地进行审查并发现其合法性问题,但往往简单地以承认行政政策的合法效力为其目的。第二,法院和法官受到专业知识等的限制,无法判断和认定相关规定是否合法合理,只能予以适用。第三,法律规范规定得太抽象、笼统,无法作为判断行政行为是否合法合理的明确的标准。如果否定了行政政策的合法性,法院则无法处理案件中涉及争议的具体问题。第四,很多民生行政政策中的内容较为具体明确,而它们恰恰体现了民生行政政策本身包含了民生权利的申请权,法院有根据宪法和法律保护的义务。

法院只有在极少数情况下不予适用行政政策,主要有以下情形和原因:第一,在法律规范可以满足解决案件争议的情况下,有的政策的合法性无法判断,强调行政机关依据法律规范行为,不予审查和适用行政政策,这样更具有合法性基础。第二,多部民生行政政策发生冲突时,通常宣告低层次和陈旧的行政政策不予适用。第三,无法用各种适当的方法为民生行政政策的合法合理性进行解释说明,不予适用。第四,违反法律法规非常明确,不予适用。

3.法院审查采用了一些基本的技术套路。主要包括对行政主体合法性、职权合法性、内容合法性、程序合法性和合理性进行审查,也有少数法院对民生行政政策的可行性进行审查。其中重点是对内容合法性、程序合法性进行审查。虽然我国《行政诉讼法》只规定了法院可以对行政行为所依据的行政规范性文件进行审查,但却没有规定如何审查。目前多数法院只简单地进行形

---

〔1〕 参见高秦伟:《政策形成与司法审查——美国谢弗林案之启示》,载《浙江学刊》2006年第6期。

式审查，只有少数法院尝试从多方面进行审查。这一做法值得推广。法院有必要强化对民生行政政策进行全面审查的工作。

4.阐述了审查的基本原则和方法。法院大多强调行政政策符合实际情况作为确认其合法的依据；强调法院应当对行政机关政策予以高度尊重，有的强调无权审查；多数法院在判决中强调下级行政政策是由于获得了上级政策的授权而合法，至于授权本身是否有一定的限制、界限，获得授权者是否有权不受限制地予以具体化，基本没有涉及；尚未用一些实质性的标准对行政政策予以审查，如是否符合法律保留原则、是否符合平等权的基本要求特别是其差别对待是否合理；有少数法院从民生行政政策涉及的内容是否属于法律保留事项角度加以分析；很少或者没有对民生行政政策中的裁量权应当受到哪些限制进行说明，更未提到行政机关在特殊情况下有权不予执行某些民生行政政策。

对于民生事项，并不严格实行法律保留，可以通过制定行政政策加以调整是很多国家的普遍做法。如在日本："作为行政机关的行动基准，如果是侵害行政的话，从侵害保留的原则来看，当然有形式意义上的法律和法规命令。此外，即使是给付行政，正像各种保险给付那样，有时以法律、法规命令来规定给付的权利。但是，在法律及其委任的方式以外，行政机关有时也制定行政规则，来作为具体场合的行动基准。"[1]这里所说的行政规则就相当于我国的一般行政规范性文件，就给付行政来说，相当于本书所说的民生行政。

5.某些审判理论吸收了其他国家和地区的成果。如前所述，民生行政政策不能过于僵硬，否则剥夺或者严重限制行政机关的裁量权，就会导致个案不公正，结果事与愿违。这就要求行政机关在执行政策过程中，要根据个案情况，不能把行政政策中的极为具体的标准机械化。从我国实践来看，也有行政机关没有简单地、机械地按照政策所规定的标准去做。法院对此也予以认同。

在黄某玉诉北京市西城区民政局未依法发放生活保障金案中，[2]原告黄某玉诉称：原告本人因患心肌炎后遗症、肾盂肾炎等疾病，无法从事任何工作，全家4口人只依靠丈夫蔡某杰微薄的工资收入维持生活。由于原告一家人的生活水平未能达到最低生活保障线的标准，蔡某杰所在单位北京照明器材公

---

〔1〕［日］盐野宏：《行政法》，杨建顺译，法律出版社1999年版，第74页。

〔2〕参见北京市西城区人民法院（2000）西行初字第9号。

司又不向原告一家发放最低生活保障金，原告于1996年底向被告西城区民政局提出领取最低生活保障金的申请，并自1997年1月起，领取了部分保障金，但始终未能达到最低生活标准。根据国家最低生活保障制度的规定，原告一家享有最低生活保障的权利，但蔡某杰所在单位不予解决，被告也不予全额发放保障金，致使原告一家达不到北京市生活水平的最低线。经原告向西城区政府申请复议，蔡某杰所在单位及被告均向原告补发了一定数额的保障金，但始终未将拖欠原告的保障金全部补齐。被告作为政府的行政机关，应当履行其法定职责，为原告金额发放保障金。故诉讼至法院，要求被告为原告补发拖欠的最低生活保障金3059元。

原告向法庭举出的证据材料有：(1)其夫蔡某杰1996年至1999年的工资发放卡片。(2)黄某玉社会保障金发放登记证。(3)北京市护国寺中医医院及北京积水潭医院诊断证明书。(4)《北京日报》及《生活时报》的相关报道。5.原告称在西城区民政局处捡拾到的被告向北京市民政局的报告残片。

被告西城区民政局于2000年2月23日向本院提交了答辩状，并在庭审中辩称：西城区民政局的工作人员在对原告的家庭情况进行了调查了解后，针对其一家的实际困难，经领导批准，又将原告视同发放对象对待，决定自1998年5月起，比照最低生活保障金的数额，按照一半的标准给予其一定数额的生活补助费。1999年7月，北京市居民最低生活保障金的发放标准提高到目前的每人每月273元。时值中华人民共和国成立50周年大庆前夕，根据市有关部门维护安定团结的大好局面，把党对人民群众的温暖送到千家万户的总体要求，西城区民政局又决定将黄某玉列入最低生活保障金的发放对象，自1999年10月起，为其全额发放最低生活保障金。总之，西城区民政局一直是在黄某玉未能提供相关的证明材料，因而不具有领取最低生活保障金资格的前提下，按特殊情况对待，决定为其发放部分生活费用的。该做法已经体现了政府对生活困难户的体贴与关怀。现原告又提出补发前几年最低生活保障金的要求，因其要求不符合有关规定，因而不应得到法律的保护，故请求法院依法驳回原告的诉讼请求。

法院认为，北京市民政局在《关于实施城镇居民最低生活保障制度中有关具体问题的通知》中明确规定，城镇居民在申请领取最低生活保障金时，应当持有原失业保险金发放部门出具的证明或者县级以上医院出具的丧失或基本丧失劳动能力的诊断证明。国务院于1999年《城市居民最低生活保障条例》

中也明确规定，对无生活来源、无劳动能力又无法定赡养人、扶养人或者抚养人的城市居民，批准其按照当地城市居民最低生活保障标准全额享受最低生活保障金。因原告黄某玉在向有关部门申请领取最低生活保障金时，只提供了其患有疾病的诊断证明，而没有按照有关规定提供县级以上医院出具的，能够证明其已经丧失或基本丧失劳动能力的诊断证明，所以原告坚认为其属于最低生活保障金发放对象的主张缺乏事实及法律依据。被告西城区民政局考虑原告家庭的实际困难，批准其享受一定金额保障金的做法，体现了政府部门对生活特殊困难居民的关怀与照顾，其做法并不违反国家法律的有关规定。现原告提出被告应按照全额发放的标准，为其补足社会保障金的要求，因缺乏法律依据，法院不予支持。

在本案中，行政机关没有完全拘泥于行政政策的规定，而是从实际情况出发，给当事人办理了最低生活保障金。法院确认了这一做法“并不违反国家法律的有关规定”。法院这一做法是符合行政裁量权行使原理的要求。这是因为，政策尽管是以往经验的总结、升华和再现，进而在行政裁量权运行结构之中设定相对固定的行为反应机制，但是，任何经验都有局限性，都有待发展。如果正在处理之中的个案具有以往经验所未体验过的特殊情况，那么，就会阻却以往经验的同样再现，而要求行政机关必须重新启动判断和估量程序，作出恰当的行为反应，以实现个案的正义。再者，行政自由裁量从本质上讲，允许有选择的自由，而且，要求去恰当地选择，假如在特定的案件中，相对人具有特殊的、为现行政策所未预见的情形时，也要求行政机关、而且行政机关也应该根据个案的不同情况选择恰当的行为方式。所以，行政机关也就不能用僵硬教条的态度，呆板地、不分青红皂白地适用一个政策。我们要求行政机关在行使裁量权的时候，必须深入到个案之中去判断是不是要适用政策？是不是应该作为政策的例外来考虑？或者政策在适用到该案的时候是不是应该进行必要的修正？有的时候恰好我们是要求行政机关必须根据情势变更和公共利益的需要，改变政策、背弃政策。假如行政政策本身就是错误的、有问题的，那么就更不应该适用了。[1]本案行政机关的处理不违法就是因为如此，法院支持行政机关的决定也是正确的。

---

〔1〕 参见余凌云：《行政自由裁量论》，中国人民公安大学出版社2005年版，第164～165页。

6.某些法院在审理案件中及时提出修改民生行政政策的司法建议

2011年9月，49岁的郝某在中国人寿保险股份有限公司北京市分公司投保了一份“国寿综合意外伤害保险”，被保险人为郝某本人，保险金额为10万元。2011年11月，郝某因交通事故被撞伤，进行了脾脏切除手术，经司法鉴定，构成八级伤残。为此，郝某向人寿北分公司提出理赔申请，但却遭到拒绝。郝某遂起诉到北京市朝阳区人民法院，要求人寿北分公司按照《比例表》四级的理赔比例30%给付3万元的理赔款。2009年4月，曹某作为投保人、李某作为被保险人向人寿北分公司投保了国寿意外伤害999急救保险。2009年9月，李某因“乙炔火焰烧伤面、颈、躯干、双上肢、右下肢”进入右安门医院进行治疗。医院诊断为“烧伤25%”，经司法鉴定为八级伤残。后李某向人寿北分公司索赔。人寿北分公司以李某因意外事故导致烧伤不属于“意外伤残”之规定拒绝赔付。该公司称，保险合同已经明确载明保险责任，应当根据《比例表》的规定，按意外伤害保险金额及该项残疾所对应的给付比例给付残疾保险金。根据《比例表》，李某未达到赔付标准。李某亦起诉到北京市朝阳区人民法院，要求人寿北分公司支付保险赔偿金20万元。上述两起案件，经法官多次调解，人寿北分公司才同意通融理赔，最终分别给付郝某9000元、李某13万元。朝阳法院对近3年该院审理的意外伤害保险合同纠纷案件进行了调研。法院调研发现该类案件全部因为原告所受损害是否属于理赔范围发生争议，保险公司也均以原告残疾程度不符合保险合同所附《比例表》为由拒赔，而约70%的案件均因保险公司不接受调解而被判决驳回。

法院认为，《比例表》多年未作修订，内容过于滞后，且其中关于最高给付比例的规定也过于原则，如器官摘除、皮肤烧伤等在《比例表》中均找不到相应匹配的项目。法官指出，《比例表》制定的初衷是为了规范人身保险残疾程度的核定、统一残疾程度核定标准、便于费率测算、约束保险公司给付行为。但是实践中，保险公司出于减少风险、增加盈利的目的，已经将其演变为拒绝赔偿、约束金融消费者权利的手段，一旦事故伤害在《比例表》中找不到明确的对应级别，保险公司一律拒赔。针对上述问题，朝阳法院建议：（1）建议尽快制定新的《比例表》，使之与现实生活中的诸多人身损害情况对接，以期能够适应不断出现的新情况、新问题。（2）在新的《比例表》出台之前，建议保监会引导国内各保险公司正确理解、适用原《比例表》，按照与《比例表》伤残程度最相近的一项进行理赔。(3)建议保监会进行调研,全面检查类似案例,督促保险公司对被保险人进行合理理赔。[1]本案中,法院和法官在促进民生行政政策的合法和合理方面所作的工作值得肯定。这是提升民生行政政策质量的重要举措。

再如上海市黄浦区法院给上海市社会保险事业管理中心的司法建议书:

"我院在审理原告余某某、潘某某分别诉你中心两案[(2014)黄埔行初字第378号、(2014)黄埔行初字第379号]中,发现你中心在履行社会保险稽核职责、社会保险计算机管理系统设置方面存在不规范之处,需引起重视并加以改进。

第一,未及时对社会保险稽核申请事项作出处理并答复申请人。在余某诉你中心要求履行法定职责案中,你中心于2014年6月11日收到了原告余某某要求你中心依法向上海市信义律师事务所、上海市联合律师事务所催促补交应缴纳社会保险款项的申请书。该申请书有明确的请求,按照《社会保险稽核办法》的规定属于社会保险稽核的范畴。但你中心却以信访件的形式受理,并且在同年8月1日开始着手调查,直到2014年9月1日原告向本院起诉时未对其作出任何答复。因原告的申请明显不属于《信访条例》的规定经批准延长可在三个月内作出答复的意见适用法律不当。

我院特向你中心提出以下建议:及时处理社会保险稽核事项,并书面答复申请人。社会保险稽核事项关系参保个人的切身利益。你中心在收到申请信件后,应进行甄别,有明确的社会保险保险稽核申请事项的,及时纳入社会保险稽核程序处理,不宜适用信访程序。虽然《社会保险稽核办法》对参保个人申请事项应当作出答复的期限没有明确规定,但根据行政程序的效率、便民原则,一般应当在两个月内作出最终的书面答复。如果申请事项较为复杂,不能及时作出最终决定,也应当在2个月内将处理进展情况告知申请人,避免产生不必要的行政争议。"[2]这一司法建议被采用,将会大大改变民生行政机关的工作效率。

7.某些案件中法官对行政政策作了更宽松的合宪性解释,进而宣告行政行为违法并撤销

在赵某与石首市人力资源和社会保障局(以下简称石首市人社局)劳动和

〔1〕 参见《保监会及时采纳北京朝阳法院司法建议》,载《人民法院报》2013年8月21日,第3版。

〔2〕 参见《黄浦行政审判》2015年第1期。

社会保障行政确认行政一审案中，[1]被告人石首市人社局于2014年4月23日向原告作出了石人社行决字〔2014〕第001号《石首市人力资源和社会保障局取消赵念拟录用资格决定书》(以下简称《决定书》)，以原告赵某的学历证书不属于国家承认的学历证书为由，取消其2013年度石首市卫生系统事业单位定向招聘拟录用资格。赵某不服，于2014年6月24日向法院提起行政诉讼。

原告诉称，2013年6月13日被告在其官网上发布了石首市卫生局2013年度事业单位定向招聘工作人员公告，原告按照公告要求，经过考试合格及资格审查入围拟录用人员名单并进行了公示。公示期间遭举报，被告以原告的学历证书不属于国家承认的学历证书为由，作出《决定书》，取消了原告的拟录用资格。原告认为自己的学历证书是北京市教育局依法批准设立的民办高校北京黄埔大学颁发的全日制大专学历，资格审查中被告在学历查询网站—民教网上进行了查询核实，符合被告在招聘公告中设置的“全日制专科以上”学历要求，并通过了被告的资格审查。但是不久被告又对设置的学历要求作限制性解释，将“全日制专科以上学历”限定为只有在学信网上才能查询到的国民教育序列专科或全日制普通高校专科，认为民办高校学历不属国家承认的学历，并依此取消原告的拟录用资格。显然，该行政行为缺乏事实和法律依据，同样也是对民办高校受教育者的歧视。另外，原告因通过被告的资格审查而产生信赖利益，积极参与考试并达到录用条件，原告在无任何弄虚作假、考试舞弊等违规情形下，其信赖利益理应得到保护，而被告取消原告拟录用资格的行为直接影响了原告的就业利益。因此，被告的具体行政行为违法，请求法院依法撤销被告作出的《决定书》。

法院认为：(1)被告石首市人社局《决定书》认定的事实主要证据不足。根据原人事部《事业单位公开招聘人员暂行规定》第9条的规定，事业单位招聘工作人员对应聘者学历没有强制性规定，学历条件由用人单位自行设定，本案原告应聘岗位学历条件为“第一学历必须是全日制专科以上学历”。《决定书》中认定的原告赵某学历证书不属于国家承认的学历证书的事实不能证明原告赵念学历证书不符合招聘公告中设定的该学历条件，因为全国高等学

〔1〕 参见湖北省石首市人民法院(2014)鄂石首行初字第00014号。

校学生信息咨询与就业指导中心只能查询国民教育序列学历证书，原告学历证书不属于国家承认的学历证书只能说明北京黄埔大学不是国民教育序列高校，但招聘公告中的招聘条件与2012年石首市事业单位公开招聘工作人员对学历的要求均有所不同，2012年要求具有全日制普通高等院校和国民教育序列大专以上，但被告在2013年的招聘条件中并不需要报考者具有国民教育序列大专以上学历，只需要全日制专科以上学历，而原告赵某所持证书为北京市教委批准的民办高校所发的全日制大专学历。况且，被告在资格审查时明知原告赵念的学历证书是民办学校所发但仍通过了资格审查，说明原告赵某所持学历符合被告招聘公告关于学历要求。同时，根据《民办教育促进法》规定，民办学校与公办学校具有同等法律地位；民办学校的受教育者在升学、就业等方面享有与公办学校的受教育者同等权利。(2)被告石首市人社局在《决定书》中没有引用法律依据。国务院《全面推进依法行政实施纲要》中对依法行政的首个基本要求即合法行政，要求“行政机关实施行政管理，应当依照法律、法规、规章的规定进行；没有法律、法规、规章的规定，行政机关不得作出影响公民、法人和其他组织合法权益或者增加公民、法人和其他组织义务的决定”。因此行政机关实施行政管理必须有法律授权，特别是对公民、法人和其他组织权益产生影响的行政行为。而被告《决定书》中没有适用任何法律、法规、规章。(3)被告人社局《决定书》违反了信赖保护原则。国务院《全面推进依法行政实施纲要》中对依法行政的第五个基本要求即诚实守信，要求“行政机关公布的信息应当全面、准确、真实。非因法定事由并经法定程序，行政机关不得撤销、变更已经生效的行政决定；因国家利益、公共利益或者其他法定事由需要撤回或者变更行政决定的，应当依照法定权限和程序进行，并对行政管理相对人因此而受到的财产损失依法予以补偿”。诚实守信要求行政机关必须严格遵守信赖保护原则，即行政管理相对人基于对行政权力的信赖而产生的利益应当受到保护，行政机关非经法定事由并经法定程序不得撤销或者改变已生效的行政决定。本案被告于2013年7月23日对原告学历证书进行审查时，分别通过学信网(全国高等学校学生信息咨询与就业指导中心官方网站)及民教网进行了查证，前者已显示了“不属于国家承认的学历证书”的信息，但被告还是根据民教网查询的信息及其他材料通过了原告的资格审查，说明原告所持民办高校北京黄埔大学学历证书是符合招聘公告中的招聘条件的，原告也因此产生了信赖利益。被告在没有其他法定事由情况下又以原告学历证书"不属于国家承认的学历证书"为由取消其拟录用资格，该行为属于非因法定事由撤销已经生效的行政决定的行政行为，违反了信赖保护原则。综上所述，依照《行政诉讼法》第54条第2项第1目、第2目之规定，判决如下：撤销被告石首市人社局于2014年4月23日作出的石人社行决字〔2014〕第001号《石首市人力资源和社会保障局取消赵某拟录用资格决定书》。

该案是一个非常好的案例。不仅判决结果符合宪法法律精神，而且两次引用国务院政策文件《全面推进依法行政实施纲要》对被告行政行为进行审查。虽然这只是一个具体行政行为的说理，但是对于审查抽象的行政政策具有同样的意义。

（1）法院认真审查了被告行政行为的事实，也就是作出取消原告被录取资格的事实是否合法，认为认定事实的主要证据不足。要取消原告录取资格应当以原告不符合招录条件为前提。而在本案中，原告符合被告确立的条件。法院从三个方面予以论证。首先，法院以承认招录单位设定的录用条件合法为前提展开分析。法院刻意区分了被告2013年设定的条件与2012年的区别，说明2012年的条件更高，而2013年降低了条件。换言之，原告的学历不符合2012年的报考条件，但是2013年招录单位降低了条件，使得原告符合报名条件。

其次，法院阐述了"第一学历必须是全日制专科以上学历"的准确含义，指出被告对招聘公告设定的条件作了错误的解释。《决定书》中认定的原告赵某学历证书不属于国家承认的学历证书的事实不能证明原告赵某学历证书不符合招聘公告中设定的该学历条件，因为全国高等学校学生信息咨询与就业指导中心只能查询国民教育序列学历证书，原告学历证书不属于国家承认的学历证书只能说明北京黄埔大学不是国民教育序列高校，但招聘公告中的招聘条件与2012年石首市事业单位公开招聘工作人员对学历的要求均有所不同，2012年要求具有全日制普通高等院校和国民教育序列大专以上，但被告在2013年的招聘条件中并不需要报考者具有国民教育序列大专以上学历，只需要全日制专科以上学历，而原告赵某所持证书为北京市教委批准的民办高校所发的全日制大专学历。况且，被告在资格审查时明知原告赵某的学历证书是民办学校所发但仍通过了资格审查，说明原告赵某所持学历符合被告招聘公告关于学历的要求。这就说明，原告的学历符合报考招聘公告中设定的条件。但是，后来被告所作的解释是错误的、不符合招聘公告原定条件的含义。被告将设置的学历要求作限制性解释，将“全日制专科以上学历”限定为只有在学信网上才能查询到的国民教育序列专科或全日制普通高校专科，认为民办高校学历不属国家承认的学历，并依此取消原告的拟录用资格。这说明被告对招聘公告设定学历条件作了违法的解释。虽然对相关条文的解释有很多，但是通常的解释规则之一是，对涉及公民权利的，通常作扩大的、宽松的解释，这样才不至于影响公民权利的实现。本案中被告这种解释违反了法条（包括政策条文）解释一般应当采用的方法。

最后，引用《民办教育促进法》规定，民办学校与公办学校具有同等法律地位；民办学校的受教育者在升学、就业等方面享有与公办学校的受教育者同等权利。据此规定，被告不应当歧视原告。法院基于这一法律精神，认定被告所提供的证据不足以成为其作出行政行为的充分的证据。在这里，法院在审查证据认定事实问题上，有两点值得注意：一是如何解释现行政策的规定；二是关于《民办教育促进法》关于公立、民办学校平等地位的规定，不仅应该拘束具体行政行为，也应当拘束抽象行政行为，即行政政策也受到其拘束。不过在本案中，被告2013年招聘公告规定的录取条件比2012年规定的条件更好、更符合《民办教育促进法》的精神。所以在本案中，被告单位发布的政策性规定本身是合法的。而2012年设定的考生必须具备“具有全日制普通高等院校和国民教育序列大专以上”条件的规定违反《民办教育促进法》的精神，明显使民办学校毕业的学生与公立学校毕业的学生在就业方面处于不平等的地位。

（2）被告引用国务院《全面推进依法行政实施纲要》中对依法行政的首个基本要求即合法行政，要求“行政机关实施行政管理，应当依照法律、法规、规章的规定进行；没有法律、法规、规章的规定，行政机关不得作出影响公民、法人和其他组织合法权益或者增加公民、法人和其他组织义务的决定”。本案中，这一规定被适用来审查被告的决定非常正确。

（3）法院引用国务院《全面推进依法行政实施纲要》中对依法行政的第五个基本要求即诚实守信，要求“行政机关公布的信息应当全面、准确、真实。非因法定事由并经法定程序，行政机关不得撤销、变更已经生效的行政决定；

因国家利益、公共利益或者其他法定事由需要撤回或者变更行政决定的，应当依照法定权限和程序进行，并对行政管理相对人因此而受到的财产损失依法予以补偿”。诚实守信要求行政机关必须严格遵守信赖保护原则，即行政管理相对人基于对行政权力的信赖而产生的利益应当受到保护，行政机关非经法定事由并经法定程序不得撤销或者改变已生效的行政决定。本案使用这一规定来审查行政决定是非常合适的。但国务院这一政策中规定的“行政决定”是否可以延伸到包括抽象行政行为的行政政策上，这是未来可以考虑的。如果这一规定可以被用来审查行政政策，对于行政权的规范、合法行使更有意义。

域外也注重用信赖保护原则来审查和拘束行政机关的行政行为。在美国，“行政机关也不能随心所欲、朝令夕改。行政机关变更先例时必须说明理由，没有任何理由而不遵守自己的先例，是专横和任性的表现”。[1]

（二）审判中发现民生行政政策本身存在的问题

从法院审查和适用民生行政政策实际情况来看，可以发现两方面的问题：作为规范性文件的民生行政政策所存在的问题；行政机关适用民生行政政策作出行政行为存在的问题。以下分别加以说明。

关于政策存在的问题，学者进行了不同程度的研究。如有学者重点研究了政策之间的冲突；[2]有的指出了政策执行中的变通。[3]本部分重点指出以下问题。

1.缩小、限制甚至剥夺了行政机关的裁量权

一般来说，上级国家机关的民生行政政策都有一定程度的裁量权，给行政机关具体处理问题留下了个案处理的余地。但是，下级国家机关在将上级行政机关政策具体化的过程中，几乎使上级政策规定完全具体化，缺乏例外情况的规定，导致行政政策僵硬化。

在赵某然与上海市浦东新区教育局教育一审行政判决中，[4]原告赵某然诉

---

〔1〕 王名扬：《美国行政法》（下），中国法制出版社1997年版，第688页。

〔2〕 参见王婷婷：《公共政策冲突及其治理研究——以济南市公交优先政策为例》，山东大学2015年硕士学位论文。

〔3〕 参见饶欣：《政策执行中的变通行为研究——以“安全生产”政策为例》，华中科技大学2007年硕士学位论文。

〔4〕 参见上海市浦东新区人民法院（2012）浦行初字第45号。

被告上海市浦东新区教育局（以下简称浦东教育局）不履行法定职责一案，于2012年1月31日向浦东新区法院提起行政诉讼。原告诉称，原告是2011年上海市徐汇区应届高中毕业生，2011年曾在上海参加高考，后被安徽大学录取，因故在本市继续复读。原告一家10年前在本市浦东新区购有产权房，2004年在本市公安局登记有蓝印户口至今。因原告要继续参加本市2012年的普通高校高考，其于2011年12月10日至被告处要求办理高考报名确认手续，被告知需向上海市教育委员会（以下简称上海市教委）申请，经上海市教委书面答复后，原告于2011年12月26日向被告要求办理报名确认，但被告予以拒绝。原告认为被告没有履行法定职责，侵犯了原告的受教育权，且造成了损失，故向法院提起诉讼，要求判决被告履行法定职责，对原告参加2012年本市普通高校招生考试的报名予以确认，并赔偿因被告不作为而造成的复读学杂费等损失计人民币25，000元。

法院查明事实如下：原告于2004年在上海市公安局登记有蓝印户口。原告作为2011年本市徐汇区应届高中毕业生，于当年在本市曾参加统一高考，后被安徽大学录取，因不满意被录取的学校，希望考取本市高校，故放弃就学而继续复读。2011年12月10日，原告至被告举办的事业单位浦东招生办要求办理2012年高考报名手续，被告工作人员经审查后口头告知其不属于2012年本市高考规定的招生范围。2011年12月26日原告的法定代理人再次来到被告处要求被告为原告办理报名确认手续，被告以原告2012年已是往届生，不符合上海市教委高考报名文件规定为由，拒绝受理原告高考报名确认申请，并于2012年1月6日向原告作出书面答复并送达原告。原告认为其作为本市蓝印户口人员有资格参加本市2012年高考，被告不履行法定职责侵犯了原告受教育权的权利，故要求判决被告履行法定职责，对原告参加2012年本市普通高校招生考试的报名予以确认并赔偿因被告不作为而造成的复读学杂费等损失合计人民币25，000元。另查明，原告于2004年6月取得本市蓝印户口至今未转为本市常住户口，其常住户口在山西省太原市。

法院认为，浦东教育局作为教育行政主管部门，高等学校招生报名工作属于其法定职责。被告对本行政区域内是否具有高考报名资格的考生有权进行审查并予以确认。根据教育部《2010年普通高等学校招生工作规定》《教育部办公厅、公安部办公厅关于做好普通高校招生全国统一考试考生报名资格审查工作的通知》等有关规定，省级招委会可按照以考生户籍为主、与在本地区高级中等教育学校就读一定学习年限相结合的原则，结合本地区实际就报名条件、时间和有关要求作出具体补充规定。《上海市教育委员会关于做好2012年上海市普通高校招生报名工作的通知》及《上海市教育委员会关于2010年上海市普通高等学校招生报名工作的补充通知》属于本市市级教育主管部门就高考报名条件等情况结合本地区实际作出的补充规定。根据上述规范性文件对报名条件的规定，2010年至2016年，对原持有上海市蓝印户口、具有本市高中学籍的应届高中毕业生可在本市参加高考。原告已经于2011年在本市参加了高考，2012年已经不属于应届生，被告下属事业单位浦东招生办据此拒绝受理原告2012年高考报名确认并书面答复原告，已经履行了法定职责。原告认为被告侵犯了原告的受教育权的主张，法院不予采纳。原告要求被告履行法定职责，对原告参加2012年本市普通高校招生考试的报名予以确认并赔偿因被告不作为而造成的复读学杂费等损失计人民币25，000元的诉请，无事实根据和法律依据，依法应予以驳回。综上，依照《最高人民法院关于执行〈中华人民共和国行政诉讼法〉若干问题的解释》第56条第1项、《最高人民法院关于审理行政赔偿案件若干问题的规定》第33条之规定，判决如下：驳回原告赵某然的诉讼请求。

就个案来说，我们认为这一判决没有问题。因为原告本已被安徽大学录取，没有进入大学读书是因为其自己放弃了权利。但如果不属于这种情况，本案中所依据的政策内容就值得推敲了。

查阅上海市教育委员会《关于做好2012年上海市普通高校招生报名工作的通知》其中“一、报名条件：……（四）非本市户籍在沪报考对象：1.持有效期1年（含1年）以上引进人才类《上海市居住证》（A证）人员的子女，居住证至2012年6月7日仍在有效期内，且子女须本市高中阶段学校毕业；2.持有效期1年（含1年）以上引进人才类《上海市居住证》（B证）留学人员的子女，居住证至2012年6月7日仍在有效期内，且子女须本市高中阶段学校毕业；3.考生父母双方或一方现属或原属上海市常住户籍（含上海支内、支边、支疆职工或知青），且考生须是参加本市中考后被本市高中阶段学校录取后具有学籍的应届毕业生；4.考生父母双方或一方是经市政府合作交流办等部门认定的市外在沪工作人员，且考生须是参加本市中考后被本市高中阶段学校录取后具有学籍的应届毕业生；5.考生为梅山、大屯、鲁矿三地上海后方基地单位职工子女，且考生须是参加本市中考后升入高中阶段学校的毕业生；6.在沪定居并持有本市公安机关签发的《中华人民共和国外国人永久居留证》的外国侨民；7.考生父母双方或一方是在沪高校、科研机构博士后流动站在站人员，考生为高中阶段学校毕业生；8.上海引进海外高层次人才子女（即国家和上海市的"千人计划"）在沪参加高考，按相关文件精神办理；9.持有上海市蓝印户口的本市高中阶段学校毕业生，考生父母双方长期在沪工作、父母工作单位经上海市人民政府批准为政策照顾范围的、且考生是在沪就读的应届高中阶段毕业生……10.经区县教育行政部门审核并申报，市教委批准的其他特殊情况考生。"

从上述规定可见，对于非本市户籍的考生实行差别对待，有的不限制应届历届生、有的则限制只允许应届生报考。这种规定极不合理。比如一个应届生由于种种原因（比如考试时生病、家庭有人发生意外事故等）影响导致其当年没有达到录取分数线，无法进入大学。此时，该考生不能在上海继续考试，而要回到自己的户籍地报考。但是考生户籍地所使用的教材和考试所使用的试卷均不同于上海，如果考试回自己的户籍地报考，由于需要重新学习新的教材，考生要使用新的不同于上海的试卷，这无异于让考生无法考上大学或者只能考上很差的大学。

上述这一规定，使具体承办报名事宜的教育行政部门无法根据具体个案批准相关当事人在上海市报名参加考试。虽然该文件规定了非上海户籍在沪报考对象中的第十点有一个兜底条款"经区县教育行政部门审核并申报，市教委批准的其他特殊情况考生"，但由于"蓝印户口"本身非常清楚而且没有任何让行政机关有裁量的余地，所以行政机关不可能引用第十点给"蓝印户口"的人提供其他机会。可见，行政政策过于僵化，就会在个案中造成不公正。

再如2014年上海市政府关于批转市住房保障房屋管理局等四部门制定的《上海市共有产权保障住房经济适用住房准入标准和供应标准》则是更为具体的政策。其中"一、准入标准"为，同时符合下列标准的本市城镇居民家庭，可以申请购买共有产权保障住房：（1）家庭成员在本市实际居住，具有本市城镇常住户口连续满3年，且在提出申请所在地的城镇常住户口连续满2年。（2）家庭人均住房建筑面积低于15平方米（含15平方米）。（3）3人及以上家庭人均年可支配收入低于7.2万元(含7.2万元)、人均财产低于18万元(含18万元);2人及以下家庭人均年可支配收入和人均财产标准按前述标准上浮20%,即人均年可支配收入低于8.64万元(含8.64万元)、人均财产低于21.6万元(含21.6万元)。(4)家庭成员在提出申请前5年内未发生过住房出售行为和赠与行为,但家庭成员之间住房赠与行为除外。

上述对面积和收入数量的确定非常具体,缺乏灵活性,行政机关没有裁量权。

2.影响相对人的权利,政策不合理不公正

2009年上海市政府出台了政策《上海市经济适用住房管理试行办法》(不是规章),其第1条规定,为了建立和完善本市住房保障制度,改善中低收入住房困难家庭居住条件,根据国务院《关于解决城市低收入家庭住房困难的若干意见》,参照原建设部等七部门《经济适用住房管理办法》,结合本市实际情况,制定本试行办法。第14条规定了申请条件,符合下列条件的本市城镇家庭,可以申请购买或者租赁经济适用住房:(1)家庭成员之间具有法定的赡养、抚养或者扶养关系,且共同生活;(2)家庭成员具有本市城镇常住户口达到规定年限,且户口在提出申请所在地的区(县)达到规定年限;(3)住房面积低于规定限额;(4)可支配收入和财产低于规定限额;(5)在提出申请前的规定年限内,任何成员未发生过住房交易行为;(6)市政府规定的其他条件。

符合下列条件的本市单身人士,可以申请购买或者租赁经济适用住房:(1)具有本市城镇常住户口达到规定年限,且户口在提出申请所在地的区(县)达到规定年限;(2)年龄符合规定标准;(3)具有完全民事行为能力;(4)住房面积低于规定限额;(5)可支配收入和财产低于规定限额;(6)在提出申请前的规定年限内,未发生过住房交易行为;(7)市政府规定的其他条件。

本条第1、2款规定申请购买、租赁经济适用住房的具体条件,由市政府确定并向社会公布。

可见,市政府制定的上述规范性文件很笼统。下列政策更加明确具体。

2014年上海市人民政府关于批转市住房保障房屋管理局等四部门制定的《上海市共有产权保障住房经济适用住房准入标准和供应标准》则是更为具体的政策。其中"一、准入标准"为,同时符合下列标准的本市城镇居民家庭,可以申请购买共有产权保障住房:(1)家庭成员在本市实际居住,具有本市城镇常住户口连续满3年，且在提出申请所在地的城镇常住户口连续满2年。（2）家庭人均住房建筑面积低于15平方米（含15平方米）。（3）3人及以上家庭人均年可支配收入低于7.2万元（含7.2万元）、人均财产低于18万元（含18万元）；2人及以下家庭人均年可支配收入和人均财产标准按前述标准上浮20%，即人均年可支配收入低于8.64万元（含8.64万元）、人均财产低于21.6万元（含21.6万元）。（4）家庭成员在提出申请前5年内未发生过住房出售行为和赠与行为，但家庭成员之间住房赠与行为除外。

同时符合上述标准，具有完全民事行为能力的单身人士（包括未婚、丧偶或者离婚满3年的人士），男性年满28周岁、女性年满25周岁，可以单独申请购买共有产权保障住房。

对符合规定条件的共有产权保障住房申请对象，可以调整住房面积核算方式。具体办法，由市住房保障房屋管理局另行制订。

上述规定明确具体。但在执行中缺乏考虑各个对象的不同，因而会引起不公平。如上海市A区B街道的江某，已27岁，现在与父母生活在一起。户口所在的房子是他和父母的唯一一套房子，建筑面积45.6平米，人均面积15.2平米。江某谈了几个女朋友都告吹，其中一个重要原因是希望能有套自己的新房子作为新房。但江某每月工资收入仅3000元左右，父母退休工资每月2000元。父母积蓄加上江某这些年的积蓄约35万元。从2011年经济适用住房第一批申请前，江某父母来街道咨询，那时无论面积还是财产，他们家都超过当时第一批的申请标准（人均15平米，人均财产9万元）。工作人员耐心讲解，并说明政策一定是先紧后松，等以后满足标准再来申请。江某居住地附近一户居民徐某，家中面积44.55平米，已通过申请审核，签了一套60平米的二居室。江某只能在15平米门槛前继续等待。[1]像本案中这种情况，由于政策规定过于僵化，对公民个人权利构成严格限制，可以从两个方面加以解决：第一，修改完善行政政策，使之保留适当的灵活性。第二，行政机关在处理此案过程中，应该就个案的实际情况予以特殊处理。只要在其中找出与政策所规定的一般规定有不同的地方，就可以基于合理的差别对待予以解决。

3.地方民生行政政策设置的差别对待中部分不合理，甚至存在明显的排外

〔1〕 参见郭海云：《上海市经济适用住房政策的实践研究——基于政策目标群体的视角》，华东师范大学2012年硕士学位论文。

性或者不公平性，影响公民宪法法律权利的有效实现

从前文所举案例可以看到，相当部分争议涉及外来人员及其子女在本地能否享有相关权益的问题。比如，在非户籍地接受义务教育、参加高考报名考试；就业设置的户籍、性别、学历等多种限制；差别化的退休和养老权利等等。不少地方政策设定的条件违反宪法、法律、上级政府政策，严重损害宪法法律的权威。

以下这一案件与前述赵某与石首市人力资源和社会保障局劳动和社会保障行政确认行政一审案〔1〕相比，差距是如此之大。当然前者没有宣告政策违法撤销，主要针对具体行政行为，相对来说，压力较小。而本案主要是行政政策本身，法院遇到的压力更大，相对来说审查的力度也小一些。但二者所遇到的实体性问题是相同的。由此看出，在对具体行政行为与抽象行政行为受审查时，法院对抽象行政行为的政策审查更宽松一些，而对具体行政行为的审查更严格一些。

在韩某平与洛阳市人力资源和社会保障局（以下简称洛阳市人社局）、洛阳市教育局教育行政管理纠纷二审行政案中，〔2〕上诉人韩某萍因教育行政管理纠纷一案，不服洛龙区法院作出的（2014）洛龙行初字第02号行政判决，向本院提起上诉。原审经审理查明，原告韩某萍出生于1981年7月15日，2004年7月取得初级中学教师资格，同年12月取得河南大学高等教育自学考试毕业证书。2013年6月，洛阳市教育局和洛阳市人社局联合发布《2013年洛阳市市直学校考试招录聘用人员实施方案》，对组织领导、报考条件、聘用职位、专业及聘用计划、招录办法和程序、聘用人员待遇等进行了规定和说明。其年龄要求为：截至2013年6月30日，年龄在18周岁以上，30周岁以下（1983年7月1日及以后至1995年7月1日前），硕士研究生年龄放宽至35周岁（1978年7月1日及以后至1995年7月1日前）。学历要求为：中学教师职位应具有全国普通高等院校国家计划内统一招收的全日制本科及以上学历（含经我国驻外使领馆和教育部承认的国外高校本科及以上学历），小学职位应具有全国普通高等院校国家计划内统一招收的全日制专科及以上学历（含经我国驻外使领馆和教育部承认的国外高校大专及以上学历）。洛阳市市直学校属于事业单位，其教师编制由

〔1〕 参见湖北省石首市人民法院（2014）鄂石首行初字第00014号。
〔2〕 参见河南省洛阳市中级人民法院（2014）洛行终字第68号。

省、市编委会根据学生数等情况统一核定，本次招聘教师的人数经洛阳市机构编制委员会批复同意。洛阳市教育局根据各市直学校上报的需求教师情况汇总审核后，统一报送相关部门核准。

原审认为，《事业单位公开招聘人员暂行规定》第9条规定："应聘人员必须具备下列条件：1.具有中华人民共和国国籍；2.遵守宪法和法律；3.具有良好的品行；4.岗位所需的专业或技能条件；5.适应岗位要求的身体条件；6.岗位所需要的其他条件。"《洛阳市事业单位公开招聘人员实施办法》第8条规定的应聘人员必须具备的条件中，第4项"岗位所需的文化水平、专业知识或技能条件"明确了对岗位的要求。《关于印发〈洛阳市市属行政机关事业单位补充人员暂行办法〉的通知》（洛市编〔2006〕46号）第2条第5款规定："事业单位申报补充工作人员，原则上须具有国家承认的大专以上学历，并符合编制限额内工作急需、学历达标、专业对口等结构比例和设岗要求。补充的专业技术人员原则上控制在35周岁以下（副高级职称不超过40周岁，正高级职称不超过50周岁），其他人员原则上控制在30周岁以下。"根据上述规定，依照岗位需要，招聘计划实施方案可以对招聘对象设置包括地域范围、专业、学历或职称、年龄和特殊要求等，因此《2013年洛阳市市直学校考试招聘录用人员实施方案》中对招聘教师的具体条件包括专业、学历、年龄和特殊要求进行设定，符合相关规定。原告的年龄和学历不符合招录条件，未能通过报名审核并无不当。原告主张两被告非法夺取市直学校的用人自主权，导致被告超越法定职权而产生的滥用职权行为，以及被告制定的《2013年洛阳市市直学校考试招录聘用人员实施方案》中"报名条件"对年龄、就业等情况的限制不合法、不合理、不公平，且违反法律规定的不得歧视性相关规定的主张，法院认为理由不充分不予支持。依据最高人民法院关于《执行〈中华人民共和国行政诉讼法〉若干问题的规定》第56条第4项之规定，判决驳回原告韩某萍的诉讼请求。判决送达后，韩某萍不服，提起上诉。

上诉人韩某萍上诉称：第一，被上诉人作为行政机关行使招聘教师的职权既没有狭义、也没有广义上法律的授权。第二，一审违背现代法治理念和行政法律要求。（1）现代法治理念：对公权力而言法无授权即禁止；（2）行政法律要求：对行政机关及其工作人员，实施没有法律授权的行为就是违法行为。第三，两被上诉人作为行政机关以自己的名义为市直学校招聘教师不仅没有法律授权，而且侵害了市直学校依法享有的用人自主权。(1)被上诉人法无授权行使职权，非法夺取市直学校依法享有的用人自主权。被上诉人提供的法律依据《事业单位公开招聘人员暂行规定》将招聘、录用人员等用人自主权明确授权给包括市直学校在内事业单位，并没有授权给被上诉人，被上诉人利用其对市直学校管理的便利将本属于市直学校的用人自主权挪作已用是典型的滥用职权行为。(2)因超越其法定职权而产生了滥用职权行为。被上诉人提供的法律依据《事业单位公开招聘人员暂行规定》第6条明确规定被上诉人的法定职权是指导、监督、管理，而不是实施招聘、录用等用人自主权，即裁判员的职权，但被上诉人却明显超越其指导、监督、管理的职权实施了其本不具有的实施招聘、录用等依法属于市直学校的用人自主权即运动员的职权，被上诉人同时担任了裁判员和运动员的双重角色，明显超越了其法定职权。第四，制定的《2013年洛阳市市直学校考试招录聘用人员实施方案》中“报名条件”对年龄、就业等情况的限制不合法、不合理。(1)将招聘年龄限制在30岁以下违背《洛阳市市属行政机关事业单位补充人员暂行办法》规定，该办法明确规定补充的专业技术人员原则上控制在35周岁以下，据此被上诉人将招聘年龄限制在30岁以下违背此项规定。(2)将招聘年龄限制在30岁以下没有任何法律依据。(3)将招聘年龄限制在30岁以下过于随意，明显不合理。根据生活常识和社会经验，30岁为人生事业的而立之年，许多人的事业刚刚开始，被上诉人如此招聘对年龄的限制不合乎常理要求。(4)招聘条件中要求应聘人员现未就业更是反社会的不公平行为。众所周知任何工作有经验要比无经验好，被上诉人的招聘条件之一竟然是未就业，这不是明摆着要把已经就业、有工作经验的人甚至是经验丰富的求职者排除在外。第五，“报名条件”中关于学历的要求违法、不合理、不公平，且违反法律规定的不得歧视性的相关规定。(1)报名条件关于学历内外不同的要求涉嫌对国内学历歧视。(2)学历要求明显是违法的，是就业歧视。《就业促进法》《事业单位公开招聘人员暂行规定》均明确规定事业单位公开招聘人员，不得设置歧视性条件要求。本案被上诉人不准许上诉人以自学考试学历报名明显是学历歧视。(3)学历要求违反《教师法》、《高等教育法》、国务院、教育部关于高等教育自学考试规定和河南省及洛阳市的有关规定。综上，请求撤销原审判决，改判支持上诉人一审全部诉讼请求。

被上诉人洛阳市人社局答辩称，一审判决认定事实清楚，适用法律正确，应驳回上诉，维持原判。第一，上诉人的第一、二、三项上诉请求超出其一审的诉讼请求，应被依法予以驳回。第二，答辩人作为行政机关，所作的具体行政行为于法有据，具有相应的职责职权，不存在上诉人所谓的滥用职权行为。根据《事业单位公开招聘人员暂行规定》第6条及《洛阳市事业单位公开招聘人员实施办法》的相关规定，政府人事行政部门是市、县政府所属事业单位公开招聘工作的主管机关，招聘的本单位或者主管部门组织、人事、纪检监察部门及有关专家组成的招聘工作组织负责招聘的具体实施，主管部门负责汇总审核用人单位制定的计划实施方案并报市人事局，根据上述规定，答辩人作为政府人事行政部门，另一被上诉人洛阳市教育局作为市直学校的主管部门可以对招聘工作具体组织实施。洛阳市教育局根据各市直学校上报情况汇总审核后，统一报送相关部门核准也符合规定。考试既可以由事业单位自行组织，也可以由政府人事行政部门、事业单位上级主管部门统一组织，因此答辩人具有相应的职权职责。第三，《2013年洛阳市市直学校考试招录聘用人员实施方案》中的"报名条件"符合相关规定，不存在上诉人所谓的"报名条件对年龄、就业等情况的限制不合法、不合理"。制定《2013年洛阳市市直学校考试招录聘用人员实施方案》的依据：（1）中华人民共和国人事部《事业单位公开招聘人员暂行规定》中第9条规定："应聘人员必须具备下列条件：1.具有中华人民共和国国籍；2.遵守宪法和法律；3.具有良好的品行；4.岗位所需的专业或技能条件；5.适应岗位要求的身体条件；6.岗位所需要的其他条件。"（2）《洛阳市事业单位公开招聘人员实施办法》第8条规定的应聘人员必须具备的条件中，第4项"岗位所需的文化水平、专业知识或技能条件"明确了对岗位的要求。第11条实施方案主要内容之第3款"招聘对象的条件（包括地域范围、专业、学历或职称、年龄和特殊要求等）"。（3）《关于印发〈洛阳市市属行政机关事业单位补充人员暂行办法〉的通知》第2条第5款的规定："事业单位申报补充工作人员，原则上须具有国家承认的大专以上学历，并符合编制限额内工作急需、学历达标、专业对口等结构比例和设岗要求。补充的专业技术人员原则上控制在35周岁以下（副高级职称不超过40周岁，正高级职称不超过50周岁），其他人员原则上控制在30周岁以下。"（4）《就业促进法》第8条规定：用人单位依法享有自主用人的权利。根据上述规定，依照岗位需要，招聘计划实施方案可以对招聘对象设置包括地域范围、专业、学历或职称、年龄和特殊要求等，因此，《2013年洛阳市市直学校考试招录聘用人员实施方案》设置的“报名条件”中有关学历、年龄的限定，完全是用人单位在享有用人自主权的情况下，根据岗位所需的专业或技能条件依法依规制定的。综上所述，一审判决认定事实清楚，适用法律正确，上诉人的上诉请求缺乏法律及事实依据，应驳回上诉，维持原判。

被上诉人洛阳市教育局答辩称，其和洛阳市人社局共同制定的《2013年洛阳市市直学校考试招录聘用人员实施方案》对具体聘用条件、年龄设定有法律依据，上诉人不符合相关条件，未能通过招录，并无不当。被上诉人招录的人员全供事业单位要经过省市编委审批，是有法律明文授权的，不存在上诉人所说的不合理、不合法。上诉人的上诉人理由不能成立，依法应予驳回。

二审法院经审理查明的事实与原审查明的事实一致。

法院另查明，2013年6月13日，洛阳市人社局和洛阳市教育局联合发布《2013年洛阳市市直学校考试招录聘用人员实施方案》，韩某萍得知该招聘信息后按照实施方案的要求在网上报名，但由于年龄、学历不符合招聘方案的要求，未能报名成功。韩某萍对此不服，向洛阳市政府申请行政复议，洛阳市政府2013年11月21日作出洛政复决字〔2013〕第194号行政复议决定书，维持了被上诉人不准许上诉人报名应聘教师的具体行政行为。韩某萍仍不服，提起本案行政诉讼。

二审法院认为，上诉人的诉讼请求有两项：第一项是要求确认两被上诉人不准许上诉人报名应聘教师的具体行政行为违法；第二项是要求确认被上诉人制定且依据的限制上诉人报名应聘的2013年6月发布的招聘教师方案中的“报名条件”其中的应有全日制专科及以上学历的要求违法、年龄的要求违法。法院认为，要认定第一项诉讼请求即两被上诉人不准许上诉人报名应聘教师的具体行政行为是否违法，首先要查明第二项诉讼请求即2013年6月二被上诉人发布的《2013年洛阳市市直学校考试招录聘用人员实施方案》中的“报名条件”学历、年龄的要求是否违法。由于《2013年洛阳市市直学校考试招录聘用人员实施方案》是二被上诉人针对不特定的人员制定的具有普遍约束力的行为，依据《行政诉讼法》第13条“人民法院不受理公民、法人或者其他组织对下列事项提起的诉讼：……（二）行政法规、规章或者行政机关制定、发布的具有普遍约束力的决定、命令”之规定，该行为依法不属于法院行政诉讼受案范围。根据《最高人民法院关于执行〈中华人民共和国行政诉讼法〉若干问题的解释》第44条第1项的规定，该起诉依法不应受理；已经受理的，应裁定驳回起诉。据此，上诉人的该项起诉应依法予以驳回。

关于确认两被上诉人不准许上诉人报名应聘教师的具体行政行为违法的诉讼请求，由于上诉人的年龄、学历不符合《2013年洛阳市市直学校考试招录聘用人员实施方案》的要求，因此，两被上诉人不准许上诉人报名应聘教师的行为并不不当。上诉人的上诉理由不能成立，法院不予支持。原审判决将韩海萍的两项诉讼请求一并予以驳回属适用法律错误，依法应予撤销。依据《行政诉讼法》第61条第2项、第12条第2项，《最高人民法院关于执行〈中华人民共和国行政诉讼法〉若干问题的解释》第44条第1项、第56条第4项之规定，判决如下：

“一、撤销洛龙区人民法院作出的（2014）洛龙行初字第02号行政判决；

二、驳回韩某萍要求确认被上诉人制定且依据的限制上诉人报名应聘的2013年6月发布的招聘教师方案中的“报名条件”其中的应有全日制专科及以上学历的要求违法、年龄的要求违法的起诉；

三、驳回韩某萍要求确认两被上诉人不准许上诉人报名应聘教师的具体行政行为违法的诉讼请求。”

我们认为，本案的一审二审法院判决都有违法情况存在，分析如下。

第一，一审对当事人关于民生行政政策违法的主张予以受理并进行审查是合法的，二审对此诉求不予审查并驳回当事人诉求是违法的。因为本案中，当事人申请对文件进行审查实际上是申请对此进行附带性审查。这一要求符合2004年最高人民法院《关于审理行政案件适用法律规范问题的座谈会纪要》的规定，“行政机关往往将这些具体应用解释和其他规范性文件作为具体行政行为的直接依据。这些具体应用解释和规范性文件不是正式的法律渊源，对人民法院不具有法律规范意义上的约束力。但是，人民法院经审查认为被诉具体行政行为依据的具体应用解释和其他规范性文件合法、有效并合理、适当的，在认定被诉具体行政行为合法性时应承认其效力；人民法院可以在裁判理由中对具体应用解释和其他规范性文件是否合法、有效、合理或适当进行评述”。本案中，争议的政策是作出行政行为的依据，必须对其合法性进行审查，才能确定具体行政行为是否合法有效。但是，本案中二审法院并未对其合法性进行审查，只是简单地承认其合法，进而确认具体行政行为合法。这种做法非常荒唐，是违法的。

第二，我们认为，本案争议的学历条件，当事人的主张合法。招聘教师方案中“报名条件”所规定的应有全日制专科及以上学历的要求是不妥当，除非被告能够证明其工作岗位所需要的人才只有全日制毕业的学生才能胜任，而自考专科生不能胜任。否则不得设定此项限制。这是平等权一般原理，即平等权中合理差别对待的原理。我国《宪法》第33条规定“公民在法律面前一律平等”，第42条规定公民有劳动权。这两条结合起来，公民享有依法通过平等竞争获得工作岗位的权利。〔1〕相同情况相同对待、不同情况差别对待，是平等权的核心内容。平等原则最根深的意义是“恣意的禁止”，且要求“相同的事物为相同的对待，不同的事物为不同的对待”，不得将与“事物本质”不相关因素纳入考虑，而作为差别对待的基准。换言之，平等原则并非要求不得差别对待，而是要求“不得恣意地差别对待”，如果立法者或获有法律授权的行政机关对于差别对待的基准的选择，并不违反事物本质，即无违反平等原则的问题。相反，某些情形应该区别对待而未区别，也属违反平等原则。〔2〕可以说，平等原则关心的不是某种归类结果是否相似或不似，而是要求在特定的行为（如立法或行政）目的下，该种分类具有合理性和正当性，分类与目的间的关联性以及目的本身的正当性，这两方面同时是平等原则考查的重点。〔3〕“相同对待”与“不同对待”二者并非并列关系。“相同对待”原则具有初步的优先性，“区别对待”原则需要证明才能获得优先地位。易言之，“相同对待”原则具有假定的适当性和优先性，而“区别对待”原则必须在提出充足理由的情况下才能成立。“相同对待”原则相对于“区别对待”原则的初步优先性，主要是源于基本人权享有相对于基本人权限制的优先性。每个人都享有同样内容的基本权利，这是无须证明的共识性命题，每一个对基本权利的限制都负有论证其自身为正当的义务，并且，“无论何时只要政府分配了社会福利、社会负担，宪法权

〔1〕 参见朱应平主编：《宪法学基础》，北京大学出版社2016年版，第95页。
〔2〕 参见李惠宗：《宪法要义》（第5版），台北，元照出版公司2009年版，第129～130页。
〔3〕 参见王蕾：《宪法平等规范的诠释观》，法律出版社2008年版，第30页。

利体制都需要一个与公共有关的合法理由”。[1]“相同对待”与“区别对待”并非是具有对称关系的两个原则，二者之间的关系为：如果没有充足的理由允许区别对待，相同对待被要求；如果有充足的理由要求区别对待，区别对待被要求。[2]可见，在被告没有充分的理由证明其差别对待正当性的情况下，应当采用相同情况相同对待，对自考学历与全日制学历同等看待。

第三，2004年国务院《全面推进依法行政实施纲要》规定：“行政机关实施行政管理，应当遵循公平、公正的原则。要平等对待行政管理相对人，不偏私、不歧视。”还规定，“行政机关实施行政管理，应当依照法律、法规、规章的规定进行；没有法律、法规、规章的规定，行政机关不得作出影响公民、法人和其他组织合法权益或者增加公民、法人和其他组织义务的决定”。在本案中，行政机关所依据的政策依据，而不是基于法律法规规章的规定，作出了影响国民合法权益或者增加公民义务的决定，因此违法。

国务院1988年《高等教育自学考试暂行条例》第31条规定：“高等教育自学考试专科（基础科）或本科毕业证书获得者，在职人员由所在单位或其上级主管部门本着用其所学、发挥所长的原则，根据工作需要，调整他们的工作；非在职人员（包括农民）由省、自治区、直辖市劳动人事部门根据需要，在编制和增人指标范围内有计划地择优录用或聘用。”第32条规定：“高等教育自学考试毕业证书获得者的工资待遇：非在职人员录用后，与普通高等学校同类毕业生相同；在职人员的工资待遇低于普通高等学校同类毕业生的，从获得毕业证书之日起，按普通高等学校同类毕业生工资标准执行。”上述两条的精神就是平等对待自考学历的学生和全日制学历的学生。

4.行政机关和法院尚未形成比较成熟的有效审查民生行政政策的方法

从前文所举例子来看，中央国家机关制定的民生行政政策总体上能站在全国的高度，加上内容比较宏观，设置的限制性条件较少，问题不太大。问题主要出现在地方政府及其工作部门特别是市县乡级政府以及县级以下工作部门、一些授权组织制定的行政政策上。其设置了大量影响民生权益申请的条

〔1〕［美］凯斯•R.桑斯坦：《偏颇的宪法》，宋华琳、毕竟悦译，北京大学出版社2005年版，第397页。

〔2〕这是阿列克西经过逻辑分析得出的结论，参见Robert Alexy, A Theory of Constitutional Rights, translated by Julian Rivers, Oxford University press 2002, p.280。转引自王蕾：《宪法平等规范的诠释观：理念规范与实践》，法律出版社2008年版，第132页。

件，对法律规范和上级政策中涉及的民生权利有很大的克减、增加了相对人的很多义务。

从法院来说，受制于很多因素的影响，尚未积累起对民生行政政策合法性和合理性进行有效审查的机制和技术规范。目前的审查很大程度上属于形式性的审查，对民生行政政策很少进行实质性审查的。比如前述韩某平与洛阳市人力资源和社会保障局洛阳市教育局教育行政管理纠纷二审行政案，二审法院对应该审查的民生行政政策不予审查，从而导致对可能违法的具体行政行为予以支持。

5.对行政机关不作为即不依法制定政策尚无有效对策

前文所举涉及民办学校享有税收优惠政策问题上，至今没有出台任何政策，使得民办学校与公立学校无法享有平等的税收优惠权利。

有学者提出了法院可以采取相关行为的建议。对于现实中对某种裁量权的行使缺少政策指导，然而，相对人却认为行政机关应该有一个政策。那么，法院对此应该持什么样的态度和反应呢？在这个问题上有争议。一种观点认为，对于法院应不应该要求或者劝导行政机关制定更多的政策，应持审慎的态度。因为法院不太适合判断有关这方面正反意见的正确性或妥当性，不好断然下结论：究竟是应该增加在特定领域的政策规则呢，还是别的什么呢？另一种观点认为，尽管法院不适宜对特定领域的政策的确定性程度说三道四，但是，法院却能够说，某些重要的行政价值要求在某些决定领域应该有某种政策。换句话说，在特定情况下，假如缺少政策，可能是不合理的，法院也能要求行政机关有某种政策。在该学者看来，采取要求行政机关制定政策的方式似乎更加妥当。那么，什么情况下法院可以支持这样的诉讼请求呢？该学者认为，如果满足以下条件，法院可以要求行政机关给出一个政策：第一，缺少政策是极不合理的；第二，缺少政策会造成行政审判的困难，甚至不可能。〔1〕我们赞同此观点，因为只有这样才能发挥司法机关监督行政机关的作用。

（三）行政机关作出具体行政行为时适用民生行政政策存在的问题

在现实中，民生行政政策被大量适用，凡是在法律比较少的领域，或者在法律制定的比较原则和抽象的情况下，政策往往发挥着直接的、主要的作用。

---

〔1〕 参见余凌云：《行政自由裁量论》，中国人民公安大学出版社2005年版，第125～127页。

但也存在很多问题。学者也有所研究。如有学者研究了政策的异化。[1]有的学者认为我国公共政策执行失真情况研究。[2]从法学视野来看，主要有以下不足。

1.撇开法律，直接依据民生行政政策作出行政行为

这种情况在前面已经提到类似案件。撇开法律直接依据行政政策，如果行政政策是中央国家机关作出的，是为了推动改革而实施的，行政机关直接依据政策实施行政行为，法院承认此种做法，允许直接依据政策实施行政行为。在改革开放的今天，这种情况通常是允许的。但是现实中，一些行政机关并非如此，往往为了某种不合法的目的而不依据法律规范，故意避开法律规范而适用行政政策，这种情况应该是法治原则所不允许的。

根据国家发改委信息："中海地产（杭州）有限公司"中海紫藤苑"项目、金隅（杭州）房地产开发有限公司"金隅观澜时代"项目，分别有122套、67套已售房源标价不符合规定，依法拟处以36.6万元、20.1万元的罚款。重庆好利来物业发展有限公司"润丰•水尚"项目，有61套已售房源标价不符合规定且未明确标示销售状态，依法拟处以18.3万元的罚款"。[3]此次处罚的主要依据是国家发展改革委办公厅《关于开展商品房销售明码标价专项检查的通知》（发改办价检〔2011〕1050号）文件中关于"对违反商品房销售明码标价规定的给予严厉处罚，房地产开发企业违反明码标价规定未实行'一套一标'，按《价格法》和《价格违法行为行政处罚规定》，每套处5000元罚款"的规定。根据该文件要求的价格主管部门对房地产开发企业违反明码标价的规定行为，是按照每套5000元的罚款给予行政处罚。但根据《价格法》第42条规定，经营者违反明码标价规定的，责令改正，没收违法所得，可以并处5000元以下的罚款。可见，国家发展改委办公厅的上述政策文件与《价格法》规定的处罚不同。而上述案例中价格主管部门的处罚决定是直接依据行政处罚的政策而非法律规定的处罚种类和标准。

违法依据政策作出行为构成犯罪。当事人何某韬，广东省廉江市国土局

---

〔1〕 参见何志慧：《我国公共政策执行的异化及其治理——以煤矿安全生产政策为例》，海南大学2010年硕士学位论文。

〔2〕 参见艾壁慧：《政策执行失真及其治理对策研究》，湘潭大学2012年硕士学位论文。

〔3〕 国家发展改革委：《12家企业违反商品房明码标价规定受到处罚》，载中央政府网：http://www.gov.cn/gzdt/2011-06/24/content_1892215.htm，最后访问日期：2014年7月12日。

副局长。2005年执行政府行政指令，在房地产企业未交清土地出让金的情况下，在一块土地登记审批表上签署同意办证的意见。2011年4月15日，廉江市人民法院作出一审判决，认定其犯玩忽职守罪，判处有期徒刑6个月。〔1〕但何的家属坚持为其喊冤，廉江市政府和湛江市国土局也在为何某韬抱屈。在被关了45天后，何某韬于5月25日取保候审，翌日廉江市检察院撤销诉讼。6月9日，何某韬官复原职。〔2〕该事件是由于行政机关领导人为了执行行政政策而不顾法律的规定。

上述可见，行政机关在行政行为中，不依据法律规范处理相关行为，而依据行政政策，而这些政策可能违法，有的具有明显的违法性。由此所作的行为违法甚至犯罪。

2.只适用地方行政政策不适用中央行政政策，导致公民权利受到侵害

在张某明诉宁波市鄞州区教育局教育行政管理（教育）行政案中，〔3〕上诉人张某明因诉被上诉人宁波市鄞州区教育局教育行政许可一案，不服宁波市鄞州区法院于2014年11月6日作出的（2014）甬鄞行初字第75号行政判决，提起上诉。

2014年5月，被上诉人下属的邱隘教辅室对上诉人提出的要求其子女在宁波市鄞州区邱隘镇入学的申请作出决定，认为上诉人缴纳的养老保险不符合宁波市鄞州区政府鄞政发〔2014〕19号文件的相关规定，其子女不具备在鄞州区入学的资格，并用短信的形式将上述行政决定的内容告知上诉人。

原审法院查明，2014年1月27日，宁波市鄞州区政府发布了鄞政发〔2014〕19号《关于规范有序做好2014年外来务工人员子女就学工作意见》，规定外来务工人员子女在鄞州区就学的条件。2014年2月25日，宁波市鄞州区邱隘镇政府和邱隘教辅室在该工作意见的基础上，发布了《关于规范有序做好2014年外来务工人员子女秋季就学工作的通告》，对辖区内外来务工人员子女就学的工作进行了细化和布置。原告的户籍所在地为安徽省颍上县黄桥镇木葛村，到宁波工作后，曾暂住在宁波市鄞州区邱隘镇前殷村。2013年5月至2014年3月，原告在宁波市江东区的企业工作并在江东区缴纳了社会养老保险。原

---

〔1〕 参见袁增伟：《广东廉江国土局副局长被取保候审》，载《羊城晚报》2011年5月26日。

〔2〕 参见王刚桥：《廉江违规副局长“出来”了，谁该“进去”？》，载《新京报》2011年6月13日。

〔3〕 参见浙江省宁波市中级人民法院案号：（2014）浙甬行终字第212号。

告的儿子张某于2007年11月出生，符合义务教育法规定的2014年秋季入读一年级的年龄。2014年4月，原告向其暂住地的教育部门报名，申请要求其子在当地就读小学一年级。同年5月，被告下属的邱隘教辅室以原告2013年5月至2014年3月未在鄞州区缴纳社会养老保险，不符合鄞政发〔2014〕19号文件的相关规定为由，认定原告子女不具备在鄞州区入学资格。

原审法院认为，根据《义务教育法》第12条的规定，适龄儿童、少年免试入学。地方各级人民政府应当保障适龄儿童、少年在户籍所在地学校就近入学。父母或者其他法定监护人在非户籍所在地工作或者居住的适龄儿童、少年，在其父母或者其他法定监护人工作或者居住地接受义务教育的，当地人民政府应当为其提供平等接受义务教育的条件，具体办法由省、自治区、直辖市规定。据此，适龄儿童、少年的入学，首先应该考虑在其户籍所在地入学，本地的教育资源应当首先满足当地户籍的适龄儿童、少年的入学需要。如其父母等法定监护人在非户籍所在地工作或居住的，在不影响当地的正常教育资源的前提下，符合输入地政府规定的条件，也可以在其父母等法定监护人工作或居住的非户籍所在地入学。所以法律同时也明确具体办法由省、自治区、直辖市规定。为解决外来务工人员子女的入学问题，不影响当地正常的教育秩序，合理利用当地的教育资源，浙江省和宁波市相关的教育行政部门都制定了相应的文件，考虑到义务教育实行县级政府为主的管理体系，文件明确具体办法由各县（市）区自行制定。为此，宁波市鄞州区政府根据上级文件精神，制定了外来务工人员子女入学的具体办法，被告按该具体办法实施，未违反相关的法律规定。原告截至2014年4月30日，未在宁波市鄞州区连续按月缴纳1年及以上的社会养老保险，不符合宁波市鄞州区人民政府关于外来务工人员子女入学工作意见文件的规定，被告作出了原告的子女不具备入学资格的行政决定，并无不当。《国务院关于解决农民工问题的若干意见》第21条规定是基于农民工子女符合输入地政府的入学条件情况下，在输入地教育中应当享受平等义务教育的权利。故原告提出根据该条规定，被告的行为侵害了原告合法权益的主张，不予支持。依照《最高人民法院关于执行〈中华人民共和国行政诉讼法〉若干问题的解释》第56条第4项的规定，判决驳回原告要求撤销被告作出的原告子女不具备在鄞州区入学资格行政决定的诉讼请求。

上诉人上诉称，其系外来务工人员，其子张某于2007年11月出生，符合

2014年秋季入读小学一年级的年龄。其于2014年4月向被上诉人下属的邱隘教辅室提出入学申请。被上诉人作出的关于其子女不符合在鄞州区入学条件的决定，违反了《义务教育法》第12条第2款和《国务院关于解决农民工问题的若干意见》第21条的规定，剥夺了宪法赋予公民的最基本的受教育权利。一审法院判决错误。请求二审法院撤销原判，并撤销被诉行政决定。

被上诉人辩称，根据《关于规范有序做好2014年外来务工人员子女就学工作意见》的规定，外来务工人员子女需在鄞州区入读小学（初中）一年级，其父母或其他法定监护人应同时具备7个条件：在鄞州区有稳定职业（指与鄞州区用人单位签订了劳动合同或取得了工商营业执照，或在鄞州区从事农业种养业）；在鄞州区依法缴纳基本养老保险或外来务工人员社会保险（截止到2014年4月30日，已连续按月缴纳1年及以上，且延续到查验日仍然在参保，补缴无效）；在鄞州区取得《浙江省临时居住证》1年及以上；在鄞州区具有相当固定住所（有效的租房证明或居住证明）；子女在户籍所在地无监护条件；无违反计划生育政策；有原籍地户口簿。但截至2014年4月30日申请日止，上诉人没有在鄞州区连续按月缴纳1年以上的养老保险，故其子女不符合外来务工人员子女需在鄞州区入读小学一年级的条件。被诉行政决定认定事实清楚，适用法律、法规正确，程序合法。请求二审法院驳回上诉人的上诉，维持原判。

法院认为，《关于规范有序做好2014年外来务工人员子女就学工作意见》是宁波市鄞州区政府根据浙江省和宁波市有关文件精神，结合鄞州区实际，在不影响当地正常的教育秩序，合理利用当地教育资源的情况下，为了解决外来务工人员子女的入学问题而规定的规范性文件。该文件与上位法并不抵触，可适用于本案。该文件规定："2014年秋季，外来务工人员子女需要在鄞州区入读小学（初中）一年级，其父母或者其他法定监护人应同时具备七个条件……2.在鄞州区依法缴纳基本养老保险或外来务工人员社会保险（截止到2014年4月30日，已连续按月缴纳一年及以上，且延续到查验日仍然在参保，补缴无效）……"本案中，根据查明的事实，2013年5月至2014年3月，上诉人在宁波市江东区的企业工作并在江东区缴纳社会养老保险。据此可以认定，截止到2014年4月30日，上诉人并未在鄞州区连续按月缴纳基本养老保险1年及以上。故上诉人提出其儿子要在鄞州区入读小学一年级的申请，《关于规范有序做好2014年外来务工人员子女就学工作意见》规定的必备条件，应当不予准许。被上诉人据此作出上诉人子女不具备在鄞州区入学资格的行政决定，并无不当。

综上，法院认为，原审判决认定事实清楚，适用法律、法规正确，审判程序合法。上诉人上诉理由不足，本院不予支持。依照《行政诉讼法》第61条第1项的规定，判决如下：驳回上诉，维持原判。

如前类似案件所分析，此类案件中，行政机关只依据本地出台的单一的地方政策，没有考虑宪法法律法规和中央政府的政策。这就用单一的行政政策束缚了行政裁量权的行使。遗憾的是，法院也支持了行政机关这一做法。本案中的不当至少体现在以下几个方面：

第一，《宪法》第33条平等权和第46条受教育权结合起来，公民享有平等的受教育权。未成年随父母读书是宪法应当保护的平等权利。如果强行剥夺未成年人这种随父母就读义务教育的权利，不仅违法，也违反道义。

第二，我国《教育法》第9条规定："公民有受教育的权利和义务。公民不分民族、种族、性别、职业、财产状况、宗教信仰等，依法享有平等的受教育机会。"宪法和法律这些规定是否允许地方政府设定以未成年人父母缴社保达到一定年限的限制。这个条件是"不相关因素"还是必须考虑的"相关因素"。

第三，本案被告应当举证说明其管辖区内得学校是否有能力容纳原告在此受义务教育。我们认为，虽然地方政府可以基于本地的财力等因素考虑设置一定的条件，但是义务教育与非义务教育有所不同。行政机关如果没有足够的理由证明本地的教育设施和条件已经饱和，无法接纳原告，那么就无权作出如此规定；如果没有足够的理由，教育行政机关就没有理由机械地适用这部违反宪法和法律的地方政策。之所以强调这一点，是因为本案中的法院反复指出：该地出台的规范性文件是"在不影响当地正常的教育秩序，合理利用当地教育资源的情况下，为了解决外来务工人员子女的入学问题而规定的规范性文件"。

第四，2004年国务院发布的《全面推进依法行政实施纲要》规定："行政机关实施行政管理，应当依照法律、法规、规章的规定进行；没有法律、法规、规章的规定，行政机关不得作出影响公民、法人和其他组织合法权益或者增加公民、法人和其他组织义务的决定。"在本案中，行政机关设定的进城务工人员子女接受义务教育条件缺乏法律法规规章依据，属于规范性文件政策给相对人施加了不利的影响和义务，属于无效的规定。但是，法院判决还是确认其违法。

第五，2003年国务院办公厅转发教育部等部门《关于进一步做好进城务工就业农民子女义务教育工作意见的通知》(国办发〔2003〕78号)明确规定："进城务工就业农民流入地政府(以下简称流入地政府)负责进城务工就业农民子女接受义务教育工作，以全日制公办中小学为主。地方各级政府特别是教育行政部门和全日制公办中小学要建立完善保障进城务工就业农民子女接受义务教育的工作制度和机制，使进城务工就业农民子女受教育环境得到明显改善，九年义务教育普及程度达到当地水平。"还明确要求"流入地政府要制定有关行政规章，协调有关方面，切实做好进城务工就业农民子女接受义务教育工作"。

综上，本案中教育局的做法违法，法院维持其行为也是违法的。可见，行政机关只适用本地出台的单一的政策而置宪法、法律法规和中央政策于不顾，过分限制了行政裁量权。2006年《国务院关于解决农民工问题的若干意见》第21点规定："保障农民工子女平等接受义务教育。输入地政府要承担起农民工同住子女义务教育的责任，将农民工子女义务教育纳入当地教育发展规划，列入教育经费预算，以全日制公办中小学为主接收农民工子女入学，并按照实际在校人数拨付学校公用经费。城市公办学校对农民工子女接受义务教育要与当地学生在收费、管理等方面同等对待，不得违反国家规定向农民工子女加收借读费及其他任何费用。输入地政府对委托承担农民工子女义务教育的民办学校，要在办学经费、师资培训等方面给予支持和指导，提高办学质量。"将这一规定与国务院〔2003〕78号文件精神对照解读可知，本案中法院将《国务院关于解决农民工问题的若干意见》第21条规定解读为"基于农民工子女符合输入地政府的入学条件情况下，在输入地教育中应当享受平等义务教育的权利"。这个解释是错误的。

3.行政机关不执行政策引发不公正

如果说前面所说的政策本身有一定的问题的，那么这里所说的情况是政策本身没有问题，而是行政机关不执行政策的规定。如广东省汕头市澄海区在淘汰落后产能工作中，被责令关停的造纸厂，每吨奖励200元；而在区政府"责令之前"两个月主动关停的，却不能享受这项政策。这就引起了争议。

汕头市澄海区莲下天发造纸厂（以下简称天发造纸厂），年设计产量8100吨。2004年经澄海区环保局竣工验收，投入正常生产。2010年2月6日，《国务院关于进一步加强淘汰落后产能工作的通知》颁布，规定在2011年年底前淘汰以废纸为原料、年产1万吨以下的造纸生产线，并要求各级政府完善政策激励机制，地方财政安排适当资金补助，鼓励提前淘汰，减少浪费。当时处于企业盈利状态、本想进一步扩大生产规模的天发造纸厂，在了解到该通知要求后，从2010年6月开始，主动淘汰部分落后生产设备。至当年8月，天发造纸厂全部落后生产设备已自行拆除，并停止生产。

依据国务院上述通知"完善政策激励机制"精神，2010年8月4日，澄海区政府出台《关于整治污染淘汰造纸业落后产能的通告》（以下简称7号文）和印发《汕头市澄海区整治造纸行业淘汰落后产能的实施意见的通知》（以下简称77号文），明确了奖励政策：年产5000吨至10，000吨污染治理符合要求的造纸企业，在2011年6月底前关停的，按该企业审批年产量计算，每吨奖励200元。天发造纸厂依据7号文规定，申请奖励。不料却被澄海区政府拒绝，理由是天发造纸厂是"在7号文颁布之前因经营原因自行关停"的。[1]

从法院来说，"中国法院在司法判决中考虑政策，在相当程度上得到认可，也相当广泛地得到实践"。[2]但是本案中法院也只是单一地考虑地方政策，没有考虑地方政策对公民宪法法律法规权利的严重克减、没有考虑地方这一规定是否违反中央政策。这一做法不符合《宪法》第5条规定的国家维护社会主义法制统一的尊严的要求。

4.违法或者错误地适用了不违法的政策

民生行政政策本身并不违法，但在具体个案中，行政机关对政策作了错误的解释和适用，导致权利受到侵犯，可能包括一种或两种情况。一种情况是指行政机关或者法院错误适用了行政政策。两种情况是指行政机关和法院都错误地适用了不违法的行政政策。比如，行政政策有一定的灵活性，但是行政机关或者法院忽视或者无视这种灵活性，将其适用为僵化的政策，由此导致政策被以违法的方式适用。

---

〔1〕 参见万静：《被动关停享受奖励提前关停不予奖励，汕头澄海区淘汰落后产能政策遭质疑》，载《法制日报》2011年9月30日，第6版。

〔2〕 何海波：《实质法治》，法律出版社2009年版，第272页。

综上可见，透过司法诉讼案件，可以更清楚地看到民生行政政策在适用中存在的问题。既然在司法诉讼中发现了这些问题，在没有其他更有力的措施解决问题的情况下，就应当进一步增强法院的诉法审查力度，通过倒逼机制迫使行政机关在适用民生行政政策方面更能依法进行。

第五章　民生行政政策的规制

通过前文分析可以看出，我国民生行政政策在行政机关适用中非常广泛、频繁，以至于行政机关主要或者完全以之作为作出行政行为的依据。而法院的审查又在很大程度上是一种很弱的形式性审查。虽然我国宪法和法律规定了其他监督控制机制，如人大及其常委会监督、上级政府和本级政府的监督，但从实际情况看，几乎都没有发挥什么实质性作用。我们认为，未来要加强对民生行政政策的监督和控制，有必要借鉴其他国家和地区的经验，进一步改革和完善监督的具体措施和方法，促使有权机关真正负起责任，切实开展有效的监督。本章既介绍相关国家和地区的经验，又结合我国实践来展开分析。

对民生行政政策的规制应当是全方位的：事前、事中和事后。第一，事前规制主要是指，通过法律，明确民生行政政策应当遵守的要求，应当达到的标准。这方面主要是做好民生行政政策立法的制定和完善工作。第二，事中规制是指采取切实有效的措施确保民生行政政策的制定工作依法进行。第三，事后规制是指对已经制定出来的民生行政政策及其实施进行监督，确保其获得严格认真的实施。

对民生行政政策的规制包括宪法层次的和法律层次的。前者要求建立健全对民生行政政策的违宪审查制度。主要明确采用哪些宪法组织、宪法方法、技术规范对民生行政政策进行审查。后者要明确建立健全违法审查制度。主要讨论法院采取哪些具有可操作性的方法和技术规范。

要完善民生行政政策的规制，必须完善监督机制，具体来说，在借鉴其他国家和地区经验的基础上，建立健全人大及其常委会的监督制度、行政机关的监督制度和司法监督制度。

上述三个环节的监督措施各自独立又相互融合。接下来先介绍民生行政政策合法性标准，重点阐明如何从法律上建立健全民生行政政策的规制标准，从入口确保能够输出高质量的控制产品。之后阐述民生行政政策的宪法控制即违宪审查。最后分别从不同机关规制民生行政政策的具体对策措施。

一、民生行政政策合法性标准

民生行政政策的合法性通常包括主体合法、职权合法、程序合法和内容合法。从实际情况看，主要标准体现在程序合法和实体内容合法上。程序合法相对容易判断，但一般的程序违法并不必然导致其无效。[1]最难的是如何判断其内容是否合法。

(一)域外做法

1.程序性要求

多数国家和地区没有详细的规定，但仍有一些国家的经验值得借鉴。

在英国，某些行政政策的制定需要议会同意，但关于行政管理法规制定的程序，没有普遍的规定，主要是由各授权法个别规定。有些授权法规定，行政机关必须公布根据委任立法所制定的法规草案，听取反对意见，如果受法规影响的人中有许多人反对时，行政机关必须举行公开调查。有些法律指出行政机关必须咨询的有关团体，并成立咨询委员会提供意见。[2]这说明有一些简单的要求。英国的行政政策属于委任立法的组成部分。委任立法包括大臣令、

---

〔1〕 我国台湾地区“行政程序法”第160条规定，“行政规则应下达下级机关或属官”。“行政机关订定前条第二项第二款之行政规则，因由其行政首长签署，并登载于政府报告发布之。”第161条规定，有效下达之行政规则，具有拘束订定机关、其下级机关及属官之效力。这两条有一定冲突。按照第161条只要履行了下达程序就可以生效。而按照第160条规定，还要首长签署并登载于政府报告发布。实践中台湾地区发生过，行政规则未经刊登发布。对此，“最高行政法院”认为：“……该解释性行政规则并不具创设性，法官不受其拘束。只是下级机关或属官受其拘束，依该解释性行政规则作成与人民有关之行为，对人民有所影响，为使人民有所预见，行政程序法乃要求于下达下级行政机关或属官生效后，应刊载于政府公报发布。唯此解释性行政规则之发布，并非其成立或生效要件。换言之，解释性行政规则未依行政程序法第160条第2款的刊登于政府公报，并不影响其效力……”参见陈新民：《行政法学总论》(第9版)，台北，三民书局2015年版，第271页。

〔2〕 参见王名扬主编：《法、美、英、日行政法简明教程》，山西人民出版社1991年版，第203～204页。

实施细则、部门通告、指导方针、行为指南等。大臣令和实施细则具有法律效力，部门通告、指导方针和指南通常不具有直接的法律效力。部门通告、指导方针和指南又被称为行政规则，被适用于众多领域的政策制定中，如规划、卫生、工作安全、种族关系、动物福利、警察权和污染控制。[1]

在美国，与本书中的民生行政政策文件大致相当的概念是“非立法性规则”。[2]包括“解释性规则、程序性规则、一般性政策声明”。[3]1946年美国《联邦行政程序法》规定了制定行政政策应遵循的程序，属于非正式程序，行政机关制定政策性文件时，必须进行及时、一般的公布，利害关系人可以对草案表达自己的意见。非正式规则制定程序又称“预告兼评论”程序，主要包括预告、评论、说明理由、定期生效四个程序。[4]除法律规定的例外情形和紧急情况外，行政机关必须将其拟制定的规章草案或者其主要内容在《联邦登记》上公布，供公众了解和提出意见，公众或利害关系人对已经公布的拟制定的规章通过多种形式表示意见，参与规章制定。非正式程序体现了行政公开的原则。此外，正式的规则制定程序是指规则的制定必须根据听证的记录制定法规。该程序能够保障公众参与的权利，但比较费时费力，不符合当今行政实践的需要。[5]由于“非正式的规则制定程序”与“正式的规则制定程序”都存在缺点，国会与法院自1970年起逐渐发展出混合型规则制定程序作为中间类型，同时使用书面表达、口头表达和有限度的口头辩论等各种方式。[6]

在法国，行政规范性文件大致被称为条例，是行政法渊源。法国的条例类型很多有执行性的、法令性的、自主性的、紧急情况的条例。执行性的条例是政府为了执行法律而制定的条例，必须符合法律原则；自主性的条例是行政机关根据行政管理中实际情况制定出来的条例，但必须在法律范围内制定。法国宪法规定宪法委员会对法令有权进行审查，被宣布违宪的法律或条例就不得公布。

---

〔1〕 参见[英]彼得·莱兰戈登·安东尼：《英国行政法教科书》(第5版)，杨伟东译，北京大学出版社2007年版，第37、39～40页。

〔2〕 参见美国联邦《行政程序法》第551节第4款规定，行政机关作出的具有普遍约束力的决定统称为法规。

〔3〕 王名扬：《法、美、英、日行政法简明教程》，山西人民出版社1991年版，第203～204页。

〔4〕 参见翁岳生：《行政法》，中国法制出版社2000年版，第968页。

〔5〕 参见张正钊、韩大元主编：《比较行政法》，中国人民大学出版社1998年版，第364～367页。

〔6〕 参见翁岳生：《行政法》，中国法制出版社2000年版，第968页。

在德国，与行政规范性文件大致相当的说法是行政规则，来源于基本法和其他法律。《德国基本法》第84条第2款规定，联邦政府，在联邦参议院的同意下，得发布一般性行政规则，显见其订定权限，并非来自国会，而是基于行政部门的组织权限。显然该条要求联邦政府订定行政规则，必须先经联邦参议院的同意，不过其考量重点应在于联邦体制的尊重，而非国会授权。[1]但是其行政规则不限于联邦政府，还有其他行政机关，主要是指“上级行政机关对下级发布的一般抽象的命令，或者针对行政机关内部秩序，或者针对业务性的行政活动”。[2]行政机关订定行政规则，系基于职权上执行法律的需要或行政管理上的指挥监督权限，仅就行政组织内部、职务分配、作业流程、法令适用、行政裁量等组织性、程序性、或事务性的事项加以规定。[3]

按照《德国基本法》的规定，行政规则的约束力和法律相当，但效力范围上远远小于法律。德国大量存在行政规则主要用于行政机关良好地执行法律。行政机关适用行政规则，使规则有了规范性的法律效力。对于行政规则具有法律效力对司法带来的影响，学术界存在以下两种观点：一是直接外部效果。主要是指行政机关根据“原始立法权”的职权制定的行政规则，即具有了直接法律效果，那么这种效力对法院具有法律约束力。二是间接外部效果。主要是指行政规则不对法院构成直接约束力，即法院在司法裁判中可以认定行政行为其不具合法性的依据。但这种行为规则成了一致行政惯例或在特定情况下，只要符合上位法律规范，那么法院就应该肯定其法律上的效力。所以德国对行政规则都一定程度上承认其外部效果，这种行政机关制定的普遍性规则不仅仅只具有内部效力，所以必须要对行政规则进行审查。[4]

韩国“行政规则”相当于本书所说的行政政策，对其成立、生效的要件主要有以下四个方面：第一，主体要件，应当由具有权限的机关向具有接收义务的机关颁发。第二，关于内容要件：行政规则不要求法令的授权，应当不违反法令和上级监督机关的行政规则；不允许超越行政组织内部的服从义务的限度，对受命者设置必要的自由限制规定；禁止事实上不可能的行政规则或者内

---

〔1〕 参见翁岳生：《行政法》（上），中国法制出版社2000年版，第539页。

〔2〕 [德]哈特穆特·毛雷尔：《行政法学总论》，高家伟译，法律出版社2000年版，第59页。

〔3〕 参见翁岳生：《行政法》（上），中国法制出版社2000年版，第539页。

〔4〕 参见彭镡：《行政规范性文件审查制度研究》，南昌大学2013年硕士学位论文。

容不明确的行政规则。第三，形式要件，一般以法律的形式，通过文书发布，但并不是要式化行为，也可以口述。一般的形式可以划分为告示，训令、通牒等两种类型。告示是行政机关向不特定多数国民通知一定事项的行政规则。训令、通牒是上级行政机关就所管事务向下级行政机关发布的行政规则，训令是关于基本命令事项的，通牒是关于详细的下达事项的，在这一点上，两者可以区分开来。事务管理规定施行规则从内容上（狭义的）可以细分为训令、指示、日常命令、例规等。第四，关于程序的要件：有关行政规则的制定程序，没有一般的规定，但如果有规定必须要经过法律上不同的机关，而且要经过上级机关的认可等程序时，则一定要经过该程序。行政规则与法规命令不同，公布并不是其程序的要件，因此除了在法律上有特别规定外，从到达受命者的时刻开始产生约束力。[1]

我国台湾地区“行政规则”与本书所称的行政政策相对应，根据台湾地区“行政程序法”第159条第1款的规定：行政规则是指“上级机关对下级机关，或长官对属官，依其权限或职权为规范机关内部秩序及运作，所为非直接对外发生法规范效力之一般、抽象之规定”。学界认为可以分为组织性、作业管理性、解释性，与解释有关，涉及执行统一性之裁量与认定事宜的行政规则等。“行政程序法”第159条第2款采用综合的方式，区分为内部规则及解释性规则两类。关于其制定和废止问题，有以下几点内容：第一，无需法律的授权，可由行政机关自行决定。但必须具有实质合法性方可。亦即不能违反法律的规定，如对无管辖权事务的分配规定，违反公务员法律的人事管理或抵触“司法院”释字的解释令等。第二，订定自由原则，其订定完全由行政机关决定，省却外界的参与，成为纯粹的机关事务。第三，下达及登载公报。“行政程序法”第160条规定，行政规则必须经过“下达”下级机关或属官的程序。所谓“下达”是一种意思表达的程序，没有一定的要式。对于第二类解释性行政规则，除下达程序外，还必须由首长签署，并刊载于政府公报发布。至于其废止，根据“行政程序法”第162条规定，应与订定程序相同，即下达及公告。[2]这说明它也有一些基本的要求。

---

〔1〕 参见［韩］金东熙：《行政法I》（第9版），赵峰译，中国人民大学出版社2008年版，第134～135页。

〔2〕 参见陈新民：《行政法学总论》（第9版），台北，三民书局2015年版，第269～271页。

综上可见，多数国家（地区）对行政机关基于职权制定的行政政策没有给予特别严格的要求。这是因为很长时间以来，人们认为此类行政政策只是行政机关内部规范，对外部行政相对人没有影响，基于这种认识，对行政政策的制定要求很少。但是，无论如何通常在法律中有一些基本的规定，只是要求简单还是详细罢了。

主要可供借鉴的有以下几点：第一，由法律作出规定。而我国大陆尚无法律对行政政策制定作出规定。第二，通常要求行政机关制定政策需要有一些程序。如英国规定，行政机关必须公布根据委任立法所制定的法规草案，听取反对意见，如果受法规影响的人中有许多人反对时，行政机关必须举行公开调查。有些法律指出行政机关必须咨询的有关团体，并成立咨询委员会提供意见。美国对非立法性行政政策要求遵守“预告兼评论”程序，主要包括预告、评论、说明理由、定期生效四个程序。

2.实体内容方面的要求和标准

各国有审查行政政策实体内容是否合法的标准。但大体上有两个层次的实体审查标准。一是宪法层次的标准。涉及宪法规定的政策、原则及制度，宪法规定的权利和自由，以及关于权力的配置等。其中与民生关系最为密切的是宪法的权利和自由。比如平等原则经常被适用。需要指出的是，宪法层次的标准是行政政策不得违反的。运用宪法层次的标准审查行政政策有两种情况，一种是违宪审查，即由违宪审查机关直接运用宪法对行政政策是否符合宪法规定进行审查。另一种是普通法院在适用法律或者高级行政政策时，根据宪法精神，引用宪法条文和宪法解释，对相关行政政策进行审查，这只是普通法律审查的一个方面。换言之，普通法院引用宪法对行政政策进行审查，也是可以的。此时，法院引用的宪法条文和宪法解释主要作用是对处理案件时适用的法律规范的解释起着指导和引导作用。二是法律标准。即审查者对行政政策进行审查依据的是一般的法律规范。

需要指出的是，宪法审查机关或者普通法院在对行政政策进行审查时，可能同时引用宪法标准和法律标准。但前者是由违宪审查机关实施的，属于违宪审查行为。后者属于一般的法律审查行为，宪法只是解释法律或者帮助确认相关政策是否合法有效的标准。

（1）美国审查行政政策的标准

美国行政政策适用非正式程序法规的审查，在其他法律没有特别规定时，依《联邦行政程序法》规定，适用专横、任性、滥用自由裁量权标准。法院必须审查行政机关是否滥用国会授予的立法权，在行使立法权时是否有专横、任性等不合理的表现。如果行政机关在制定政策法规时没有考虑必须考虑的因素，且其考虑和法规所要达到的目的没有合理的联系，便构成专横、任性。为此目的，法院必须严格审查行政机关说明的制定法规的根据和目的。《联邦行政程序法》规定，行政机关在制定法规的程序中，在公布最终的法规时，必须简单地说明制定法规的根据和目的，说明法规所执行的主要政策以及行政机关制定法规的理由。法院不仅审查行政机关的说明是否符合联邦行政程序法的要求，且要求行政机关提供足够的记录以供法院审查。法院认为“司法审查将毫无意义，如果没有足够的行政记录以判断行政机关的行为是否专横、任性”。根据行政机关的记录和说明，法院必须看出行政机关为何作出这样的决定。这种审查就是利文撒尔法官的说明理由的行政决定。法院审查行政机关的理由是否一致、充分，是否回答了有理由的批评；行政机关说明的理由不清楚、不充分、无根据、不回答有理由的批评，不能在已证明的事实和作出的决定之间提供合理的联系时，不能通过严格要求的审查标准。[1]由此可见，美国法院对行政政策有成熟的审查标准。

法院对科技法规和政策性法规的审查有所不同。联邦最高法院强调，法院对科技法规的审查应当表现自我克制精神。最大限度地尊重行政机关的事实裁定。另外，法院对科技法规的审查，在程序方面不能放松。一个合理的程序可以保证实质问题的结论的正确性。行政机关必须遵守法律规定的程序，在法律没有规定程序时，按照联邦《行政程序法》第553节规定的通告评论程序，广泛听取有关方面的评论意见。行政机关依非正式程序制定法规时，如果在通告评论程序上有不合理的表现，这个法规可能会被法院撤销。政策性法规中的事实具有普遍性质和预测性质，法院不能要求行政机关提出证据以它作为支持决定的基础。但是行政法规表现的政策必须和其他执行的法律的目的有合理的联系，可以完成法律所要达到的目的。缺乏这种联系的法规将被

〔1〕 参见王名扬：《美国行政法》（下），中国法制出版社1997年版，第718～719页。

法院撤销。行政机关在制定法规程序中，在评论阶段收到的意见，很多属于预测性质，不属于事实裁量，行政机关不一定采纳他们的意见。但行政机关在制定法规的程序中，对于应考虑的因素而没有考虑，例如，采取某种经济政策的法规完全不考虑其社会效果，法院可能会认为行政机关滥用其自由裁量权，故意回避问题。行政机关在评论阶段收集的意见中，对某种政策有批评的意见，如果这种批评有理由可以成立，行政机关在法规中选择这种政策时，必须对合理的批评作出回答，否则法院可能认为行政机关的决定出于专横和任性。行政机关对法规说明的理由，必须在其所考虑的事实中有合理的基础。

法院对行政规则的审查，要区别立法性法规和解释性法规。就一般情况而言，合理的解释性法规，由于表现行政机关的经验和专业知识，会得到法院的重视。但是这种法规对法院没有拘束力。法院对它进行一定的审查，可以用法院的解释代替行政机关的解释。[1]这里所言的解释性法规属于我们所说的行政政策范围。

综上，美国主要采用专横、任性标准等标准对行政政策进行审查。一方面尊重行政机关的经验和专业知识，另一方面对行政政策制定的目的、程序以及程序中所考虑的因素、对公众意见的回应等进行审查。这种做法很值得我国借鉴。

（2）英国采用的标准[2]

英国对行政政策的审查没有明确具体的一般规定。作为委任立法，当其逾越了授权法规定的范围时，法院可以根据越权原则以程序和实体司法审查理由对其进行审查。在没有普通法或制定法授予权力的情况下，大臣及其官员的行政行为不得剥夺个人的权利，具体采用以下标准。

第一，程序越权。当事人可以委任立法在起草时没有遵循合法程序为由，对其提出诉讼。1946年《法定条规法》对法定条规的起草、提交审查和各部程序作了规定。对没有完全遵循这些要求的委任立法，或者没有完全遵循授权法规定要求的委任立法，从严解释程序越权都会使该委任立法无效。法院倾向于区分强制性（重要的）程序要求和指导性（通常对相对个人的重要性要小）程序性要求。只有在完全不遵循强制性程序要求的情况下，法院才会认定委

〔1〕 参见王名扬：《美国行政法》（下），中国法制出版社1997年版，第722～723页。

〔2〕 本部分除另有注释外，均参见［英］彼得·莱兰戈登·安东尼：《英国行政法教科书》（第5版），杨伟东译，北京大学出版社2007年版，第325～328、350～354页。

任立法无效。而没有遵循正确程序（指导性要求）可能影响委任立法的适用效力，而不会影响它的总体效力。

在其中一案中，[1]1946年《工业培训法》第1条第4款规定，在制定工业培训令之前，大臣应当征求受影响组织代表的意见。1966年8月2日工业培训令出台，8月11日依法提交议会审查，8月15日生效。1968年5月，在工业培训令生效近两年后，蘑菇培训协会申请完全免除适用工业培训令。理由是它未收到起草工业培训令安排的文件，大臣也未征求它的意见。蘑菇培训协会是全国农场主协会的下设专业性机构，工业培训令起草时征求了全国农场主协会的意见。工业培训局向法院申请宣告令，以确定大臣是否有遵循征求意见的义务。唐纳森法官判决指出，征求意见是强制性程序要求，工业培训令对蘑菇栽培者不适用。

第二，实体越权。通过实体越权对委任立法提出诉讼的理由更多，通常理由是委任立法在制定时超越了议会所限制的范围。其他常见理由包括：某一具体规定与议会立法的目的相冲突；委任立法有溯及力；在议会没有作出规定的情况下，将委任立法再委任给其他机关；或更为一般的理由是，委任立法的规定含糊、不公正或不合理。事实上，这些理由是司法审查中常见的审查理由，不过这些理由与委任立法可能出现的问题有具体的关联。

如对涉及通告的案件，[2]法院受理的许多案件涉及对各类准立法行为（如《道路行为指南》《1984年〈警察与刑事证据法〉行为指南》等）的诉讼。这里的准立法包括行为指南、指导规则，如移民规则和各部发放的通告等。经典判例[3]对法定指令（通常有强制力）与法定指导（仅有指导作用）作出了明确区分。在此案中，法院认定贸易大臣发布的指导与1971年《民航法》的目的相冲突（或不一致），构成违法。此案涉及一家航空公司（Laker's Skytrain）经营大西洋航线的权利。根据1971年《民航法》的规定，民航局有权确定航空服务的航线。该法第3条第1款特别规定，民航局有义务保证国有的英国航空公司不能垄断远距离航线；而第3条第2款则允许贸易大臣就民航局行使其职能

〔1〕 See Agricultural, Horticultural and Forestry Industry Training Board v. Aylesbury Mushrooms（[1972]）1All ER 280）.

〔2〕 参见［英］彼得·莱兰戈登·安东尼：《英国行政法教科书》（第5版），杨伟东译，北京大学出版社2007年版，第326～329页。

〔3〕 See Laker Airways Ltd v Department of Trade（[1977]QB643）.

问题发布通知，作出书面指导。上诉法院判决认定，政府取消该航空公司根据1946年签订的条约指定经营美国航线的行为违法，因为该行为将使此前根据法定权力授予该公司的许可证无效。上诉法院认定，该行为违反了1971年《民航法》。上诉法院在作出这一关键性区分的同时，指出贸易大臣享有向民航局进行指导的权力，但无权向民航局发出指令。就第一方面而言，因贸易大臣发出的指导与1971年《民航法》的目的相冲突，因此该指导本身违法；就第二方面而言，1971年《民航法》第4条具体规定了贸易大臣可以发布指令的权力，但只能在十分有限情况下使用。而在本案中，贸易大臣不能运用这一权力。

与法定通告相比，法院通常认为提供指导的非法定通告仅仅具有建议效力。同时，法院的判决对发布这类通告是否构成制定政策问题进行了分析。这一问题出现在其中一案中。[1]此案涉及卫生部就下列问题发出的非法定指导：全民健康服务的全科大夫未经父母同意，向未满16岁的女孩提供避孕的医疗建议的行为是否合法。对此，需要解决的重要问题是，是否可以使用司法审查程序对除法定权力之外的行为提出诉讼。在此案中，虽然法院（基于多种原因）接受了当事人提出的请求法院发出宣告令的诉讼，但布里奇勋爵采取限制性态度，他指出，作为一般原则，中央各部向下属机关发布的非法定指导不受司法审查。不过，弗雷泽和斯卡曼勋爵则在附带意见中指出，虽然申请人的请求在实体上不成立，但在合适的情况下，法院有权纠正指导存在的法律错误；而有充分理由认为，对指导可以提出司法审查。此外，法院创造了合法预期原则，现在越来越表明它正成为主张程序性权利和实体性权利的根据。在其中一案中，[2]法院认定，内政部的“长期居住”移民政策，使申请人产生了合法预期。最后，其他标准。在其中一案中，[3]卫生部发布的通告，建议在全民健康服务工作的全科大夫不应当开治疗性功能丧失的Viagra药物，法院认定该通告违法，且违反欧盟法。在另一案中，[4]法院判决认定，书面指导错误解释了法律。

第三，法院已确立：违反基本的宪政原则，与1688年《权利法案》相违背没有法定权力而征税的委任立法无效。在其中一案中，[5]1916年《新设部和新任

[1] See Gillick v. West Norfolk & Wisbech Area Health Authority ([1986] 3All ER 402).
[2] See R v. Secretary of State for Home Department, ex p Popatia ([2000]) INLR 587).
[3] See R v. Secretary of State for Health, ex p Pfizer Ltd ([1999] 2CCLR 270).
[4] See R v. Department of Health, ex p Source Informatics Ltd ([2001]) QB424.
[5] See Attorney-General v. Wilts United Dairies Ltd ((1921) 37TLR884).

大臣法》规定，食品总监有义务“按照他认为鼓励食品生产的最佳方式管理食品的供应与消费”。在此案中，食品总监决定对每加仑牛奶征收2便士。虽然该法授予食品总监十分宽泛的裁量权，但因课征这一费用没有明确和具体的法律根据，上诉法院和上议院均判决认定食品总监的决定越权。同样，在另一案中，[1]立法授权税务局可以对它提供的服务收取它认为合适的费用。西南税务局制定的条例规定，凡没有与公共排污系统连接的家庭，须交纳排污费。法院判决认定，该条例的规定事实上是对没有得到好处的个人征收，因此越权。

第四，当事人可以违背人权保障或欧盟法为由，对委任立法提出异议。就人权保障而言，可以基于普通法和1998年《人权法》提出异议。虽然《人权法》不允许法院宣布议会基本法律无效（只能宣布不一致），但法院一般有权以违反《欧洲人权公约》为由撤销委任立法。

在1998年《人权法》正式转化《欧洲人权公约》之前，判例法已明显开始认可《欧洲人权公约》所规定的权利。在其中一案中，[2]法院判决认定限制服刑犯人与新闻记者接触的政策违法，因为这一政策不正当干预了基本权利。另一案[3]作出了类似判决。法院指出，对不服从管教的服刑犯人，监狱长有权规定限制他们吃饭的要求。不过，对这些要求的执行必须保持灵活性，以保证服刑犯人有充分的营养。此案中一天只供应一顿饭的政策，没有达到上述要求。法院援引Ex p. Simms案的判决指出，在没有明确法律授权的情况下，“应假定采取一般规定制定的监狱规则受基本人权的约束”。从这些案件中可归纳出的原则是，如果一般性政策不能在“该政策旨在保护的普遍性利益与个案的具体情况之间建立充分的合乎比例的平衡标准”，那么该政策很可能违反人权法律。

就欧盟而言，法院已明确确立的制度里，对与欧盟法相冲突的议会立法，法院有权不予适用，但议会明确规定议会立法优先适用时除外。相反，对与欧盟法相冲突的委任立法，法院有权予以撤销。

可见，英国采用的标准包括程序违法、实体越权、违反宪政权力配置原则、侵犯人权等。其中实体越权主要包括：某一具体规定与议会立法的目的相冲

---

〔1〕 See Daymond v. South West Water Authority（[1976]）AC609（HL）.

〔2〕 See R v. Secretary of State for the Home Department, ex p Simms（[2000]）2AC 115）.

〔3〕 See R v. Governor of Frankland Prison, ex p Russell（[2000] 1WLR2027）.

突；委任立法有溯及力；在议会没有作出规定的情况下，将委任立法再委任给其他机关；或更为一般的理由是，委任立法的规定含糊、不公正或不合理。事实上，这些理由是司法审查中常见的审查理由，不过这些理由与委任立法可能出现的问题有具体的关联。

（3）德国

《德国行政程序法》没有对行政政策的审查标准作出规定。但基于《德国基本法》规定基本法拘束所有国家机关，所以行政机关制定行政政策必须符合其要求。依法行政原则是对行政机关的基本要求。对于民生行政政策，并不实行严格的法律保留原则。行政机关可在没有法律授权情况下制定此类政策，调整民生行政关系。

与负担类行政行为相比，民生类行政行为特别注重平等原则的拘束。换言之，行政机关在制定行政政策时，必须符合平等原则的要求，不得违反平等原则。

在德国，法治原则是拘束行政权的一项原则，但在民生行政事务方面，并不实行严格的法律保留原则。[1]但其前提要件是不得抵触平等权。德国行政法学发展，将基本人权视为拘束所有国家公权力之法，从而平等权能堂而皇之拘束所有行政行为，给付行政必须服膺平等权。德国联邦宪法法院成立后所作出的第一个判决，将平等原则引入给付行政之中。尽管依法行政原则有此优点，但现代人民往往过于依赖给付行政，若委诸行政权的自行判断如何才是“正当”的相同或差别待遇，恐会在一些个案中产生不公之流弊，为使国家服务行为更具确定性，立法者应该责无旁贷地来作决定。故德国对社会立法就逐渐朝向“依法律行政”之立法方向，是“依法行政”的倒向发展。如《德国社会福利法》第31条规定，社会福利仅能依本法之规定给予之。这就是“依法律行政”的体现。郭明政教授也认为给付行政常伴随着干预行政（日保费义务），社会给付会造成他人负担（如增税），防止社会行政恣意及社会给付涉及人民

---

〔1〕　德国实务界几乎一致认为服务行政不必遵循严格的“法律保留”，在无法律明确的规定下，亦可为服务行政。例如给予融资之处分等。如联邦宪法法院（BVerfGE 8，155/167）；联邦行政法院（刊载BVB1，1978，212）及联邦普通法院（刊载NWwZ 1985，517）等一致见解。但仍认为要遵照国会的一切意见，包括预算的决定，为服务行政。学界则有不少反对见解。例如毛勒便认为，现代的社会法治国家不仅是讲求自由，也要在国家行为中获得自由，更要透过国家获得自由，因此鉴于人民可能因未能获得补助而蒙不利，故主张即连服务行政亦须法律之授权。参见陈新民：《行政法学总论》（第9版），台北，三民书局2015年版，第103页。

请求权基本法律保留原则，给付行政亦应有法律保留原则的适用。[1]这是一个值得注意的现象。可见，德国虽然肯定民生事项不实行严格的法律保留原则，但也不是绝对的，而且强调要用平等原则作为弥补。

（4）韩国

宪法法院也强调，行政机关制定行政规则要平等原则的拘束。在韩国，大法院除了个别例外的判决事项例，否认了性质规则的法规性，不承认其对国民或法院具有法的约束力。对于作为行政规则的裁量准则，大法院还没有讨论以平等原则为媒介的行政的自我约束的观点，大法院的基本立场是，不认可作为裁量准则的行政规则具有通过平等原则的间接效力。对此，宪法裁判所肯定了裁量准则的（准）法规性，裁判所在1990.9.3宣告90宪法13决定中公判如下："所谓的行政规则一般地旨在行政组织内部具有效力，对外不具有约束力。但是……如果裁量权行使的准则——规则按照其制定的那样反复施行，形成行政惯行的话，行政机关应当根据平等的原则或信赖保护的原则，在与相对人的关系中依据其规则进行自我约束，在这种情况下，其具有对外的约束力。"[2]

（5）我国台湾地区[3]

民生行政政策同时受宪制性规定和有关规定的拘束。"大法官"可以适用宪制性规定审查行政政策是否违反宪制性规定。行政法院可以引用宪制性规定和解释，审查行政政策是否违反宪制性规定和解释。我国台湾地区"行政程序法"规定了诸多原则，这些原则对行政政策具有拘束力。行政法院可以适用这些原则对行政政策进行审查。

第一，法律保留原则。台湾地区理论界和实务界一般认为，对于给付类民生行政行为，并不严格实行法律保留原则。

释字第614号解释认为："给付行政措施如未限制人民之自由权利，固尚难谓与'宪法'第23条规定之限制人民基本权利之'法律'保留原则有违，惟如涉及公共利益或实现人民基本权利之保障等重大事项者，原则上仍应有'法律'或'法律'明确之授权为依据，主管机关始得据此可以订定法规命令。公务人员曾任公营事业人员者，其服务于公营事业之期间，得否并入公务人员年

〔1〕 转引自陈新民：《行政法学总论》（第9版），三民书局2015年版，第101～102页。

〔2〕 ［韩］金东熙：《行政法I》（第9版），赵峰译，中国人民大学出版社2008年版，第133～134页。

〔3〕 参见陈新民：《行政法学总论》（第9版），三民书局2015年版，第100～101页。

资，以为退休金计算之基础，'宪法'虽未规定，'立法机关'仍非不得本诸'宪法'照顾公务人员生活之意旨，以法律定之。在此类'法律'制定施行前，主管机关依'法律'授权订定之法规命令，或径行订定相关规定为合理之规范以供遵循者，因其内容非限制人民之自由权利，尚难谓与'宪法'第23条规定之'法律'保留原则有违。"其理由认为："关于给付行政措施，其受'法律'规范之密度，自较限制人民权益者宽松。"故不必遵守严格的法律保留原则。释字第717号解释指出："退休公务人员公保养老给付金额优惠存款要点"是主管机关鉴于早期公务人员退休所得偏低，在"法律"未有明文规定与授权的情形下，以命令制定的"法"规范。"大法官"在该号解释即并不质疑其抵触"法律"保留原则而无效。

但也有要求遵守"法律"保留原则。如释字第474号解释，针对公务员请领退休给付的时效制度，强调实行绝对保留："时效制度，不仅与人民权利义务有重大关系，且其目的在于尊重既存之事实状态，及维持法律秩序之安定，与公益有关，须迳由'法律'明定，自不得授权行政机关衡情以命令订定或由行政机关依职权以命令订之。""大法官"重视时效制度，是基于其具有法秩序安定的积极功能。

给付行政中涉及法律保留原则最多的，是关于津贴等问题。当局给予私人企业的扶助行为如贷款、融资，大多利用行政机关的预算为之。[1]释字第565号解释强调，上述给付行政可以需庸"法律"授权或严格法律保留原则的适用，但涉及给予租税优惠时，如减免租税的优惠，已视为税基的要件，碍于法律租税主义的实施，即使给予给付行政的概念，亦不得违反法律保障原则的规定。

第二，平等原则对民生行政政策的拘束。将平等原则引入后，依法行政原则可填补行政公权力可能造成"差别待遇"引起的图利有关系者不公平之弊端。[2]平等原则对民生行政政策的拘束，主要有三点含义：[3]其一，由于民生行

---

〔1〕 参见陈新民：《行政法学总论》（第9版），三民书局2015年版，第100页。

〔2〕 参见陈新民：《行政法学总论》（第9版），三民书局2015年版，第101页，脚注9：例如，利用订定内部的行政规则方式，将行政机关接受申请之决定程序予以制式化，同时应明示平等原则，使行政权之行使能够公开与公正，并且亦可使平等权作为审查行政行为的合法性依据。特别是司法院在释字第457号解释承认行政私法亦受平等权原则的拘束，行政私法行为的合法性即可受平等权之检讨。

〔3〕 参见陈新民：《行政法学总论》（第9版），三民书局2015年版，第103～106页。

政政策不一定需要“法律”授权就可实施，在没有具体“法律规范”的情况下，更容易造成行政恣意、滥权。自从“依法律行政”概念转变成“依法行政”，平等原则的考量乃其最大的改变因素。所以即使在给付行政，只要适用平等原则时，即便是欠缺“法律”授权之基础，亦非不可实施。其二，强调行政惯例的拘束力。行政行为必须遵守实质平等，以“可预见性”原则作为法律安定性达成的重要目标，只要行政惯例不违反法律优位、符合实质正当原则，应肯认行政惯例的拘束力，从而行政机关无正当理由而不遵从之，即属恣意。“行政程序法”第6条平等原则是一般原则，尽管行政法学上普遍不承认行政惯例法的法源资格，但“行政法院”实务亦有承认行政惯例具有法之拘束力者，例如，“最高行”102年度判字第687号判决：“行政机关依其行政规则（包括行政函释），经由长期之惯行，透过上开平等原则之作用，产生外部效力，人民得据该行政规则向行政机关为请求。是以“行政诉讼法”第5条规定，行政机关对人民依法申请之案件，予以驳回或于法定期间之内不作为，致损害其权利或法律上利益，人民得提起课予义务诉讼。该条规定所称之‘法’，除法律或法规命令外，尚包括上述因行政惯行及平等原则作用，而有外部效力之行政规则。”为使平等权切实贯彻到行政个案，应要求行政机关发挥最高度的行政自制，对于有差别待遇的“正当理由”，应有详为说明理由的义务，法院也应以“高度怀疑”的角度审查之。其三，不法平等。强调相对人不能基于平等原则去主张违法行为的合法性或者违法的利益要求。“最高行政法院”1993年判第1392号判例指出：“‘宪法’之平等原则要求行政机关对于事物本质相同之事件作相同处理，乃形成行政自我拘束，惟‘宪法’之平等原则系指合法之平等，不包含违法之平等。故行政先例需属合法者，乃行政自我拘束之前提要件，‘宪法’之平等原则，并非赋予人民有要求行政机关重复错误之请求权。”

第三，明确性原则。“行政程序法”第5条规定：“行政行为之内容应明确”，这一原则对行政政策的要求是指，法规命令与行政规则的内容，如在适用上仍有不够明确，致产生适用疑义，此在行政实务上并不乏见，即可运用“释示权”的方式，以澄清之。在许多涉及租税法律主义之案件，“大法官”已多次提及：“惟主管机关于职权范围内适用之‘法律’条文发生疑义者，本于法定职权就相关规定予以阐释，如系秉持一般法律解释方法，且符合相关‘宪法’原则，即与租税法律主义无违。”显示行政机关在‘法律’条文、相关‘法规’命令或行政规则都无法提供个案明确解决法律依据时，得由行政机关行使释示权，以澄清法规范的意义。[1]

（二）我国的做法和完善措施

从上可见，不少国家和地区对于行政政策的法律规定很少。这与中国大陆相同。其中美国、我国台湾地区都有规定，且有成熟的案例解释。内容丰富具体。德国、日本一般法律中没有明确规定。

我国法律层面没有规定，一些地方政府规章都标示依据了相关法律和行政法规，如《江苏省规范性文件制定和备案规定》《上海市行政规范性文件制定和备案规定》都在第1条规定，其制定的依据是《地方各级人民代表大会和地方各级人民政府组织法》《规章制定程序条例》《法规规章备案条例》等法律、法规，但实际上法律和行政法规只是一种授权性的规定，没有具体明确的内容要求。

有关行政政策的规范主要在地方立法中有所规定。我国关于行政政策的规定既有中央政府政策规定，也有地方立法规定。

1.我国审查行政政策的程序规定

（1）国务院提出总的要求

主要有以下几个重要的政策性文件规定的。

2004年国务院《全面推进依法行政实施纲要》对行政规范性文件的规定提出了相关要求，这也就是对民生行政政策的要求：“改进政府立法工作方法，扩大政府立法工作的公众参与程度……起草……作为行政管理依据的规范性文件草案，要采取多种形式广泛听取意见。重大或者关系人民群众切身利益的草案，要采取听证会、论证会、座谈会或者向社会公布草案等方式向社会听取意见，尊重多数人的意愿，充分反映最广大人民的根本利益。要积极探索建立对听取和采纳意见情况的说明制度……作为行政管理依据的规范性文件通过后，应当在政府公报、普遍发行的报刊和政府网站上公布。政府公报应当便于公民、法人和其他组织获取。”此外还规定，“建立和完善……规范性文件的定期清理制度……规范性文件施行后，制定机关、实施机关应当定期对其实施情况进行评估。实施机关应当将评估意见报告制定机关；制定机关要定期

〔1〕 参见陈新民：《行政法学总论》（第9版），台北，三民书局2015年版，第103～106、133页。

对……规范性文件进行清理。”据此，听取意见成为必备的要求，听证会、论证会等成为某些行政政策出台必须经过的程序。

2008年《国务院关于加强市县政府依法行政的决定》规定：“严格规范性文件制定权限和发布程序。市县政府及其部门制定规范性文件要严格遵守法定权限和程序……制定作为行政管理依据的规范性文件，应当采取多种形式广泛听取意见，并由制定机关负责人集体讨论决定；未经听取意见、合法性审查并经集体讨论决定的，不得发布施行。对涉及公民、法人或者其他组织合法权益的规范性文件，要通过政府公报、政府网站、新闻媒体等向社会公布；未经公布的规范性文件，不得作为行政管理的依据。”据此规定，三标准即听取意见、合法性审查和集体讨论决定成为“发布”之前必不可少的程序要求。而“未经公布”的后果是“不得作为行政管理的依据”。

2015年中共中央、国务院印发《法治政府建设实施纲要（2015—2020年）》，第12点规定：“加强规范性文件监督管理。完善规范性文件制定程序，落实合法性审查、集体讨论决定等制度，实行制定机关对规范性文件统一登记、统一编号、统一印发制度。涉及公民、法人和其他组织权利义务的规范性文件，应当按照法定要求和程序予以公布，未经公布的不得作为行政管理依据。加强备案审查制度和能力建设，把所有规范性文件纳入备案审查范围，健全公民、法人和其他组织对规范性文件的建议审查制度，加大备案审查力度，做到有件必备、有错必纠。”这个规定比前述2004年和2008年的文件要求降低了标准，虽然强调了“完善规范性文件制定程序，落实合法性审查、集体讨论决定等制度，”但没有明确对广泛听取意见提出要求。未明确要求：未经听取意见、合法性审查和集体讨论决定的不得发布的要求。虽然规定了“未经公布的不得作为行政管理的依据”，但是如果行政机关制定的行政政策未经听取意见、合法性审查和集体讨论，却“公布”了，此时可能仍然认同其效力。

（2）地方立法规定

2009年江苏省政府规章《江苏省规范性文件制定和备案规定》对程序作了相关规定。第11条规定：“起草规范性文件，应当广泛听取有关机关、组织和公民的意见。听取意见可以采取书面征求意见和座谈会、论证会、听证会等多种形式。”“鼓励采用各种有利于扩大公众有序参与的方式起草规范性文件。”第16条规定：“对直接涉及公民、法人或者其他组织切身利益，或者存在重大意见分歧的规范性文件草案送审稿，制定机关的法制机构应当通过网络、报纸等媒体向社会公开征求意见，或者举行听证会。听证会的组织，参照国务院《规章制定程序条例》第十五条的规定执行。”第2条规定：“违反本规定制定的或者依照法律、法规规定应当公布但没有公布的规范性文件，不得作为实施行政管理的依据。”这三条对听取意见的程序作了很好的规定，且明确了其效力。

2010年浙江省政府规章《浙江省行政规范性文件管理办法》第10条规定：“除依法不得公开及应急性的事项外，行政规范性文件在起草过程中应当公开征求意见；涉及重大公共利益和群众切身利益的，应当采取座谈会、听证会等多种形式，广泛听取行政管理相对人和有关基层单位的意见；涉及地区经济社会发展的重大事项或者专业性较强的，应当事先组织专家进行必要性和可行性论证。”“起草单位对公民、法人和其他组织提出的意见和建议应当记录在案、研究处理，并说明采纳意见情况。”第17条规定：“行政规范性文件未经征求意见、合法性审查并按照国家有关规定经集体讨论决定的，不得发布施行。”这两条对听取意见的程序及其效力作了明确。

2016年《上海市行政规范性文件制定和备案规定》在第二章规定了规范性文件的制定，主要程序包括：建议和启动；组织起草；调研；听取意见；论证会；听证会；公开征询社会公众意见；意见的处理和协调；报请发布的材料；法律审核；审核处理；有关会议审议决定；简化制定程序；发布；公布；施行时间；解释权；有效期制度；评估制度；清理制度；制定机关对有关建议的处理。

其中涉及听取意见的民主程序的规定主要有：第12条规定：“除本规定第22条另有规定外，起草规范性文件，起草部门应当听取有关组织和行政管理相对人或者专家的意见；其中，区人民政府及其工作部门起草规范性文件，一般应当听取市有关主管部门的意见。”“起草部门听取意见，一般应当采取书面征求相关单位意见、召开座谈会等方式；并可以根据实际需要，采取召开论证会、听证会和公开征询社会公众意见等其他方式。”

第14条规定了论证会：“有下列情形之一的，起草规范性文件时可以组织有关专家召开论证会：（一）制定规范性文件的合法性、必要性或者可行性需要进一步论证的；（二）涉及内容专业性、技术性较强的；（三）拟设定政策、措施或者制度的科学性、可操作性需要进一步论证的；（四）可能导致较大财政投入或者社会成本增加，需要进行成本效益分析的；（五）起草部门认为确有必要的。”

第15条规定了听证会：“有下列情形之一的，起草规范性文件时可以组织召开听证会：（一）直接涉及公民、法人或者其他组织切身利益，各利益相关方存在重大分歧意见的；（二）涉及重大公共利益，存在重大分歧意见的；（三）起草部门认为确有必要的。”“起草部门组织召开听证会，应当提前公布听证会的时间、地点、议题，并按照公开、公平、公正的原则确定听证参加人。听证会由起草部门的法制机构或者指定的机构主持。”

第16条规定了公开征询社会公众意见：“起草规范性文件涉及重大公共利益，或者直接涉及管辖区域内大多数公民、法人或者其他组织切身利益的，规范性文件草案可以向社会公示，并征询公众意见。”“规范性文件草案公开征询社会公众意见的，起草部门应当通过本机关的政府网站，或者其他有利于公众知晓的方式公布规范性文件草案。征询意见的期限自公告之日起一般不少于30日；确有特殊情况的，征询意见的期限可以缩短，但最短不少于7日。”

第17条规定了意见的处理和协调、第17条规定了报请制定的材料。

从上述规定可见，三省市对制定行政政策规定了民主程序方面的要求。通常包括了三个方面的要求，即听取意见、合法性审查和集体讨论；规定了审查的相关内容。通常都要求行政机关广泛征求意见和建议。

前述中央政策和地方政府规定的要求，其缺陷主要有：第一，中央政策尚未法律化，而地方立法只是地方政府发布的规章，对人大及其常委会、法院没有拘束力。所以一旦引起争议，人大及其常委会、法院对其进行审查时，通常很少根据中央政府和地方政府规章规定的程序对行政政策进行审查。前章研究也表明，有些法院虽然对附带提起审查的行政规范性文件进行审查，但从未审查过这些文件制定程序是否合法。第二，有些地方立法对必须遵守的相关程序强调不足。如《上海市行政规范性文件制定和备案规定》第24条关于公布的规定：“规范性文件应当由制定机关向社会公布；未向社会公布的，不得作为实施行政管理的依据。”这一规定比2008年《国务院关于加强市县政府依法行政的决定》规定的内容倒退，后者规定：“市县政府及其部门制定规范性文件要严格遵守法定权限和程序……制定作为行政管理依据的规范性文件，应当采取多种形式广泛听取意见，并由制定机关负责人集体讨论决定；未经听取意见、合法性审查并经集体讨论决定的，不得发布施行。”而江苏省、浙江省的上述文件都有这些规定。这表明上海市在立法程序控制方面还有一定的缺陷。第三,一些规定不符合宪法法律和中央政策的精神,相关程序要求给行政机关留下了较大的裁量自由。我国《宪法》第2条第3款规定:人民依照法律规定,通过各种途径和形式,管理国家事务,管理经济和文化事业,管理社会事务。第27条第2款规定:一切国家机关和国家工作人员必须依靠人民的支持,经常保持同人民的密切联系,倾听人民的意见和建议,接受人民的监督,努力为人民服务。第41条规定:公民对于任何国家机关和国家工作人员,有提出批评和建议的权利;对于任何国家机关和国家工作人员的违法失职行为,有向有关国家机关提出申诉、控告或者检举的权利,但是不得捏造或者歪曲事实进行诬告陷害。根据上述规定的精神,行政机关制定的涉及公民权益的事项应当广泛吸收群众参加,否则监督、提出意见和建议就无法实现,据此应该把广泛听取意见作为强制性要求。但是2015年中共中央、国务院《法治政府建设实施纲要(2015—2020年)》第12点规定:"完善规范性文件制定程序,落实合法性审查、集体讨论决定等制度,实行制定机关对规范性文件统一登记、统一编号、统一印发制度……未经公布的不得作为行政管理依据……"这个规定虽然强调了"完善规范性文件制定程序,落实合法性审查、集体讨论决定等制度",但没有对广泛听取意见提出要求,也未明确要求:未经听取意见、合法性审查和集体讨论决定的不得发布的要求。虽然规定了"未经公布的不得作为行政管理的依据",但是如果行政机关制定的行政政策未经听取意见、合法性审查和集体讨论,但却"公布"了,此时可能仍然认同其效力。

而《上海市行政规范性文件制定和备案规定》问题更严重。第14条规定的组织有关专家召开论证会、第15条规定的可以组织召开听证会、第16条规定的可以向社会公示并征询公众意见等,对行政机关制定行政政策征求意见的形式均是"可以",这给行政机关太大的裁量自由,其结果往往是相当多的行政机关制定行政政策时并不重视听取意见。

2.实体性审查标准

我国行政政策的实体性标准主要是合宪性和合法性标准。前者是指行政政策必须符合宪法的规定。合法性是指行政政策不得与法律法规规章和上级行政政策相抵触。

(1)法律和中央政策的规定

2006年《监督法》第30条规定:“县级以上地方各级人大常委会对……本级政府发布的决定、命令,经审查,认为有下列不适当的情形之一的,有权予以撤销:(一)超越法定权限,限制或者剥夺公民、法人和其他组织的合法权利,或者增加公民、法人和其他组织的义务的;(二)同法律、法规规定相抵触的;(三)有其他不适当的情形,应当予以撤销的。”这是县级以上地方人大常委会监督本级政府行政政策的依据。但是这一规定,只是人大常委会审查的标准。至于行政机关和法院适用什么标准来审查行政政策,没有法律规定。

2004年国务院《全面推进依法行政实施纲要》对行政规范性文件的规定提出了相关要求,这也就是对民生行政政策的要求:“制定……规范性文件等制度建设,重在提高质量。要遵循并反映经济和社会发展规律,紧紧围绕全面建设小康社会的奋斗目标,紧密结合改革发展稳定的重大决策,体现、推动和保障发展这个执政兴国的第一要务,发挥公民、法人和其他组织的积极性、主动性和创造性,为在经济发展的基础上实现社会全面发展,促进人的全面发展,促进经济、社会和生态环境的协调发展,提供法律保障;要根据宪法和立法法的规定,严格按照法定权限和法定程序进行……规范性文件的内容要具体、明确,具有可操作性,能够切实解决问题;内在逻辑要严密,语言要规范、简洁、准确。”在规定的“目标”部分相关内容有:“制定……规范性文件等制度建设符合宪法和法律规定的权限和程序,充分反映客观规律和最广大人民的根本利益,为社会主义物质文明、政治文明和精神文明协调发展提供制度保障。”“制定的政策、发布的决定相对稳定……”在“依法行政的基本要求”部分的一项要求是:“行政机关实施行政管理,应当依照法律、法规、规章的规定进行;没有法律、法规、规章的规定,行政机关不得作出影响公民、法人和其他组织合法权益或者增加公民、法人和其他组织义务的决定。”据此规定,行政政策的实体性标准是符合宪法和法律的规定,即合宪合法标准。

2008年《国务院关于加强市县政府依法行政的决定》:“严格规范性文件制定权限和发布程序。市县政府及其部门制定规范性文件要严格遵守法定权限和程序,符合法律、法规、规章和国家的方针政策,不得违法创设行政许可、行政处罚、行政强制、行政收费等行政权力,不得违法增加公民、法人或者其他组织的义务。”据此规定,合法性要求有了重点,有三点要求:必须合法、不得违反创设重要的行政权力、不得违法增加相对人的义务。这里所言的“法”，是指《立法法》规定的法律、行政法规、地方性法规、自治条例、单行条例、部门规章和地方政府规章。

2015年中共中央、国务院印发《法治政府建设实施纲要（2015—2020年）》第13点规定，规范性文件不得违法设定行政许可、行政处罚、行政强制等事项，不得违法减损公民、法人和其他组织合法权益或者增加其义务。据此规定，行政政策不得设定秩序类行政行为或者负担性行政行为；其内容不得减损相对人的合法权益或者增加相对人的义务。

综上，中央政策规定的标准就是合宪性和合法性标准。具体强调的重点是：必须符合宪法和法律；不得设定负担性行政行为；不得减损法定权益、增设法定义务；符合明确性要求。

（2）地方立法的规定

地方政府规章规定的行政政策合法性标准主要体现在两个方面：规章明确规定的要求；规章规定的法律审核或审查和备案要求中。具体说明如下：

第一，规章明确规定的标准：《江苏省规范性文件制定和备案规定》第9条规定：“行政机关制定规范性文件以实施法律、法规、规章的相关规定为主，并不得创设下列事项：（一）行政许可；（二）行政处罚；（三）行政强制；（四）行政征收征用（法律、法规另有规定的除外）；（五）机构编制事项和其他应当由法律、法规、规章或者上级行政机关规定的事项。”“规范性文件为实施法律、法规、规章作出具体规定的，不得违法增加公民、法人或者其他组织的义务或者限制公民、法人或者其他组织的权利。”据此规定，行政政策主要是实施性的，原则上不得制定创设性的；实施性的行政政策，在内容上不得违法增加相对人的义务、不得违法限制相对人的权利。

《浙江省行政规范性文件管理办法》第8条规定：制定行政规范性文件应当严格遵守法定权限和程序，符合法律、法规、规章和国家的方针政策；不得设定行政许可、行政处罚、行政强制等应当由法律、法规、规章设定的事项；没有法律、法规、规章为依据，不得规定限制或者剥夺公民、法人和其他组织合法权利，或者增加公民、法人和其他组织义务的内容。这一规定虽然没有对行政政策的类型作出限制，但是从内容来看，主要限定为实施性行政政策。

2016年《上海市行政规范性文件制定和备案规定》第9条规定：“无法

律、法规、规章依据的，规范性文件不得设定下列内容：（一）行政许可事项；（二）行政处罚事项；（三）行政强制措施；（四）行政收费事项；（五）非行政许可的审批事项；（六）增加公民、法人或者其他组织财产性负担的其他事项；（七）应当由法律、法规、规章或者上级行政机关规定的其他事项。”“市人民政府规范性文件的内容不受前款第（四）项、第（五）项、第（六）项规定的限制。”“规范性文件对实施法律、法规、规章作出的具体规定，不得增设公民、法人或者其他组织的义务，不得限制公民、法人或者其他组织的权利。”

该条与前述江苏、浙江两省的规定不同。第1、2款对创制性规范性文件权限作了区别对待，上海市政府的权力较大、其他规范性文件设定权限较小。第3款与前两款的规定相同，也是中央政策里明确的事项。

第二，法律审核和备案审查条款中体现的标准：《江苏省规范性文件制定和备案规定》第13条规定：“规范性文件草案送审稿，由制定机关的法制机构负责审核。审核的主要内容包括：（一）内容是否合法，与其他相关规范性文件是否协调一致；（二）程序是否符合规定；（三）主要制度和措施是否合理、可行；（四）体例结构和文字表述是否规范。”这是法律审核的标准。关于备案要求体现出的标准。第27条规定：“备案监督机关的法制机构对报送备案的规范性文件，就下列事项进行审查：（一）是否超越权限；（二）是否违反法律、法规、规章和政策规定，是否同其他规范性文件相矛盾；（三）具体规定是否适当；（四）是否违反制定程序；（五）其他应当予以审查的事项。”

《浙江省行政规范性文件管理办法》第8条规定：“制定行政规范性文件应当严格遵守法定权限和程序，符合法律、法规、规章和国家的方针政策；不得设定行政许可、行政处罚、行政强制等应当由法律、法规、规章设定的事项；没有法律、法规、规章为依据，不得规定限制或者剥夺公民、法人和其他组织合法权利，或者增加公民、法人和其他组织义务的内容。”这一规定虽然没有对行政政策的类型作出限制，但是从内容来看，主要限定为实施性行政政策。

《上海市行政规范性文件制定和备案规定》第19条规定了合法性审查：“除由制定机关的法制机构具体负责起草规范性文件以及本规定第21条另有规定外，制定机关的办公厅（室）应当将报请发布的材料交由制定机关的法制机构进行法律审核。法律审核主要包括下列内容：（一）是否属于规范性文件；

(二)是否超越制定机关法定职权或者法律、法规、规章的授权范围;(三)是否与法律、法规、规章以及国家和本市政策相抵触;(四)是否违反本规定第8条的禁止性规定;(五)是否按照本规定第12条的规定经过听取意见的程序;(六)是否与相关的规范性文件存在冲突;(七)其他需要审核的内容。"

第36条规定了备案审查内容:"法制办应当对报送备案的规范性文件的下列事项进行审查:(一)本规定第18条规定的法律审核的内容;(二)是否符合本规定第18条、第20条、[1]第22条规定的程序;[2](三)是否符合本规定第22条规定的发布形式;(四)是否按照本规定第23条规定予以公布;[3](五)适用简化制定程序,[4]或者自发布之日起未满30日即施行的,是否符合本规定的相关规定。"

从上述三省市规定可以看出,就相关立法对行政政策审查的标准来看,还是作了比较明确的规定,而且对行政政策有制定过程中的法律审查和制定完成后的备案审查。这些内容非常丰富具体,与其他国家和地区相比,确实取得

---

〔1〕 第20条(有关会议审议决定):"除本规定第二十一条另有规定外,规范性文件草案按下列规定报经制定机关有关会议审议决定:(一)市人民政府的规范性文件涉及重大事项的,按有关程序提交市政府常务会议审议;(二)区(县)人民政府的规范性文件,提交区(县)人民政府常务会议审议;(三)其他规范性文件,提交制定机关办公会议审议。

起草部门应当向制定机关有关会议提交规范性文件草案及其起草说明。起草说明应当载明制定的必要性、可行性,制定过程中听取意见的情况、重大分歧意见协调结果等内容。法制机构有法律审核意见的,应当同时提交。"

〔2〕 第22条(发布):"规范性文件一般应当由制定机关的主要负责人签署发布。

发布规范性文件,一般应当载明制定机关、文号、文件名称、发布日期和施行日期等内容。"

〔3〕 第24条(公布):"规范性文件应当由制定机关向社会公布;未向社会公布的,不得作为实施行政管理的依据。

规范性文件应当在制定机关指定的政府网站上公布,还可以通过报纸、杂志、广播、电视等新闻媒体公布。

市和区(县)人民政府的规范性文件应当在同级政府公报上公布;有条件的,其他制定机关的规范性文件也可以在政府公报上公布。政府公报登载的规范性文件文本为标准文本;未在政府公报上登载的规范性文件,制定机关向市或者区(县)国家档案馆、公共图书馆提供的正式纸质文本为标准文本"。

〔4〕 第22条(简化制定程序):"有下列情形之一的,经制定机关负责人批准,可以简化本规定第十三条、第二十一条规定的制定程序:(一)为预防、应对和处置自然灾害、事故灾难、公共卫生事件和社会安全事件等突发事件,保障国家安全、经济安全、社会稳定和其他重大公共利益,需要立即制定和施行规范性文件的;(二)执行上级行政机关的紧急命令和决定,需要立即制定和施行规范性文件的;(三)需要立即施行的临时性措施;(四)依据法律、法规、规章授权例行调整和发布标准的;(五)需要简化制定程序的其他情形。

按照前款规定简化制定程序的,制定机关的办公厅(室)必要时可以就有关问题同时征求制定机关的法制机构的意见。"

了很大进步。但是也有不足，主要有以下几个方面：

第一，上述规定不是法律的规定，规范层次较低，是行政机关制定的，对人大及其常委会审查、对法院的审查没有拘束力。

第二，相关规定有违反宪法、法律、行政法规和中央政策的嫌疑。如2016年《上海市行政规范性文件制定和备案规定》第9条规定："无法律、法规、规章依据的，规范性文件不得设定下列内容：（一）行政许可事项；（二）行政处罚事项；（三）行政强制措施；（四）行政收费事项；（五）非行政许可的审批事项；（六）增加公民、法人或者其他组织财产性负担的其他事项；（七）应当由法律、法规、规章或者上级行政机关规定的其他事项。""市人民政府规范性文件的内容不受前款第（四）项、第（五）项、第（六）项规定的限制。""规范性文件对实施法律、法规、规章作出的具体规定，不得增设公民、法人或者其他组织的义务，不得限制公民、法人或者其他组织的权利。"

该条一共有3款。其中第1款符合宪法、法律法规的精神，也符合中央政策的精神。但是第2款存在严重的缺陷。它规定："市人民政府规范性文件的内容不受前款第（四）项、第（五）项、第（六）项规定的限制。"据此规定，在没有法律法规规章等创设相关内容的情况下，上海市政府制定的规范性文件可以对行政收费事项、非行政许可的审批事项以及增加公民、法人或者其他组织财产性负担的其他事项进行规定。这是对创设性行政规范性文件创设权的突破，不符合2004年国务院《全面推进依法行政实施纲要》规定："行政机关实施行政管理，应当依照法律、法规、规章的规定进行；没有法律、法规、规章的规定，行政机关不得作出影响公民、法人和其他组织合法权益或者增加公民、法人和其他组织义务的决定。"据此规定，如果没有法律法规和规章，行政机关制定的规范性文件不能影响公民合法权益或者增加其义务。2008年《国务院关于加强市县政府依法行政的决定》："市县政府及其部门制定规范性文件要严格遵守法定权限和程序，符合法律、法规、规章和国家的方针政策，不得违法创设行政许可、行政处罚、行政强制、行政收费等行政权力，不得违法增加公民、法人或者其他组织的义务。"该条虽是针对市县政府，没有提到省级政府，但是省级政府毫无疑问没有此项权力设定规范性文件对行政收费事项、非行政许可的审批事项以及增加公民、法人或者其他组织财产性负担的其他事项进行规定。上海市政府2010年这个规章如果从这个规定中推导省级政府有此项权力是非常荒唐的。这一点也得到2015年中共中央、国务院《法治政府建设实施纲要（2015—2020年）》第12点规定的验证，其规定：“规范性文件不得设定行政许可、行政处罚、行政强制等事项，不得减损公民、法人和其他组织合法权益或者增加其义务。”据此规定，所有的限制规范性文件不得设定行政许可、行政处罚、行政强制等事项，这里的“等”不宜理解为“等内”。比如设定行政收费在很大程度上等同于对公民财产进行处罚或者征收的权力；设定非行政许可事项很大程度上相当于设定行政许可；“增加公民、法人或者其他组织财产性负担的其他事项”更是涉及违反《立法法》的规定和《宪法》第13条的规定。

相比较而言，江苏和浙江的规章更合法、更合理。《江苏省规范性文件制定和备案规定》第9条规定的主要是行政政策应该主要是实施性的，没有提到对创设性的行政政策的要求。这说明，一般情况下，不得制定创设性行政政策。《浙江省行政规范性文件管理办法》第8条虽然没有使用实施性规定，但从规定的内容看，将行政规范性文件分为实施性的和创设性的，对创设性作了严格限制，与中央政策基本一致。

第三，法律审核和备案审查实施效果差。由于各地各部门在制定行政政策时，有关行政机关内部法律审核和备案审查均不向社会公开，所以对于内部法律审核和备案审查到底起到多大作用，尚无法证实。这就使得其合法性很难在内部得到有效实现。

3.上述规定尚未获得实际运作的状况应当尽快改变

（1）公民建议权没有获得有效实施

虽然地方政府规章规定了公民、法人或者其他组织享有建议权，这一点与其他国家和地区类似，但是实施相当困难。

《江苏省规范性文件制定和备案规定》第31条规定：“公民、法人或者其他组织认为规范性文件与法律、法规、规章相抵触的，可以向备案监督机关提出书面审查建议，由备案监督机关的法制机构予以核实、研究并提出处理意见，按照规定程序处理。”“对公民、法人或者其他组织提出的审查建议，备案监督机关的法制机构认为需要制定机关说明有关情况的，制定机关应当在规定期限内予以说明；认为需要有关部门或者地方人民政府提出意见的，有关机关应当在规定期限内回复。”“制定机关对公民、法人或者其他组织提出修改或者撤销其规范性文件的书面建议，应当予以核实；发现本机关制定的规范性文件确有问题的，应当予以修改或者撤销。”

《上海市行政规范性文件制定和备案规定》第41条规定了对公众建议的处理：法制办接到公民、法人或者其他组织对规范性文件提出的书面建议，应当予以核实，发现规范性文件未报备或者确有问题的，应当按照本规定的有关规定作出处理。

但是前章案例表明，公民对于这些规定基本上不了解。如果他们知道有这些规定，至少可以尝试去行政机关审查一下。

（2）法院尚未适用中央政策和地方政府规章的要求对行政政策进行有效审查

前述所述中央政策和地方政府规章对行政机关制定行政政策提出了明确的要求，这些规定对法院未必必然具有拘束效力，但是法院可以基于法的稳定性原则和合法预期对相关行政政策予以审查。换言之，根据前述政策和地方政府规章对当事人要求对行政政策进行附带性审查。但是，从前章内容可以看出，公民在行政诉讼中对行政政策提起附带审查，法院既没有引用中央政府的政策，也没有引用地方政府规章来对受到质疑的行政政策予以审查。

从理论上来说，行政机关发布规范性文件应当符合上述要求。如果当事人提起行政诉讼时提起附带审查，法院应当按照上述要求进行审查。

如前述在赵某然与上海市浦东新区教育局教育一审行政判决中，[1]原告赵某然诉被告浦东教育局不履行法定职责一案，于2012年1月31日向浦东新区法院提起行政诉讼。赵某然起诉被告导致其考试权被剥夺，他并没有提出对行政政策进行审查。实际上导致其不能在上海参加高考的原因是《上海市教育委员会关于做好2012年上海市普通高校招生报名工作的通知》[2]及《上海市教育委员会关于2010年上海市普通高等学校招生报名工作的补充通知》[3]两份政策文件中规定的报考条件。被告和法院认为，上海市教委这两份文件是依据教育部《2010年普通高等学校招生工作规定》《教育部办公厅、公安部办公

〔1〕 上海市浦东新区人民法院（2012）浦行初字第45号。

〔2〕 沪教委学〔2011〕112号。

〔3〕 沪教委学〔2009〕77号。

厅关于做好普通高校招生全国统一考试考生报名资格审查工作的通知》[1]等有关规定制定的，因为这两份上位政策不是法律、法规和规章，再者两份文件中也没有本案争议中的内容，即蓝印户口考生只有应届生在上海可以参加高考，历届生不得报考。

虽然当事人没有提出附带审查的要求，由于上海市教委两份政策文件是行政机关作出行政行为的依据，当然要审查其能否作为行政行为的依据。这在2004年最高人民法院《关于审理行政案件适用法律规范问题的座谈会纪要》有规定："……这些具体应用解释和规范性文件不是正式的法律渊源，对人民法院不具有法律规范意义上的约束力。但是，人民法院经审查认为被诉具体行政行为依据的具体应用解释和其他规范性文件合法、有效并合理、适当的，在认定被诉具体行政行为合法性时应承认其效力；人民法院可以在裁判理由中对具体应用解释和其他规范性文件是否合法、有效、合理或适当进行评述。"

如果法院要对此进行审查，应当根据2010年市政府规章《上海市行政规范性文件制定和备案规定》和2004年国务院《全面推进依法行政实施纲要》的要求。一方面，审查其程序是否符合规定。如根据《全面推进依法行政实施纲要》第16点要求："起草……作为行政管理依据的规范性文件草案，要采取多种形式广泛听取意见。重大或者关系人民群众切身利益的草案，要采取听证会、论证会、座谈会或者向社会公布草案等方式向社会听取意见，尊重多数人的意愿，充分反映最广大人民的根本利益。要积极探索建立对听取和采纳意见情况的说明制度……作为行政管理依据的规范性文件通过后，应当在政府公报、普遍发行的报刊和政府网站上公布。政府公报应当便于公民、法人和其他组织获取。"如果市教委发布的文件没有按照前述来做，就属于程序违法。

上海市政府规章《上海市行政规范性文件制定和备案规定》第14条规定："有下列情形之一的，起草规范性文件时可以组织召开听证会：(一)直接涉及公民、法人或者其他组织切身利益，各利益相关方存在重大分歧意见的；(二)涉及重大公共利益，存在重大分歧意见的；(三)起草部门认为确有必要的。""起草部门组织召开听证会，应当提前公布听证会的时间、地点、议题，并按照公开、公平、公正的原则确定听证参加人。听证会由起草部门的法制机

[1] 教学厅〔2005〕13号。

构或者指定的机构主持。”如果上海市教委在制定前述政策时，没有遵守上述要求，没有“组织召开听证会”，就可以判定其程序违法，不得公布，自然不能作为行政行为的依据。需要特别说明的是，虽然该规章中使用了“可以”，但按照下位政策不得违反上位政策的法治统一原则要求，这里的“可以”只能作“必须”解读，否则就会导致上海市这部规章违法无效。这里“可以”并不意味着行政机关有完全的裁量权。因为上海市政府制定的规章不得违反国务院的政策、决定和命令。我国《宪法》第89条第14项规定，国务院有权“改变或者撤销地方各级国家行政机关的不适当的决定和命令”。这里规定的“不适当”应当包括了与国务院政策相冲突的地方行政政策。根据国务院2004年《全面推进依法行政实施纲要》第16点要求：“起草……作为行政管理依据的规范性文件草案，要采取多种形式广泛听取意见。重大或者关系人民群众切身利益的草案，要采取听证会、论证会、座谈会或者向社会公布草案等方式向社会听取意见，尊重多数人的意愿，充分反映最广大人民的根本利益。要积极探索建立对听取和采纳意见情况的说明制度。”据此规定，由于上述规定对群众切身利益有很大影响，应当采取听证会、论证会、座谈会或其他形式听取意见，如果市教委发布的政策文件没有按照前述规定听取意见，就属于程序违法。

另一方面，内容方面的审查，《上海市行政规范性文件制定和备案规定》第8条规定：“规范性文件对实施法律、法规、规章作出的具体规定，不得增设公民、法人或者其他组织的义务，不得限制公民、法人或者其他组织的权利。”而上海市教委上述两份文件对公民（具体指考生）增设了义务，限制了在上海就读高中且在上海参加高考的考生的考试权利。因此，其内容是违法的。

再如前述吕某然与慈溪市教育局一审行政案中，[1]法院可以从程序和实体内容两方面进行审查，看其是否符合2010年省政府制定的《浙江省行政规范性文件管理办法》的要求。第一，程序性审查。该规章第10条规定：“除依法不得公开及应急性的事项外，行政规范性文件在起草过程中应当公开征求意见；涉及重大公共利益和群众切身利益的，应当采取座谈会、听证会等多种形式，广泛听取行政管理相对人和有关基层单位的意见；涉及地区经济社会发展的重大事项或者专业性较强的，应当事先组织专家进行必要性和可行性论

---

〔1〕 参见浙江省慈溪市人民法院（2015）甬慈行初字第54号。

证。”“起草单位对公民、法人和其他组织提出的意见和建议应当记录在案、研究处理，并说明采纳意见情况。”据此，如果慈溪市政府制定的文件在制定过程中没有公开征求意见，没有采取座谈会、听证会等形式，广泛听取意见的，没有这方面意见建议记录、研究处理和采纳意见情况等材料的，就属于制定程序违法。就可以作出该规定不予适用，即不能作为行政行为的依据。第二，实体性内容审查。该规章第8条规定：“……没有法律、法规、规章为依据，不得规定限制或者剥夺公民、法人和其他组织合法权利，或者增加公民、法人和其他组织义务的内容。”根据前述案件，慈溪市政府文件涉及“限制或者剥夺公民、法人和其他组织合法权利，或者增加公民、法人和其他组织义务的内容”。而且相关内容没“有法律、法规、规章为依据”。很显然，慈溪市政府上述文件关于“违法生育”的限制性规定没有任何法律法规和规章的依据，内容违法。

但是从那些案件反映的情况来看，被告和法院都以慈溪市政府文件的上述规定依据的是浙江省人民政府发布的浙政发〔2008〕69号文件，以及宁波市教育行政主管部门的文件，因为浙政发〔2008〕69号文件直接规定了违反计划生育的不得办理义务教育就读手续，但是这些都不是法律、法规和规章，慈溪市政府发布的文件依据浙政发〔2008〕69号文件，对受教育者接受义务教育进行限制是违法的。

除了依据浙江省政府2010年规章为依据外，法院还可以依据2008年国务院发布的政策文件《国务院关于加强市县政府依法行政的决定》的要求：“市县政府及其部门制定规范性文件……不得违法增加公民、法人或者其他组织的义务。制定作为行政管理依据的规范性文件，应当采取多种形式广泛听取意见，并由制定机关负责人集体讨论决定；未经听取意见、合法性审查并经集体讨论决定的，不得发布施行。对涉及公民、法人或者其他组织合法权益的规范性文件，要通过政府公报、政府网站、新闻媒体等向社会公布；未经公布的规范性文件，不得作为行政管理的依据。”据此规定，如果该文件在制定时未听取意见、合法性审查并经集体讨论决定，如果没有这方面的文件记录的，其程序违法。再者其给受教育者就读新增加的义务违法。

总之，我国中央政府的政策和地方政府规章对制定行政政策已经提出了要求，有关制定主体、职权、内容和程序等都作了明确的规定。这些规定多数内容是合适的，建议未来在法律、行政法规或者地方性法规中加以明确。仅仅规定在地方政府的规章中还不够。

如前所述，如果上述要求是由法律规定的，这些规定既是对行政政策制定者提出的要求，也是对审查者提出的要求，还是引起争议后处理机关采用的标准。换言之，人大及其常委会、政府、法院都可以采用上述标准予以审查。但由于只是地方政府规定的，所以人大及其常委会、法院可以不遵循其规定（当然如果能按照其要求进行审查也是可以的，只要这些规章的规定不违反宪法和法律）。

综上，作如下几点小结：第一，我国中央政策、一些地方政府规章对行政政策的制定程序和实体内容提出了相关要求，其中不少内容符合宪法和法律的规定，当然也有些规定不完全符合宪法精神，特别是一些地方立法规定有严重的不足。我们建议，全国人大或者其常委会尽快制定法律，将中共中央、国务院的行政政策中符合宪法法律精神的内容，以及地方政府规章中符合宪法法律和中央政策的部分上升为法律规定，从而为各级人大及其常委会、法院以及行政机关审查行政政策提供普遍适用的规范，其中以政府进行主动监督、法院进行被动监督，人大及其常委会通过监督行政机关依法行政、督促司法机关依法公正行使司法权，只要这三者合力共同努力，审查行政政策的工作不力的现状就会有很大的改变。只有这样，才能真正使民生行政政策获得有效的审查。第二，尽快修改《行政诉讼法》和其他相关法律，提升法院的地位和权威，增强其审查行政政策的权力，明确赋予法院独立审查并宣告违法行政政策在个案中不予适用的权力。第三，建议法院在审查行政政策时，依据中央和地方相关合宪合法的内容对受争议的政策进行审查。第四，建议行政复议机关在进行行政复议工作中，对行政行为所依据的行政政策进行附带性审查，按照《行政复议法》的规定予以处理。

二、民生行政政策的合宪性审查

对行政政策进行合宪性审查，学界在这方面研究不多。[1]只有少数学者真正从宪法角度探讨政策的合宪性审查。[2]对民生行政政策进行违宪审查，实际

〔1〕 参见程隽：《公共政策违宪审查问题研究》，西北大学2004年硕士学位论文。但是该文几乎没有举出实例来说明到底如何对公共政策进行审查。

〔2〕 参见马永强、袁书占：《大学生就业税收优惠政策的宪法审查》，载《经济与法》2014年第8期。

上就像对其他法律法规规章进行合宪性审查一样。由于我国《宪法》第62、67条规定了全国人大及其常委会的违宪审查权，但实际上此项制度至今未运行。仍然有必要讨论对政策进行违宪审查的常规方法和讨论。考察其他国家和地区司宪机关对行政政策进行的违宪审查，可以给我国有权审查主体对行政政策进行审查提供有益的经验借鉴；也可以供行政机关在制定行政政策时进行自我约束。

一般来说，对行政政策进行合宪性审查，采用目的、手段以及手段与目的之间关联性进行审查的基本方法。如果民生类行政政策违宪，影响到宪法上的具体权利，则需要与具体权利适用的技术规范进行审查。在民生类行政政策中，其中一个比较突出的问题就是在涉及民生类事项时，实行差别对待，相关政策是否符合宪法平等权的要求。

（一）其他国家情况

在法国，宪法委员会的主要任务是控制立法行为，对行政政策一般不予审查。除了依《宪法》第38条制定之条例宪法委员会不审查之外，对于行政命令，宪法委员会在84-184DC判决中认为："上述所批评规定税率的行政命令的合法性不属于宪法委员会来宣告。"在另一项85-202DC判决中，宪法委员会再次宣示："关于这些运作所具有行政或会计命令，审查此一合法性属于有权机关与审判机关……而不应由宪法委员会对于这些运作的宪政合法性来审查。"[1]

德国宪法法院对立法和行政政策都予以审查。德国宪法审查分为宪政审查和司法审查。前者是指法院对宪法规定的政府机构之间的争议进行审查，它的目的是政治体制本身，通过控制行政权力，保护政府不因拥权自重而受到自身伤害。后者是指法院对政府机构与公民之间的争议所进行的审查，其目的是保护公民的宪法或法律权力不受政府侵犯。在实行司法审查时，法院有权根据宪法，去宣布立法、执法或司法决定违反宪法。[2]可见，宪法也是一般法院审查行政政策的依据之一。

德国宪法法院在民生领域往往表现出积极的能动性，对行政政策进行审查较为积极严格。战后德国高等教育发展快速，到1970年德国大学发展到53

〔1〕 钟国允：《论法国宪法委员会合宪性审查之标的》，载《政大法学评论》2004年第77期。
〔2〕 参见张千帆：《西方宪政体系》（下册），中国政法大学出版社2005年版，第166页。

万名在校生，是1950年数字的3倍。到20世纪70年代末，高等学校学生数量达到100万名。学生数量增加快速使一些学校的设施不能满足需求，导致某些高校的某些专业如法律和医学施加入学限额。在60年代中期，任何完成大学预科即高中并通过毕业考试的学生，都能进入其选择的高校学习。但自60年代末，德国职业大学对学习领域规定了限额要求，并根据毕业考试的得分择优考虑。新的录取政策使原来一些合格的学生不能进入所选择的高校读书。在大学限额第一案中，《德国汉堡大学法》第17条与《巴伐利亚州大学入学许可法》第3条分别对大学入学申请者的许可方式给予规范，汉堡大学法名额分配空白授权给各大学订定。巴伐利亚大学入学许可法名额分配则按照高中成绩占60%，而年别原则占40%。另外，还特别规定巴伐利亚居民中申请者加分。原告之一申请汉堡大学医学院二次皆被拒绝，理由是名额缺乏。另一原告申请慕尼黑大学医学院，在考量前述许可标准及“本州学子优惠”之下被驳回申请。学生原告在行政法院挑战慕尼黑和汉堡医学院的新政策。行政法院把这个问题提交到宪法法院。联邦宪法法院判决：汉堡与巴伐利亚州之大学入学许可违反《德国基本法》第12条保障自由选择职业及教育处所之权、一般平等原则、社会国原则。宪法法院提出了如下结论：（1）基本权利不只是防御权，也有分享国家给付的请求权。如果国家已设立了相当的教育机构，人民便有要求依平等原则及社会福利国原则请求权。（2）法治国家及社会福利国家机关自由决定，依其想法划定受益的范围，并将部分国民排除在外，导致对职业的操控。（3）宪法委托系受到社会资源多少的限制，属于立法者的责任，立法者有义务决定扩充大学的范围与顺序。个人自由有一定的界限，由立法者为了维护社会共同师生活一般可预期之范围内加以规定。然而，分享国家给付是实现基本权利的必要条件，立法者必须承担决定之后果。（4）筛选法规意义重大属立法者之职责，即使委任立法，应于授权法中明订筛选的标准，其种类为何，各标准的比重为何。若涉及基本权范围并影响到生活机会的分配，属于法律保留，必须仅能以法律或基于法律之规定才能限制。（5）就实体筛选规定而言，应避免恣意，对于等待较久的人应优先，并且任何人均有机会申请到学校。不能只满足于以成绩原则作为许可或不许可的决定。安全按照高中成绩决定，均非正当。成绩原则可以增加筛选的机会。此外，单方面优待本州居民，将对其他州居民造成不公平的处境。入学许可不受任何特定州出生地的限制，符合自由选择学校的权利，并合乎自由学习多元主义的要求。[1]这段话告诉我们，法院主要运用了宪法原理进行审查，包括平等原则、福利国原则、法律保留、禁止恣意、职业自由等相关原理。特别是最后第五点涉及行政主体考虑相关因素和禁止歧视的原理予以审查。

大学限额第一案要求大学证明其设施已被完全充分利用，不可能再招收更多学生。发生在1975年的大学限额第二案，联邦宪法法院超越了“中央录取办公室”，直接命令被告大学录取22名提出宪法诉讼的学生。1976年联邦议会制定了《大学结构法》，对大学录取的标准、教学容量的确定、录取限额的制定及普遍或特殊的选择程序都作了详细规定，但在1977年大学录取第三案中，宪法法院仍认为法案的录取标准过于强调成绩。在1982年，一名学生因法律要求兼修课程与主科相关而不能学医，基于《德国基本法》第12条职业选择资源，宪法法院推翻了这项法律规定。德国宪法法院在教育权保护上所作的决定虽然也招致匹配，但在其积极干预之下，《德国基本法》的权利条款对社会生活发挥正面的影响。[2]可见，不仅法律受到严格的审查，且学校招生行政政策、录取政策都受到严格审查。

美国一些法院也注重用宪法对作为民生的教育权进保护，对行政政策进行审查。在美国，虽然1954年联邦最高法院在布朗诉教育局案件中已经强调，教育是美国民主的先决条件，教育在帮助公民行使其公民权上扮演着重要的角色。但是受教育权不是联邦宪法的保护对象。联邦最高法院在1973年对San Antonio Independent School Dis.V.Rodriguez案中，确定了受教育权不受联邦宪法“平等保护条款”的保护。此后，有关教育机会不平等的诉讼就转向各州的宪法寻求保护，有50个州的宪法对于州内教育的提供都有规定，但诉讼结果不同。在Serrano v.Priest判决中，[3]加州宪法把教育列为基本权利。Bringham v.State判决中，[4]佛蒙特州最高法院不只认为受教育是基本的权利，而且该州宪法也对“平等受教育的权利”加以保障。在Leticia “A” v.Board of

〔1〕 参见项程华：《我国宪法“受教权”解释之研究》，台湾地区国立中山大学中山学术研究所2005年博士学位论文。张千帆：《西方宪政体系》（下册），中国政法大学出版社2005年版，第335～338页。

〔2〕 参见张千帆：《西方宪政体系》（下册），中国政法大学出版社2005年版，第338～339页。

〔3〕 Mark G.Yudof（et.al.），p.779.

〔4〕 Ibid.，p.807.

Regents of the University of California案中，一群非法移民的学生控告加州大学（UC）及加州州立大学（CSU）的系统，因为这些大学系统要求他们缴交的学费是非居民的学费，把他们视为外国人。但他们在加州居住很久，平均每人居住7年。只因为他们仍是非法居民，所以在他们享受了免费的加州公里中小学教育之后，就不被承认是加州的居民。非居民的学费远高于居民，导致这些学生无法负担，特别是这些学生家长都是非法移民，家境不好，要求他们负担高额的非居民学费就如同要他们放弃大学教育机会。Alameda County的高等法院认为，被告大学系统的做法违反了加州宪法中的平等保护条款。并且法院也找不出被告的作法有任何对加州有利之处，所以下令要求禁止把非法移民的学生视为非居民（这是专指在学费的缴交上）。他们所缴的学费要和核发居民所缴学费一样。[1]可见，大学的教育政策受宪法平等权的拘束。

其他涉及民生权利的行政政策也同样受宪法的拘束。日本1967年朝日诉讼，争执点是厚生大臣所订定生活保护基准是否符合《日本国宪法》第25条规定（倘为违宪，该案被告机关所为废止生活扶助费的行政处分，亦构成违法），基准设定系羁束行为或裁量行为的问题。就此，最高法院采取抽象权利说，并提示合宪之设定基准行为所应考虑的要素，包括国民所得、财政状况、国民一般生活水准、城乡生活差距、低所得者之生活程度及其占全国人口比例、一般国民感情对于受保护者之生活较未受保护者之生活为优遇咸认有不当以及预算分配状况等，但所揭示之要素是否合理，有无优先顺位，仍须检讨。[2]在这个案件中，法院给行政政策的制定确立了一系列合宪性的相关因素。

（二）我国台湾地区、香港和澳门特区

1.台湾地区

我国台湾地区“司法院大法官解释”实务强调民生行政政策受宪制性规定拘束。如释字第443、614号解释，对于法律保留原则的范围，认为“关于给付行政措施，其受‘法律规范’之密度，自较限制人民权益者宽松”，“如未限制人民之自由权利，固尚难谓与‘宪法’第23条规定之限制人民基本权利之法律

〔1〕 参见项程华：《我国宪法“受教权”解释之研究》，台湾地区国立中山大学中山学术研究所2005年博士学位论文。

〔2〕 参见河野郑辉：《生存权と生活保护基准》，载佐藤进等编：《社会保障判例百选》（第3版），有斐阁1990年版，第4～5页。转引自沈政雄：《社会保障给付行政法学分析》，台北，元照出版公司2011年版。

保留原则有违，惟如涉及公共利益或实现人民基本权利之保障等重大事项者，原则上仍应有‘法律’或‘法律’明确之授权为依据，主管机关始得据以订定法规命令”。这一解释强调行政政策受法律保留原则的拘束。释字第542号解释则以行政机关订定之行政命令，其属给付性之行政措施具授与人民利益之效果者，亦因受相关宪制性规定原则，尤其是平等原则之拘束；而对于依“自来水法”第11条规定所公告划定水质水量保护区内居民之迁村计划中关于安迁救济金之发放，系属授与人民利益之给付行政，其以设籍与否作为认定是否居住于该水源区之唯一标准，虽不能谓有违平等原则，但未顾及其他居住事实的证明方法，有欠周延。这一解释强调，行政政策受宪制性规定平等原则的拘束。释字第485号解释对于国军老旧眷村改建条例有关眷村改建之认定基准，原眷户遗眷受照顾之必要性等，则以“鉴于资源有限，有关社会政策之‘立法’，必须考量经济及财政状况，依资源有效利用之原则，注意与一般人民间之平等关系，就福利资源为妥善之分配，病因斟酌受益人之财力、收入、家计负担及照顾之必要性妥为规定，不得仅以受益人之特定职位或身份作为区别对待之唯一依据；关于给付方式及额度之规定，亦因力求与受益人之基本生活需求相当，不得超越达成目的所需必要限度而给予明显过度之照顾”，认为相关规定应予改进。这一解释强调，行政机关制定的眷村改建基准要受宪制性规定平等原则的拘束，也要防止过度照顾。综上，“大法官”的宪制性规定解释，均强调法律保留原则、平等原则、比例原则、补充性原则、禁止过剩给付原则等一般原理原则对民生行政政策的拘束和适用。[1]可见，宪制性规定中的诸多规定对民生行政政策均具有拘束力。

我国台湾地区1997年释字第422号涉及“行政院令”及“内政部函”，以固定不变金额作标准，推计承租人之生活费用，是否合宪？其解释为：“宪法”第15条规定，人民之生存权应予保障；第153条复明定，为改良农民之生活，增进其生产技能，应制定保护农民之“法律”，实施保护农民之政策，明确揭示当局负有保障农民生存及提升其生活水准之义务。“耕地三七五减租条例”即属保护农民之“法律”，其第19条第1项第3款规定，出租人因收回耕地，致承租人失其家庭生活依据者，耕地租约期满时，出租人不得收回自耕，目的即在保障佃

〔1〕 参见沈政雄：《社会保障给付行政法学分析》，台北，元照出版公司2011年版，第48～49页。

农，于租约期满时不致因出租人收回耕地，严重影响其家庭生活及生存权利。"行政院"于1960年12月23日以台49内字第7226号令及"内政部"73年11月1日73台内地字第266779号函，关于承租人全年家庭生活费用之核计方式，迳行准用台北市、高雄市办理役种区划现行最低生活费支出标准计算审核表（原役种区划适用生活标准表）中，所列最低生活费支出标准金额之规定，以固定不变之金额标准，推计承租人之生活费用，而未斟酌承租人家庭生活之具体情形及实际所生之困窘状况，难谓切近实际，有失合理，与宪制性规定保护农民的意旨不符，应不再援用。这个解释要求行政机关在制定民生政策时，只简单地考虑一个因素是不够的，而应当考虑承租人家庭生活的具体情形以及实际困难状况。换言之，行政机关所考虑的相关因素不足。

2.香港特区

我国香港特区法院也注重运用《香港特别行政区基本法》（以下简称《基本法》）这一小"宪法"对行政政策进行审查。在平等机会委员会诉教育署署长案[1]中，法院主要根据法律的规定（当然法院也依据了《基本法》）对相关政府政策进行审查。其中教育改革政策因为涉及公民基本权利和法定权利而被宣告违法无效。

在该案中，受质疑违宪的是香港政府教育署长期以来为完成小学学业的学生分配中学学位时采用的一项政策。对全香港学生的成绩的统计显示，在小学毕业时，女生的平均成绩比同龄的男生好。为了平衡中学（尤其是"名校"）里男生和女生的比例，教育署在处理男、女生的成绩时根据其性别作出一些调整，结果是令相同成绩的男生和女生当中，男生入读心仪的中学的机会较女生高。平等机会委员会（本身是政府成立的机构）应一些女生家长要求入禀法院，控诉教育署这项行政措施违宪和违法。结果法院裁定，这个措施的确有违男女平等和禁止性别歧视的原则。

香港教育署自1978年开始一直实行"中学学位（place）分配办法"（SSPA制度）。全港共划分为若干学区，某学区的小学生会被分派同一学区内的中学学位。参与该制度的小学为本校学生组织校内评定，同时，学生还必须参加教育署组织的学能测试。校内评定得分经过"标准化"后得出校内评定成绩，然

---

〔1〕 See Equal Opportunity Commission v.Director of Education［2001］2 HKLRD 690.

后结合所在学校所有学生的学能测试成绩编成的调整曲线，得出最后的“学位调整成绩”。学生按照SSPA分数被分成三类。第一类学生有更大机会被分配到第一志愿的中学。调查统计显示，男生在学生能力测试中占有优势，而女生在内部评价上得分较高。因此，分数控制在男生与女生之间分别进行，结果导致男生的SSPA分数被提高了，而女生的则降低了。而且，相对于男生，女生要以更高的分数才能进入第一类。同时，为了保证进入私立的联合教育中学的男女学生之间的比例，该办法还规定了不同性别学生的定额。最终的结果是，即使来自同一学校，相比内部评价相同的男生，女生的SSPA分数较低，只能进入较差的学校。

1998年，香港市民就该制度中含有的性别歧视因素，向平等机会委员会提起申诉，平等机会委员会经调查后于2000年向法院提出司法复核。SSPA制度是否违反了《性别歧视条例》第5(1)(a)条规定？该条规定：“(1)任何人如(a)基于一名女性的性别而给予她差于他给予或会给予男性的待遇……”即属在就本条例任何条文而言是有关的情况下，歧视该女性。

哈特曼法官在判决书中指出：“毫无疑问，平等权是一项基本权利，具有宪法上的重要性。作为一项个人权利，平等权不能被宽泛的假设或概论所削弱或否定。即使具有某些一般的或统计上的有效性，这种假设或概括仍然构成对个人权利的减损。从表面看来，教育署的政策强调群体之间的公平，但它却忽略了男生和女生的个人权利——不因性别而使学生生涯处于不利境地。”[1]判决书说，教育署的规定违反了《性别歧视条例》，要求政府尽快改变这个制度。法院判词中引用的依据除了《性别歧视条例》之外，还有《基本法》，因为《基本法》也保障平等权，还引用了一些国际人权公约，包括反对对妇女歧视的国际公约。

判词主要论证了两方面问题。一方面，这个制度确实有歧视性。另一方面，驳回了政府提出的豁免抗辩。教育署以《性别歧视条例》第48条的豁免条

〔1〕 Equal Opportunity Commission v.Director of Education [2001] 2 HKLRD 690.

款进行抗辩。[1]也就是说，根据法律规定，政府某些差别待遇的行为并不违反平等权的要求，不构成歧视。但是这需要行政机关进行举证。法院认为，如果要减损个人的平等权，政府必须提供证明，证明这种减损是有合理依据的。法院运用了“比例原则”，即考虑对被损害的权利而言，权利的减损同政府所要达到的社会政策目标是不是相称，如果个人权利的损害很少而希望通过对权利的限制而达到的社会目标非常重要，并且没有其他更好的方法可以达到这个重要的社会目标，那么这就符合比例原则。法院经过考量，认为教育署的这个规定不符合比例原则，因为它导致对很多女生平等教育权的不利影响，所以最后政府败诉。

归纳我国香港特区法院在审查教育行政政策方面采用的方法。第一，法院认为，政府有权通过制定政策来治理国家和社会，政府的政策可以以多种形式表现出来，有的通过法例，也有以一般文件形式表现出来。现代社会非常复杂，单纯靠法律还不足以调整现有社会关系，因此，政府有义务也有责任根据法律制定相关政策，政策是调整社会关系的重要规范。政府制定政策来调整社会关系的权力获得了《基本法》的肯定。其制定权力的合宪性没有问题。问题在于这种制定权是否超越了《基本法》和其他相关法律的规定。这就要由法院加以审查确认。

在政府政策的合法性受到质疑时，法院有权对其是否合法进行审查。法院承认，法院不是对政策的最佳决定者，制定政策的权力属于议会或者政府，法院主要的任务是对政策的合法性进行审查。这一认知非常重要，表明法院一方面注意到相关国家机关不同功能的分工；另一方面意识到法院不是行政政策最佳决定者，一般来说没有权力直接去决定政策的优劣和好坏，只能对政策的合法性进行审查。

第二，法院通过解释《基本法》和其他法例的目的，审查政策是否合法

---

〔1〕 第48条规定：“凡任何作为是合理地—

(a)在本条例有就其订立条文的情况下确保某一性别或婚姻状况的人或怀孕的人与其他人有平等机会；(b)向某一性别或婚姻状况的人或怀孕的人提供货品或使其可获得或享用服务、设施或机会，以迎合他们在—(i)就业、教育、会社或体育；或(ii)处所、货品、服务或设施的提供，方面的特别需要；(c)向某一性别或婚姻状况的人或怀孕的人提供不论是直接或间接的资助、利益或活动安排，以迎合他们在—(i)就业、教育、会社或体育；或(ii)处所、货品、服务或设施的提供，方面的特别需要，则第III、IV或V部并不将该作为定为违法。”

有效。

通过解释相关法律的目的，将受质疑的政策及其实施效果与法定目的对照，进而审查政策是否合法有效。这是法院审查政府政策的基本方法之一。法院认为，保护男女平等、反对性别歧视是《基本法》和《性别歧视条例》等法律确立的目的。这一目的是审查政策是否合法有效的标准。本案中，教育署主张其教育改革政策是在考虑男、女学生的发育存在差异的基础上而采取的一种临时措施，以保证男女之间的机会平等。但是从实际效果来看，这一政策并不能达到法定目的，而是违反法律目的的，所以判决其违法无效。

综上，通过解释《基本法》和相关法例的目的，进而将相关政策的目的与实施效果对达成法定目的是否有效，作为决定相关政府政策是否合法有效的标准。这是香港特区法院给我们提供的另一条有效的审查经验。

第三，适用基本权利或者其他法定权利审查相关政策是否合宪合法。在本案中，法院适用禁止歧视和平等权（禁止歧视和平等权既是《基本法》的精神也是很多其他普通法律的精神要求）审查受挑战的政府驾驭政策是否违法。法院采用了平等权的一般判断公式：相同情况相同对待、不同情况差别对待、合理的差别待遇是平等权的必要内容。在法院看来，男女本来是相同的，在教育权上（学校选择上）理应受到相同的对待，但教育署仅仅基于男女性别的不同而采取不同的选择方法，其结果导致女性受到不利待遇。换言之，在男女学生选择学校问题上，男女没有什么本质的不同，教育行政部门应当采用相同情况相同对待，不能基于性别对学生实施不同的选择。但教育署恰恰选择了错误的政策，采用了"不同情况不同对待"。在教育署看来，男女生由于生理性别的不同，而导致其在学习能力方面存在差别，有必要在分校分班时把男女学生分开分别进行评价。教育署的政策实施结果使女生处于不利地位。而这一做法尚无充分证据证明其正当性。这就说明，教育署在政策选择的原则上违反了平等权：本应该采用"相同情况相同对待"，结果错误采用了"不同情况不同对待"。这是对平等权公式的错误适用，因此违反平等权。

第四，法院形成了限制权利的相称性（即比例原则）审查标准。法院在审查当事人的诉求时，首先考查其权利是否受到公权（包括立法、政策或者具体行政行为）的限制，如果受到限制，则考查这种限制的目的是否合理，进而对限制的手段与目的之间是否存在合理的关联性进行审查。法院认为，有些做法虽然有歧视性但也可能是合法的，如果政府能够提出足够的理由，证明某种歧视有合理的依据，例如，歧视是为了最后达到机会的公平，或者歧视可以被其他的社会原因所证成或者解释。这种情况下，法院会支持政府的歧视性决定。教育署就是以《性别歧视条例》第48条的豁免条款进行抗辩的。具体到本案，哈特曼法官指出，在第48条下，对平等权的限制可能并不违法，前提是该限制具有合理的目的——确保机会平等。但是，任何对该目的而采取的特别措施必须是暂时的，固定的制度超出了第48条的范围。SSPA制度自1978年开始实施，作为一项固定制度，它不能适用第48条的规定。也就是，它已经超越了法律规定的享有豁免的抗辩权。

法院以比例原则作为审查行政政策的标准释放合法有效。根据比例原则，公共政策对于基本权利的限制必须满足以下三项要求：其一，关于限制基本权利的公权行为"目标"的重要性。其二，公权行为的"手段"与目的之间必须具有合理的关联。其三，第三项标准要求手段以达到公权行为目标的必要性为限。它是指，在多种与公权行为的目标具有合理关联的手段中进行选择时，达到公权行为的目标已足，不可过度侵害个人权利，也就是说，只能选择对个人权利侵害最小、为达到目的不可避免的侵害手段。在本案中，法院承认教育署采用的政策符合重要的政府目标的要求，因为政府采用此项政策目的在于促使男女生共同得到发展，使发育晚的男生不因为发育晚而受到不利的待遇。因此，此项政策的目标具有合宪性，无须质疑。因此，接下来主要证明手段与目的的关联性和必要性。法院提出的第一个问题是，是否有人基本权利受到了侵害。事实证明有受害人，因此比例原则有适用的空间。法院认为，教育署为了部分男生的利益，而将潜在的和实际的不利施加于所有的女生。这就为法院适用比例原则审查提供了前提条件。另一个问题是，手段与目的之间是否有关联性、手段对实现目的来说是否必要，即通过这个改革，是否使发育晚的男生赶了上来？法院从两个角度来判断的。其一，从男生来看，受益男生并非改革所要达到的目标，改革没有使发育晚的男生赶上来。教育署将男女分开评价这种分别调整的初衷在于，通过特定的制度安排，使发育晚的男生能够有机会证明其价值。而实际上，从中受益的并非发育晚的男生，而是男生中的佼佼者。这可以证明，政府政策所采用的方法与要实现的目标之间没有关联性。其二，从男女之间来说，教育改革也没有使所谓发育晚的男生赶上女生。如果男生发育晚于女生，那么从事实上看，男生最终是否追了上来？教育署认为，如果给予机会，在中学最后一年的测试中，男生能与女生平等竞争。然而，法院根据教育专家的研究结果：在考试成绩和大学录取人数方面，均未发现男生追上来的迹象。排除退学率、参加考试的比率、年龄等因素的影响，女生在各种教育指标中的表现均优于男生。在初中、高中，一直到大学阶段，女生始终保持着优势。因此，没有明确的证据证明男生在中学阶段追了上来。可见，改革所采用的手段与目的之间没有合理的关联性。同时，这一改革政策是以牺牲女生的平等教育为代价的。法院认为，教育署推行SSPA制度的一个考虑是，男生的智力发育水平普遍晚于女生，该制度可以保证男生和女生都有平等的机会在中学结束时的考试中公平竞争。但是，教育署没有明确的和可信的证据表明，随着年龄增长，大部分男生在中学的表现得到了提高。事实上，女生仍然保持着优势，而且没有证据表明性别配额对于保证联合教育达到最佳效果是必需的。法院最终认定SPPS制度构成法例所规定的性别歧视。

综上，我国香港特区法院在适用《基本法》和其他法律审查政府政策方面，已经形成一套相对完整的审查政府政策是否合宪合法的方法，至少有上述几方面的成功经验。这些经验不仅对香港法治的发展作出了重要的贡献，也可以为我国内地提供有益的启发。

在孔某明对社会福利署署长（终院民事上诉2013年第2号）（原高等法院上诉法庭民事上诉2009年第185号）案中，2005年11月，上诉人孔某明获内地签发单程证来香港与丈夫定居。丈夫在她来港后翌日逝世。2006年3月，上诉人申请综合社会保障援助（以下简称综援，综援金是政府提供给没有收入或收入不足以维持最基本生活开支的人士的一种社会保障措施）。社会福利署署长（以下简称署长）拒绝她的申请，理由是自2004年1月1日起，所有综援申请人按规定必须已居港至少7年。2004年之前，综援申请资格在居港条件方面是居港1年。署长亦拒绝就上诉人的情况行使酌情权宽免该项居港规定。上诉人就署长拒绝批予综援向社会保障上诉委员会提出上诉。该项上诉被驳回。上诉人提出司法覆核，质疑综援计划下的7年居港规定是否符合宪法。原讼法庭及上诉法庭均裁定该项规定合宪。上诉人继而向终审法院提出上诉。终审法院一致裁定上诉人的上诉得直，并宣布该项7年居港规定属违宪。根据《基本法》

第36条，香港居民有权按照综援计划于1997年7月1日的情况（连同一项居港1年的限定条件），享受综援计划下的社会福利待遇，但政府有权依据按照《基本法》第145条而制定的政策，修改该等待遇。然而，任何其后对该等权利的限制，必须受到法院在宪法层面的覆核，而法院在覆核时将对有关限制进行相称性的分析。对权利的限制必须与贯彻一项正当目的有合理关联，而对权利的侵犯不能明显地没有合理基础。政府声称引入该项7年居港规定，正当的目的是节约金钱，以确保社会保障制度可长期维持。终审法院裁定此项声称不成立。该项7年居港规定抵触两项重要社会政策，即签发单程证以便家庭团聚的政策，以及目的为使老化人口年轻化的人口政策。此外，有关证据显示借引入该项居港规定而节约到的金钱款额微不足道，由此导致本院断定该项7年居港规定，与政府所声称的目的，即确保社会保障制度的可持续性，并无合理关联，或是一项明显地没有合理基础的措施。[1]

虽然在该案中，法院对行政机关政策进行了严格的审查，但这并不意味着，涉及民生类的权利都会受到如此处理。正如陈弘毅教授所说：不少社会人士就这次判决对香港现有社会福利政策的可能冲击表示关注，我认为无须过份担心，因为这个判决的以下几点显示它的法理观点并非十分激进。第一，这个判决并不明示或暗示香港永久性居民和其他居民（如居港未满7年的新移民）在社会福利方面的权利必须平等。第二，本判决的法理原则只适用于在1997年已经存在，而在后来被削减的社会福利方面的权利。第三，即使是在1997年已经存在的与社会福利有关的安排，也并非一定受到《基本法》第36条的保障，因为终院在本案判词明确指出，由于“综援”涉及的是最基本的生活条件的保障，它明显属于第36条保障的范围，至于其他社会福利措施也受到第36条的保护，终院在本案中并无表示其意见。第四，终院在本案的判词中表明，第36条所保障的社会福利的权利，并非类似人身自由、言论自由等基本权利，法院在审查涉及社会福利的权利的政府政策时，会给予政府相当宽阔的酌情决定权，除非有关政策根本并不促进正当的社会政策目标或明显地缺乏合理依据，否则法院还是会尊重政府在制定社会政策上的裁量权，而不会通过司

---

〔1〕 参见陈弘毅：《香港居民享有社会福利的权利综援案的法律观点》，载《紫荆论坛》2013年9月。转引自中国宪政网：http://www.calaw.cn/article/default.asp? id=9303，最后访问日期：2016年7月29日。

法覆核作出干预。

从前面一些案例可以看出，对民生行政政策进行违宪审查与对法律进行审查类似。较多争议涉及宪法平等原则的适用，而在审查过程中，往往采用比例原则。所以合宪性审查的主要手段通常采用目的、手段和比例原则审查。然后具体考查权利的类型予以具体分析。但总体来说，涉及民生类行政政策的审查，通常采用宽松审查基准，只有在特殊情况下，才采用中度或者严格审查基准。

（三）我国的借鉴和完善

我国特有的制度使得宪法几乎没有发挥应有的作用。我们认为，现实情况不能成为我国民生行政政策不需要宪法拘束和审查的理由，前文所列举的大量案件正好证明，我国法院在现实中经常遇到公民质疑相关民生行政政策违反宪法的情况。

对这里的违宪审查要作广义的理解。我国学界通常认为，根据我国《宪法》第62、67条规定，只有全国人大及其常委会可以进行违宪审查。因为这两条规定了全国人大及其常委会“监督宪法实施”。所以法律法规规章和行政政策是否违反宪法，最终最后的决定者是全国人大及其常委会。

此外，还有一点需要说明，虽然最终的违宪审查者是全国人大及其常委会，但是其他国家机关根据宪法和法律对相关主体行为是否合法时，也要对其行为是否与宪法精神一致进行判断。只不过我们一般不将其定性为违宪审查。因为这种审查实质上为合法性判断，因为对相关主体的行为是否合法首先和主要的直接依据一般法律规范，只要审查者在审查时涉及对所依据的法律的含义如何理解和解释时，要依据宪法精神加以理解。这种情况，我们在下文关于行政政策的合法性审查部分展开。

这里我们主要讨论狭义的违宪审查如何展开。根据我国《宪法》第62条规定：“全国人民代表大会行使下列职权：……（十一）改变或者撤销全国人民代表大会常务委员会不适当的决定。第67条规定：全国人民代表大会常务委员会行使下列职权：（一）解释宪法，监督宪法的实施；……（七）撤销国务院制定的同宪法、法律相抵触的行政法规、决定和命令；（八）撤销省、自治区、直辖市国家权力机关制定的同宪法、法律和行政法规相抵触的地方性法规和决议。”由于本书是讨论对民生行政政策的违宪审查，据此，这里只涉及全国人大常委会有权对国务院制定的行政政策进行审查和撤销问题。那么全国人大常委会如何做好此项工作呢？我们认为，其他国家和地区积累了丰富的经验，只要我们结合我国实际情况，借鉴其他国家的违宪审查经验即可。比如，国务院办公厅发布的《关于做好2014年全国普通高等学校毕业生就业创业工作的通知》对普通高等学校毕业生就业创业工作给予特殊照顾，其中要求："各地区、各有关部门要进一步落实和完善工商登记、场地支持、税费减免等各项创业扶持政策。拓宽高校毕业生创办企业出资方式，简化工商注册登记手续。鼓励各地充分利用现有资源建设大学生创业园、创业孵化基地和小企业创业基地，为高校毕业生提供创业经营场所支持。对高校毕业生创办的小型微型企业，按规定落实好减半征收企业所得税、月销售额不超过2万元的暂免征收增值税和营业税等税收优惠政策。对从事个体经营的高校毕业生和毕业年度内的高校毕业生，按规定享受相关税收优惠政策。留学回国的高校毕业生自主创业，符合条件的，可享受现行高校毕业生创业扶持政策。各银行业金融机构要积极探索和创新符合高校毕业生创业实际需求特点的金融产品和服务方式，本着风险可控和方便高校毕业生享受政策的原则，降低贷款门槛，优化贷款审批流程，提升贷款审批效率。要通过进一步完善抵押、质押、联保、保证和信用贷款等多种方式，多途径为高校毕业生解决反担保难问题，切实落实银行贷款和财政贴息。在电子商务网络平台开办'网店'的高校毕业生，可享受小额担保贷款和贴息政策。"这里规定的给予普通高校学生享有的创业扶持政策、税收优惠政策、小额担保贷款和贴息政策等，都与其他主体形成差别对待，如这些规定是否对高职毕业生构成不平等，是否对农民工形成不平等的歧视？已有学者对此进行了合宪性分析。[1]我国全国人大常委会完全有必要对国务院的行政政策进行此种合宪性审查。

前述我国中央政策、法律和地方政府规章确定的主要是合宪性和合法性标准。其中一个主要标准是不得跟上位法抵触。

这里看一下我国台湾地区"大法官"对行政政策是否"违宪"进行的审查，值得我们借鉴。"大法官"释字第505号是强调行政机关适用行政政策不得对人民依法律享有之权利增加限制之要件，进而宣告一项行政政策违反"宪

〔1〕 参见马永强、袁书占：《大学生就业税收优惠政策的宪法审查》，载《北方经贸》2014年第8期。

法”第23条法律保留原则。

解释争点是，“财政部”关于生产事业增资扩展设备申请奖励，应先办增资登记之函释，是否“违宪”？

“大法官”释字解释文指出：1987年修正公布之“奖励投资条例”（1990年12月31日因施行期间届满而当然废止）第6条第2项规定，合于第3条奖励项目及标准之生产事业，经增资扩展供生产或提供劳务之设备者，得就同条项所列奖励择一适用。同条例授权“行政院”订定之施行细则第11条第1项第2款复规定，增资扩展选定免征营利事业所得税4年者，应于其新增设备开始作业或开始提供劳务之次日起一年内，检齐应附文件，向“财政部”申请核定之，此与公司办理增资变更登记系属两事。“财政部”1975年3月5日台财税第31613号函谓：生产事业依奖励投资条例第6条第2项规定申请奖励，应在扩展之新增设备开始作业或提供劳务以前，办妥增资变更登记申请手续云云，核与前开施行细则之规定不合，系以职权发布解释性行政规则对人民依法律享有之权利增加限制之要件，与“宪法”第23条法律保留原则抵触，应不予适用。

理由书指出：行政机关为执行法律，得依其职权发布命令，为必要之补充规定，唯不得与法律抵触，迭经本院解释有案。1987年1月26日修正公布之“奖励投资条例”第6条第2项规定，合于第3条奖励项目及标准之生产事业，经增资扩展供生产或提供劳务之设备者，得就同条项所列奖励择一适用。同条例授权“行政院”订定之施行细则第11条第1项第2款复规定，增资扩展选定免征营利事业所得税4年者，应于其新增设备开始作业或开始提供劳务之次日起一年内，检齐应附文件，向“财政部”申请核定之。依“公司法”第129条第3款规定，股份有限公司之股份总额及每股金额为章程必要记载事项，故公司依同法第278条规定增加资本者，应经股东会决议，变更章程，复为同法第277条第1项所明定。因增加资本而增加股份总数者，于股东会决议通过后，由董事会依“公司法”第266条以次之规定发行新股。以上增资之事项应由半数以上之董事及至少监察人一人依同法第418条规定申请为变更登记；俟主管机关换发执照后，方为确定，同法第389条规定甚明。综上以观，股份有限公司增加资本经股东会决议通过后，发行新股，收取股款，即得由公司运用，其由公司用以新增设备开始作业或提供劳务并非法律所禁止，此与公司办理增资变更登记系属两事，声请人办妥增资变更登记手续尚非该新增设备开始作业或提供劳务之前提要件。是“财政部”1971年3月5日台财税第31613号函谓：生产事业依奖励投资条例第6条第2项规定申请奖励，应在扩展之新增设备开始作业或提供劳务以前，办妥增资变更登记申请手续云云，核与前开施行细则之规定不合，系以职权发布解释性行政规则对人民依法律享有之权利增加限制之要件，与“宪法”第23条法律保留原则抵触，应不予适用。

换言之，根据法律和行政法规规定，新增资扩展供生产或提供劳务者设备者，只要按照“公司法”规定办完相关手续一定期限内即可申请奖励，不需要等到办完变更登记申请手续，即变更登记的手续不是其申请奖励的前置条件。但是“财政部”的行政政策则将办妥增资变更登记手续作为前提条件，限制了人民依“法律”享有的权利。这种权利是指经营自由权、营业自由权，这一规定既违反“法律”和“法规”，也违反“宪法”。“宪法”第23条规定：“以上各条列举之自由权利，除为防止妨碍他人自由、避免紧急危难、维持社会秩序，或增进公共利益所必要者外，不得以法律限制之。”

为什么上述行政政策会“违宪”呢？因为根据台湾地区宪制性规定，如果要对上述权利进行限制，只能由法律限制。如果“财政部”的政策不违反“法律”，就不会构成“违宪”。因为其所作的规定超越了宪制性规定的权利限制，所以属于违反法律保留原则。在这个解释中，如果不进行“宪法”判断，即使发现行政政策违反了“法律”和“法规”，未必就是无效的，因为如果“宪法”不规定实行法律保留，如果“宪法”实行行政保留，那么这个规定即使违反“法律”和“法规”，其仍然是有效的。

我国《宪法》第5条规定：“中华人民共和国实行依法治国，建设社会主义法治国家。”“国家维护社会主义法制的统一和尊严。”“一切法律、行政法规和地方性法规都不得同宪法相抵触。”“一切国家机关和武装力量、各政党和各社会团体、各企业事业组织都必须遵守宪法和法律。一切违反宪法和法律的行为，必须予以追究。”根据这一规定，所有国家机关必须遵守宪法和法律。第2款规定的社会主义法制统一原则包含了一个基本要求，下位法不得违反上位法、下位政策不得违反上位政策。所以所有的行政政策不得违反法律和行政法规，而根据第3款规定：法律、行政法规不得与宪法相抵触。如此，所有的行政政策不得违反宪法、法律和行政法规。违反法律和行政法规的行政政策必然违反宪法；但符合法律和行政法规的行政政策未必符合宪法。《宪法》第5条规定，全国人大常委会可以对国务院制定的行政政策进行监督，如果国务院行政政策违反法律和行政法规，必然也违反《宪法》第5条的法制统一原则。

其他行政政策违反宪法，如何解决呢？根据宪法和法律规定的监督体制，由人大及其常委会、政府监督，具体来说，国务院工作部门和地方各级政府制定的行政政策由国务院审查、改变或者撤销。县级以上地方各级政府有权审查、改变或者撤销本级政府工作部门和下级政府制定的行政政策。地方各级人大及其常委会有权撤销本级政府制定的行政政策。这些国家机关在对行政政策进行审查时，主要依据法律法规作为判断标准，要以合宪性解释方法来解读和解释相关法律法规。换言之，其他国家机关对行政政策是否合宪的判断是间接的，宪法的精神是贯穿于对法律法规的解释之中。行政政策如果违反经运用合宪性解释方法解释后的法律法规，行政政策不仅违反法律法规，同时也违反宪法。此外，根据《行政复议法》《行政诉讼法》规定，有权审查的行政机关、法院也主要进行合法性审查，但必须以合宪性解释的方法来解读和解释法律法规的含义。

如前述浙江省政府2008年《关于进一步加强和改进进城务工人员子女教育工作的意见》规定："在我省流入地接受义务教育须符合以下条件：进城务工人员子女户籍所在地无监护条件，其父母或其他法定监护人已持有我省流入地（县级）普通人员居住证，或具有领取普通人员居住证条件（取得暂住证或临时居住证1年以上，有相对固定住所和稳定职业，按规定缴满基本养老保险年限，领取暂住证或临时居住证后无行政拘留以上处罚、违法生育等记录），并能提供与居住证申领条件相关的证明材料需在流入地就学的进城务工人员直系子女。"这一规定违反宪法法律和国务院2003年国务院办公厅转发教育部等部门《关于进一步做好进城务工就业农民子女义务教育工作意见的通知》，国务院应当根据《宪法》第89条规定改变或者撤销其违反宪法法律的内容。浙江省人大常委会也应当根据《宪法》第104条规定依法撤销其违反宪法的内容。

上述国家和地区的做法值得我国借鉴。我国法院有必要根据宪法精神来解释、解读理解法律规范，进而在适用法律规范的过程中贯彻宪法精神。法院在对相关教育部门作出的行政行为进行审查时，应当对适用该政策规定作出的违法决定予以撤销。

三、法院对适用民生行政政策的合法性审查

本章开始部分探讨了民生行政政策的审查程序和实体标准。有的是法律规定的，有的由法院采用并积累成经验。但无论如何，没有司法机关对这些审查标准的解释和适用，这些标准可能还处在纸面状态。虽然各国有议会审查、行政审查，但从实际情况来看，常规性、实效性审查主要是法院的司法审查。法院审查有其独特的特点和优势。这里主要讨论法院对民生行政政策的审查。既包括对抽象行政政策的审查，也包括对行政机关适用行政政策作出具体行政行为的审查。

（一）对抽象民生行政政策的审查

前文讨论我国法院审查民生行政政策的案例可以看到，法院对行政政策的审查，无论程序审查还是实体性标准的审查，都还处于很低层次的水平。法院对某些行政政策的审查基本上等于对行政政策合法性审查的确认和宣示，没有起到应有的监督控制作用。我们认为，借鉴其他国家和地区的经验，法院在今后开展民生行政政策审查时，要重点做好以下几方面的工作。

1.法院须熟悉和采用一些常用的审查技术规范对民生行政政策予以审查

笔者曾经探讨过一些宪法权利适用的主要技术规范。如果涉及宪法民生权利受到侵犯嫌疑的情况，可以采用这些技术规范。比如根据我国《宪法》第67条规定，全国人大常委会有权撤销国务院制定的行政法规、发布的决定和命令。如果国务院发布的行政政策违反宪法的规定，全国人大常委会确有必要对其进行违宪审查。至于法院，如前所说，虽然我国法院不能进行违宪性审查，但有职权也有义务依据宪法精神，通过适用法律法规等来对民生行政政策进行审查。如果发现行政机关所适用的民生行政政策违反宪法和法律，可以判定行政机关决定所依据的法律规范错误，进而撤销其决定。

如前章所提案件中，不少案件涉及民生行政政策设定了差别对待的措施，如有的地方政策限制外地户籍的学生在本地就读义务教育，对公民受教育权构成限制和禁止，这就有必要根据宪法受教育权的精神去解释和适用相关法律法规，对此类行政政策进行审查。可以说，很多民生行政政策包含了很多差别对待，适用平等原则对民生政策中的差别对待进行审查，就成为必不可少的。借鉴我国台湾地区的经验，作为审查行政政策标准的平等原则，主要有

以下更为具体的审查标准，主要有二："恣意禁止原则"，或称为"合理原则"；"比例原则"。

（1）恣意禁止原则。就行政机关执法来说，适用此"恣意禁止"的模式，行政与司法机关应当针对不同的行为模式，适用相对应之法规范。若对同样行为模式者，则应当平等执行法律，而不得因为其对象不同，而异其法律之效果。背离此合理区别的行为即为"恣意"，特别在行政裁量的情形，更应受到此恣意禁止原则的拘束。使平等原则即和"恣意禁止"画上等号。依《行政程序法》第6条，行政行为在有"正当理由"时，方可为差别待遇。此"正当理由"往往透过行政裁量的方式出现，便是应遵照立法者所定的标准、合理原则与立法目的。具体可衍生出三种检验标准：其一，体系正义：这是指执行权要维持一贯的价值标准以获得人民对法秩序的信赖，不至于有法律秩序先后矛盾之憾。表现在行政与司法方面，也可导出"行政自制"与"司法自制"的概念。其二，实质关联性：我国台湾地区"大法官"在实务上已经将"立法者"的合理原则，以有无"实质关联性"来与替代之。亦即对于规范的对象与法律效果间，是否具有合理的关联，即称为有无具备"实质关联性"。原则上公权力没有明显滥用权限之虞时，且采取之手段未有明确过当与不必要时，多半可获得合宪与合法之评判。其三，宪法全盘价值的斟酌。平等原则的实践，对法律执行的平等来说，要求执法者负有合理斟酌各种事务不同属性，而公正且符合正义实施行政行为，以达到"实质"的法律地位之平等。行政者制定行政政策必须斟酌宪法全面的价值要素，而不能仅局限于某一种价值而偏私。

（2）比例原则。比例原则对行政政策制定者来说，因涉及"立法手段"与"执行手段"的有无符合公益目的以及最小侵害原则的尺度问题，也会在检验平等原则问题上获得适用。在获得执行裁量权的行政机关，有无滥用判断裁量权，比例原则更是经常使用的判断标准。特别是在前述所提到的实质关连理论，大法官的解释多半提到"手段与立法目的之达成具有合理关联性"，显然已经重视了手段是否妥当与否的问题。比例原则要求行政政策制定者在合理区分不同适用对象，从而课予不同法律后果时，若适用对象的差异之大与适用法律后果的严重性之高，则政策裁量的空间即应限缩。此即运用比例原则检验的结果。反之，若对象的同质性甚低，且法律待遇并非严重，即可采行较轻微的审查标准，即适用恣意禁止之原则。[1]

此外，行政行为明确性原则。我国台湾地区“行政法院”对行政行为是否符合明确性行使审查权。主要集中在针对行政处分明确性之上。其检验基准，主要来源于“大法官”释字第432号解释的影响，该号解释对法律明确性原则提出的三原则：“法条文字非难以理解、受规范者所得预见及可司法审查。”例如，“最高行”94年度判字第2015号判决，就许可处分中“实际掩埋面积必须与邻境安全土地退缩50公尺”，是否不够明确？法院认为该“设置许可条件核其意义非难以理解，且为甲（公司）所得预见，并可经由司法审查加以确认，与明确性原则并无违背”，明显地已经采纳释字第432号解释的检验三原则。[2]

可见，我国法院如果要提升对行政政策的审查水平，必须借鉴其他国家和地区已经积累的成功经验，采用一定的技术规范和审查公式。但多数法院法官尚无这方面的知识或者尚未有意识运用这方面的原理来审查相关行政政策。前文第四章关于对外地户籍的进城务工人员子女随迁就读义务教育资格的差别对待、对就业学历的限制、对经济适用房设定的条件等，这些差别对待是否合法适当，法院很少作出有理论深度的审查和说明。

2.法院审查必须有一些技术化的路径和程序

从前章分析看出，我国法院在审查行政政策时，尚未形成一套完整的审查程序和方法。我们认为，美国法院审查已经积累了丰富的经验可以借鉴。在美国，法院通常采用下列步骤和程序。

第一，先考查，在个案中发生争议的行政政策是否经法律明确或隐含的（根据法律条文可推知的意思）授权。

第二，如属于经过法律授权而制定的法规命令，法院首先根据《联邦行政程序法》有关法规制订程序——公告与评论的法规制订程序，审查该行政命令是否符合：其一，制定程序是否符合拟议规则的预告。其二，制定程序中曾否收集并考量所有利害关系人的意见。行政机关虽然不可能考虑每一种可能方式，但至少要考量、探讨某些明显的选择；且要对决策进行仔细的评估，并对质疑者所提出合理的其他选择，或是在审查过程中产生的合理争议作充分的回应。其三，最终发布的法规是否包含其立法目的与理由的说明。

---

〔1〕 参见陈新民：《行政法学总论》（第9版），三民书局2015年版，第106～109页。

〔2〕 参见陈新民：《行政法学总论》（第9版），三民书局2015年版，第136页。

而行政机关在制定政策程序中所制作记录，成为法院进行审查的主要根据；如果法院发现行政机关的行为是“独断的、恣意的、裁量的滥用或其他与法律不一致的情形”，法院就要宣告该行为是违法与无效的。法院不得以自己的判断来代替行政机关所为者，只要该行政机关能证明其决定是合理的，也就是说所有相关的事实都经过考量，该机关所制订之法规命令属于法律的授权范围之内，且该机关已经令人满意地说明其行为，则该决定将为审查法院所尊重并准予维持。

有一些指导原则有助于确认行政机关的法规命令是否构成独断与恣意：通常，如果行政机关依赖立法者不希望它去考虑的事实，或完全没有考虑到所涉问题重要的一面，或无法对其作成与其面前证据相反的决定提供解释，或非根据行政机关的专业技术而为决定，或者行政机关是否考虑了有意义的选择，以及当论证该机关提出的事实情况与其所为选择间的合理连接时，其是否能对该选择之做成提供合理的解释，这些都是认定法规命令是否为独断与恣意者得可能考量因素。需要注意的是，行政机关所作的决定不需要是完美的，只要该机关推论的过程能被合理地识别，法院就尊重该决定；法院必须对于行政机关的决策过程进行“完全的、彻底的、深入的审查”，但无论在何种情况下，法院不得以自己的想法来代替行政机关所为决定应有的合理根据。

第三，如受审查对象是未经过法律授权所制定的行政规则，法院审查时需考量：其一，行政规则所规范者是否属于法律的基础或核心部分，行政规则由于是基于行政机关法定职权而发布，故其民主正当性不若法规命令，故不得规制法律的基础或核心部分，此系其本质上的限制。其二，行政规则是否由行政机关在其权限范围内所作成，如非属行政机关基于法定职权所为者，其合法性不无疑问。其三，确认行政规则所规范的内容有无任何明确的立法意思，若有，行政机关即负有执行该既存立法意思的义务，并无作成该意思相违背的行政规则之权限，仅得为履行该明确的立法意思之必要，作成细节性或技术性的规范内容，且此等规定仍须忠于该立法的意思。其四，如就该行政规则的主题，立法机关未曾表达任何明确的意思或已表达意思系属模糊不清时，管辖的行政机关即有提出自己的行政规则的权限；此时法院首须质疑立法者是否想要让行政机关，而非法院对法规中的不明确之处拥有主要的解释权限，倘若法院对这个问题的答复是肯定的，则法院仍然必须确认该法规的文字是否足够模糊不清，以致立法者有想让行政机关去填补这个漏洞的意思。其五，一旦法院判定法规中确实存在一个留待行政机关填补的漏洞，则法院仅得就该行政机关就此所公布的行政规则进行合理性审查，所谓合理，意味行政机关的行政规则是否合于立法者的目的，而并不要求行政机关确认到一个“唯一的、支配性的法规目的”这种使人信服的程度。行政规则只要不是明显地与法规相矛盾，意即只要该行政规则不会让立法者的目的受到阻碍即可，如果行政机关能清楚说明自己规定的论据，纵使法院认为有其他更好的看法，也不得因此认定该行政规则为违法；除非该行政规则显然属于某种独断或恣意的决定，否则其即具有优先地位，法院须尊重并维持之。

因此，行政规则的审查重点在于前段对于法规目的或其中所蕴含的立法者意思的探讨，须综合所有相关资料判断该法规意旨是否明确清楚，如果运用传统的解释方法，即可确定法规真意时，此时其实不涉及法规解释的问题，充其量行政机关所为行政规则只是再次阐明法规的原意；但如果关于该法规条文规定，有两种以上的可能解释方法时，此时即可认为该法规的文字有不明确之处，但非谓行政机关立即因此取得解释权限，仍须厘清该法规是否有意让行政机关拥有主要的解释权限（该不明确也可能是立法上不小心的疏漏，而只有立法机关才有权填补之，此时即非一般行政机关所得置喙者），如果答案为肯定，行政机关才得制定行政规则；此时并进入第二层法规合法性的判断，而只要行政机关能就该行政规则提出任何使人信服的说明，该行政规则就是合理的，法院即应尊重之，纵使法院认为有较该观点更合理者，亦不得因此废弃该行政规则；但若行政机关不能提出合理的说明，则该行政规则就会被判定为是独断与恣意的而应归于无效。

综上，美国对行政命令所进行的司法审查既对其制定程序也对其内容合法性进行审查，法院还针对各个阶段设计不同的审查标准，以回应宪法上权力分立与司法监督之要求。[1]

我国法院也可以借鉴和采用上述审查程序和方法。比如对中央政策和地方政府规章明确规定的必须听取意见，必须采用论证会、听证会等形式征求意见，制定行政政策的，行政机关必须严格审查行政政策的制定是否遵循了此类

---

〔1〕 参见范嘉倩：《法院对行政命令审查之研究——以美国相关法制为例》，国立台北大学2005年硕士学位论文。

规定，是否有保存完整的记录资料。

如果有些行政政策没有中央政策或者地方立法对此提出明确的要求，此时借鉴美国法院对未经过法律授权所制定的行政规则的审查方法。首先对其规范的事项是否属于法律的基础或核心部分进行审查；然后审查，是否有职权制定政策；再审查其制定政策的内容是否反映了中央政策或者立法者的目的；等等。我们认为，这种审查是对其实体性问题的审查，只有此种审查才能真正审查出行政政策是否合法有效。前章所举例我国法院的审查，与这种成熟的审查技术还有很大距离。法院还需要加强研究其他国家和地区的经验，借鉴其他国家被实践证明取得成效的检验，避免在审查行政政策方面走弯路。

在潘某凤与龙南县社会保险事业管理局、龙南县人力资源和社会保障局行政给付一审行政案件中，[1]当事人质疑行政行为所依据的行政政策文件违反程序，未经过征求意见。法院对此指出："在本院审理并已作出生效裁判的(2015)龙行初字第91号原告廖某明诉被告龙南县社会保险事业管理局社会保障行政管理案件中，已经查明：龙南县政府办公室在印发《龙南县被征地农民养老保险办法（试行）补充细则》《龙南县被征地农民参加基本养老保险实施细则》前，龙南县人大常委会组织县人力资源和社会保障局分别到龙南镇、东江乡、里仁镇召开了征求意见座谈会，除乡镇工作人员外，还邀请了被征用土地所在村的村干部、村民代表参加，龙南镇等乡镇会后还向龙南县人大常委会提交了《关于〈龙南县被征地农民养老保险办法（试行）补充细则〉的相关意见建议》。以上事实，有原告向法庭提交的身份证复印件、龙南县人力资源和社会保障局《行政复议决定书》《江西省龙南县被征地农民证》、庭审笔录及我院(2015)龙行初字第91号行政审判卷宗为凭，本院予以确认。法院据此判决，原告诉称龙南县政府制定的《龙南县被征地农民养老保险办法（试行）补充细则》《龙南县被征地农民参加基本养老保险实施细则》在制定前未向社会征求意见以及《龙南县被征地农民养老保险办法（试行）补充细则》第11条、第20条，《龙南县被征地农民参加基本养老保险实施细则》第9条、第10条、第14条规定违反相关法律、政策的主张，与事实不符。"这个做法与域外做法接近，但如此进行审查的很少。

---

〔1〕 参见江西省龙南县人民法院(2016)赣0727行初13号。

在盛某庆与绍兴市柯桥区社会保险事业管理局行政给付一审行政案中，[1]原告第三项诉讼请求为：柯桥区关于城乡居民基本医疗报销政策不合法、不合理。绍兴市柯桥区人力资源和社会保障局作出的《信访事项答复意见书》中指出，“根据《柯桥区城乡居民基本医疗保险办法（试行）》第14条规定，上海伽玛医院的医疗费用不属于柯桥区城乡居民基本医疗报销范围”。该规定把参保人员住院费用可报销的范围限定在“定点医疗机构、特约医疗机构和其他当地城镇职工基本医疗保险定点医疗机构”，原告认为这一规定，既不合理也不合法。第一，与宪法法律和有关政策的精神相违背；第二，与周边省市的普遍政策不一致，可供参考的省内外周边城市的规定，都没有这样的限定；第三，与绍兴市其他区、县（市）规定不一致，与柯桥区经济地位、社会事业发展水平不相符，对参保人不公平。柯桥区作出上述规定，为防止参保人员过度治疗、控制医保费用。原告认为，控制费用并不必然需限定医疗机构类别。柯桥区的经济状况在各区、县（市）中居于前列，但其他区、县（市）却基本没有制定如此不合理、不合法的规定。《诸暨市城乡居民基本医疗保险实施办法（试行）》第20条规定，“因病情需要，参保人员经同意转绍兴市外医疗机构住院（××种门诊），符合居民医保基金支付范围的医疗费用，先由个人按特约医院自理10%、非特约医院自理30%后，再按规定结算”。《嵊州市城乡居民医疗保险实施办法（试行）》第16条规定：“市外特约医疗机构报销55%，市外非特约医疗机构报销45%。”《新昌县人民政府关于做好2015年城乡居民医疗保险工作的通知》第5条规定：“在上述规定外的医疗机构住院的，其符合居民医保基金支付范围的医疗费用，先由个人自理40%后，再按规定报销75%。”其他地方对外地住院治疗的费用报销问题作了非常人性化又合法合理的规定，即使绍兴市级，参保人员在上海伽玛医院住院治疗费用也可报销。综上，原告认为柯桥区政府所制定的规范性文件不合法不合理，被告据此作出的行政行为明显失当，请求：（1）判令被告依法履行职责，按公平合理合法原则，向原告给付有关医疗费用96,883.31元。（2）依据《行政诉讼法》第53条规定对被告不予行政给付所依据的《柯桥区城乡居民基本医疗保险办法（试行）》等规范性文件进行合法性审查。

---

〔1〕 参见绍兴市上虞区人民法院（2016）浙0604行初19号。

上述行政政策被原告指称违法非常严重，既违反宪法也违反法律，但是被法院轻描淡写地一笔带过。法院指出：关于原告诉请中要求对《柯桥区城乡居民基本医疗保险办法（试行）》等规范性文件进行合法性审查的内容，本院认为，《行政诉讼法》第53条规定，公民、法人或者其他组织认为行政行为所依据的国务院部门和地方人民政府及其部门制定的规范性文件不合法，在对行政行为提起诉讼时，可以一并请求对该规范性文件进行审查。前款规定的规范性文件不含规章。该规范性文件的制定经绍兴市柯桥区政府同意后予以印发，其制定内容符合《社会保险法》和国家有关基本医疗保险政策及相关规定，不存在与上位法冲突的情形，且关于参保人员急诊、抢救的医疗服务，前述规章亦授权具体管理办法由统筹地区根据当地实际情况制定。故《柯桥区城乡居民基本医疗保险办法（试行）》不存在原告诉称中提到的不合法情形。

本案中法院的这个审查等于没有审查。法院尚未学会使用法律和上级政府政策中的目的，以及法律规范和上级行政政策的授权是否有限等标准对下级政府政策予以相应的审查。

3.法院审查行政政策需要平衡好行政解释与司法解释之间的关系

法院审查行政政策要以解释相关法律规范为前提，因为法条内容中完全明确不需要解释的情况很少，大多数都需要解释之后才能明确其含义。法院对行政政策的审查必须平衡好行政解释与司法解释之间的关系，既要尊重行政机关的专业知识，又要对其解释权进行合法性审查。司法审查是实现行政机关与司法机关既制约又相互尊重的平衡机制。

域外经验告诉我们，审查行政政策必须以解释和明确法律的含义为前提。我国制度的设计违背这一基本规律。《立法法》第45条规定：法律解释权属于全国人大常委会。法律有以下情况之一的，由全国人大常委会解释：（1）法律的规定需要进一步明确具体含义的；（2）法律制定后出现新的情况，需要明确适用法律依据的。第46条规定：国务院、中央军事委员会、最高人民法院、最高检察院和全国人大各专门委员会以及省、自治区、直辖市的人大常委会可以向全国人大常委会提出法律解释要求。第104条规定：最高人民法院、最高人民检察院作出的属于审判、检察工作中具体应用法律的解释，应当主要针对具体的法律条文，并符合立法的目的、原则和原意。遇有本法第45条第2款规定情况的，应当向全国人大常委会提出法律解释的要求或者提出制定、修改有关法律的议案。最高人民法院、最高人民检察院以外的审判机关和检察机关，不得作出具体应用法律的解释。

可见，我国上述立法对地方各级法院的法律解释权作了禁止性规定。但是这种规定只能是一厢情愿。法院审理案件必不可少地要对法律进行解释。换言之，我国地方各级法院也承担法律规范的解释任务。2004年最高人民法院《关于审理行政案件适用法律规范问题的座谈会纪要》规定："四、关于法律规范具体应用解释问题。在裁判案件中解释法律规范，是人民法院适用法律的重要组成部分。人民法院对于所适用的法律规范，一般按照其通常语义进行解释；有专业上的特殊含义的，该含义优先；语义不清楚或者有歧义的，可以根据上下文和立法宗旨、目的和原则等确定其含义……人民法院在解释和适用法律时，应当妥善处理法律效果与社会效果的关系，既要严格适用法律规定和维护法律规定的严肃性，确保法律适用的确定性、统一性和连续性，又要注意与时俱进，注意办案的社会效果，避免刻板僵化地理解和适用法律条文，在法律适用中维护国家利益和社会公共利益。"可见，所以审理案件的法院都有法律应用性解释权。

从前章引用案件来看，我国地方法院在对行政政策进行审查时，很少有通过适当的法律解释特别是合宪性法律解释的方法，对行政政策进行审查。实际上，行政机关发布的行政政策中相当一部分就是行政解释。法院既然对其进行审查，必然要审查行政机关这种解释是否合法，是否采用了合法正确的方法。在审查行政政策过程中实现行政机关行政解释与法院司法机关的互动，法院既要尊重行政解释的专业性，又要对其有必要的审查能力和力度。

在美国，行政政策主要通过行政机关对行政法规范的解释得以实现。早期解释法律是法院正当与特有的职责的时代早已发生了变化。变为行政机关与司法机关都要解释行政法规从而更好地执行、适用法律。一项法律政策出台，行政机关不仅仅是简单地执行，而是要充分发挥自己在专业、经验方面的特长，通过法规范解释，在执行与适用的过程中促进公共政策的发展，促进公共福祉的实现。[1]1984年美国谢弗林案，针对的是受质疑的行政机关解释效力问题。法院确立了著名的谢弗林原则或司法尊重原则。该案争论的主要问题

---

〔1〕 参见［英］米切尔·黑尧：《现代国家的政策过程》，赵成根译，中国青年出版社2004年版，第155～172页。

是1977年《清洁空气法》修正案中的“固定的空气污染源”一词的含义。法律要求任何公司的生产计划如会造成新的重大空气污染源，必须事先经过周密的“新污染源核验”。环保署最初将“污染源”界定为“对工厂建筑与设备等任何重大的添加或改装”。但1981年环保署对它作了重新界定，采取对整个工厂作为污染单位（先前的解释是以工厂内的每一个污染排放点作为“污染源”的）。这是环保署以立法性规则颁布的，这一界定比以前的界定相对宽泛。只要公司能保证其整个工厂对空气造成的污染没有增加，就没有必要去申请环保署的许可。

这一新解释引起民间环保机构“自然资源保护委员会”不满，其向哥伦比亚巡回法庭申请司法审查。法院认为，根据法律的语言和立法史，无法认定国会在使用“污染源”一词时的确切所指。但法院推翻了行政机关的解释。理由是环保署在改变其政策前，没有对该政策的改变会给空气质量造成的影响加以评估。联邦最高法院推翻了巡回法院判决。批评了巡回法院侵犯了行政机关政策制定权，认为清洁空气法及其立法史均没有提及是以工厂货以工厂范围内的每个排放设施即构成一个“污染源”的问题。新的解释是环保署采取的对经济增长限制最小的方式，体现了其试图改变环境质量的一种新尝试。

联邦最高法院提出了“两步法”来审查行政法规范解释的效力，确立了著名的谢弗林尊重原则。第一步，主要审查国会是否就涉及的问题作过准确的说明。如果国会的意图十分清楚，问题结束；法院、行政机关都应服从国会明确表示的意图。但法院认为国会并没有就涉及的问题作过明示时，法院便不能简单地将自己的解释强加于制定法。当然，在缺少行政机关解释时，可能这样做是必须的。第二步，如果法律就相关问题沉默或较为模糊时，法院的作用在于判断行政机关的回答是否基于一种允许的此种解释之下。尽管法院没有明确定义“可允许的”，但只要行政机关的解释合理，法院就予以尊重。结合个案阐释合理性审查基准成为司法尊重原则最具魅力之所在。[1]我国尚未形成良性的关系，现实情况是，法院过于尊重和屈从于行政机关的解释。比如前述案件中，多数法院对行政机关在质证中的主张予以采纳，说明法院简单地采纳了行政解释。但也有少数案件，以司法解释代替或者否定行政解释的例子。

---

〔1〕 参见高秦伟：《政策形成与司法审查——美国谢弗林案之启示》，载《浙江学刊》2006年第6期。

在原告林某菊诉被告福安市工商行政管理局案中，2004年3月10日，第三人郭某作为承租方与出租方钟某光、钟某雄签订房屋租赁合同，租用福安市电机电器城1号楼46号房屋，开办农家人饭庄。3月24日，郭某领取了福安市卫生局颁发的食品《卫生许可证》，许可项目制售火锅、小炒。4月19日，郭某向福安市工商局提交个体工商户开业申请登记表、申请开业登记发照的报告、经营者郭某身份证、再就业优惠证、计划生育证明、经营场所福安市阳头电机电器城1号楼46号房屋的租赁合同、安卫食字〔2004〕第Y007号《卫生许可证》等有关材料，申请开设福安市农家人饭庄餐饮行业。4月20日，郭某向福安市工商局申请开业登记。福安市工商局对经营场所进行勘察，认为具备开业条件，同意开业。随后颁发《准予个体工商户登记通知书》，准予登记。郭某随后领取了3509813501199号《个体工商户营业执照》。

在郭某经营过程中，与农家人饭庄相邻的47号房主林某菊以农家人饭庄经营排放的噪声、空气污染影响周边群众生活为由多次向有关部门进行反映，请求依法予以取缔，但未果。2005年1月林某菊以利害关系人身份，以工商行政管理部门在颁发给郭某《个体工商户营业执照》前未履行环保审批的前置程序审查职责，属于程序违法为由向福安市法院提起行政诉讼，请求撤销福安市工商局发给郭某的《个体工商户营业执照》。福安市法院2005年以原告起诉理由成立为由，作出撤销《个体工商户营业执照》的行政判决。福安市工商局和郭某不服一审判决，向宁德市中级人民法院提起上诉。

宁德市中级人民法院审委会多数委员认为，1999年国家环境保护总局《关于执行建设项目环境影响评价制度有关问题的通知》中关于“建设项目”的范围的规定不能适用本案。因为《行政许可法》明确规定只有法律、行政法规才能设定行政许可，本案法律、法规并没有明确规定餐饮业在颁发营业执照之前必须要经过环境保护部门的审批，根据《立法法》的规定，国家环境保护总局的通知并不具有行政法规的效力，其性质只是部门规章，无权设定行政许可。因此，环保审批文件不能作为工商行政管理部门颁发个体工商户餐饮业营业执照的前置条件。宁德中院审委会少数委员同意合议庭的意见，即《环境影响评价法》和《建设项目环境保护管理条例》对于建设项目的范围未作具体规定。但是《环境影响评价法》第16条第3款规定，建设项目的环境保护分类管理名录，由国务院环境保护行政主管部门制定并公布。《建设项目环境保护管理条例》第7条第2款规定，建设项目的环境保护分类管理名录，由国务院环境保护行政主管部门制定并公布。1999年国家环境保护总局《关于执行建设项目环境影响评价制度有关问题的通知》第1条“关于建设项目的范围”明确规定了建设项目的范围包括对环境可能造成影响的饮食、娱乐服务性行为。国家环境保护总局《建设项目环境保护分类管理名录》中对于餐饮业规定，敏感区需编制环境影响报告表，非敏感区需填报环境影响登记表。现有的法律、法规及其他规范性文件均未对“建设项目”作出规定，而国家环保总局对建设项目的解释属于国务院授权的部门公布的行政法规解释，可以适用于本案。宁德市中级人民法院就如何理解与参照适用国家工商行政管理总局《个体工商户登记程序规定》第5条：“申请个体工商户设立登记，应当提交下列文件：……（四）国家法律、法规规定提交的其他文件。”即环保审批许可是否作为工商行政管理部门颁发个体工商户餐饮业营业执照的前置许可向最高法院请示。

最高人民法院针对福建省高级人民法院《关于工商行政管理部门审查颁发个体工商户营业执照是否适用法律规定环保评价前置许可的请示》，答复如下［（2006）行他字第2号］：公民个人租赁住宅楼开办个体餐馆的，不属于环境影响评价法第16条第3款关于“建设项目的环境影响评价分类名录”规定中的“建设项目”。公民之间因个体餐馆排放的噪声、空气污染产生争议的，可以依照环境噪声污染防治法和大气污染防治法的有关规定处理，经营管理者应采取有效措施，使其边界噪声、排放物达到国家规定的环境噪声、排放物的排放标准；对他人造成危害的，应承担相应的赔偿责任。

在这个案件中，争议中的问题涉及开办饭店者的经营自主权和劳动权，与周边群众生活环境安宁权之间的冲突。最高人民法院批复表明，法院没有采纳行政机关的解释（《关于执行建设项目环境影响评价制度有关问题的通知》）。由此发挥了司法解释对行政解释的监督控制作用。虽然最高人民法院在解释中没有具体阐明其所采用的解释方法，但毫无疑问，法院需要解释《行政许可法》《立法法》《环境影响评估法》等法律的精神，环保部的解释是否准确解释了法律的含义，环保部这种解释是否符合立法的目的、这种解释是否给相对人权利造成很大的影响，等等。我们建议将来最高法院涉及法条解释或者对行政解释进行审查是否予以适用时，应当有明确的解释方法，以及作出如此解释的理由。

当然这是最高人民法院作出的批示，一般的地方法院在审理案件中很少出现这种对行政解释或者行政政策作如此严格解释，以司法解释取代行政政策或者行政解释的情况。也有少数法院以自己的司法解释替代行政解释。即在否定行政解释的前提下作了司法解释。如在前述赵某与石首市人社局劳动和社会保障行政确认一审案中，[1]石首市人力资源和社会保障局把“全日制专科以上学历”限定解释为只有在学信网上才能查询到的国民教育序列专科或全日制普通高校专科，认为民办高校学历不属国家承认的学历，并依此取消原告的拟录用资格。法院否定了这一解释。今后法院应当在实践中，积极发挥司法解释的作用，通过司法解释对行政解释形成相应的制衡。

4.法院要在审查民生行政政策中善于发现政策及其在适用中存在的问题

考察域外经验，法院在审查行政政策过程中既审查行政政策本身，也对行政机关适用行政政策是否合法进行审查。行政机关在制定政策时，往往要考虑一般情况，过多地舍弃个性的特点，但在政策适用中就会暴露出政策的问题。法院在审查行政政策时既可以发现一般政策存在的问题，也可以发现行政政策在适用中存在的问题。比如有的政策过于僵硬，把行政机关的裁量权完全剥夺了，这就是政策本身的问题。此时，法院可以给政策制定者提出修改、废止或者完善政策的内容的建议。但有的不是政策本身的问题，而是行政机关在适用中存在问题，比如行政机关不考虑个案，只是机械地按照政策规定去做，结果造成个案不公正。出现这种情况，不是政策本身的问题，而是行政机关执法出了问题，此时，法院可以向执行政策的行政机关提出司法建议，改变执法的思维和方式。

前章所举案例看出，我国法院在这两个方面虽然有一些形式上的类似性，但由于法院对行政政策没有对程序和实体内容进行实质性审查，因此与其他国家和地区有很大差距。今后我国法院应在这两方面有所努力。

5.提升法院运用宪法和法律精神审查行政政策的能力

虽然我国法院不能解释宪法（根据《宪法》第67条规定，全国人大常委会解释宪法。这一规定被很多人理解为，只有全国人大常委会才能解释宪法，法院不能在审理案件中引用宪法，这个理解是有问题的），但是法院完全有理由

〔1〕 参见湖北省石首市人民法院（2014）鄂石首行初字第00014号。

根据宪法规定去理解法律法规和规章的精神，进而对行政政策加以审查。换言之，法院在适用法律法规规章对民生行政政策进行审查时，必须基于合宪的精神去理解法律法规规章，从而使宪法精神贯穿于法律法规规章之中，进而使宪法间接拘束行政政策。这样做的理由是：第一，宪法法治原则的要求。宪法序言规定："全国各族人民、一切国家机关和武装力量、各政党和各社会团体、各企业事业组织，都必须以宪法为根本的活动准则，并且负有维护宪法尊严、保证宪法实施的职责。"据此规定，包括法院在内的所有国家机关都必须以宪法为根本的活动准则，并且负有维护宪法尊严、保证宪法实施的职责。法院根据宪法精神去解释和解读法律法规规章，在正确把握法律法规规章的基础上，处理案件，就是把宪法精神加以落实的行为。第二，维护宪法人权的要求。我国《宪法》第33条规定，国家尊重和保障人权。此外宪法还规定了很多具体权利和自由。这些权利和自由需要法院来实施。《人民法院组织法》第3条规定："人民法院的任务是……保护社会主义的全民所有的财产、劳动群众集体所有的财产，保护公民私人所有的合法财产，保护公民的人身权利、民主权利和其他权利，保障国家的社会主义革命和社会主义建设事业的顺利进行。"第三，贯彻最高人民法院司法政策的要求。2015年最高人民法院发布的《关于在人民法院工作中培育和践行社会主义核心价值观的若干意见》强调，法院和法官要："忠于宪法法律。……全体法官和法院其他工作人员要衷心拥护、发自内心地信仰宪法法律，带头遵守和服从宪法法律，严格、正确、公正地实施宪法法律。要充分发挥司法在促进法治国家建设和法治社会发展中的重要作用，审判执行各类案件，制定司法政策，出台司法解释，发布指导性案例等司法活动，都必须忠于宪法法律的内容和精神，严格实施宪法法律的规定和要求，坚决维护宪法法律的尊严和权威，坚决落实党中央关于依宪治国和依法治国的决策部署。"综上，法院有义务根据宪法精神来适用法律，对民生行政政策进行审查。

普通法院根据宪法精神去解释法律，进而将宪法精神贯穿在普通法律规范的适用过程中，这是很多国家的普遍做法。当普通法院运用经过解释的包含宪法精神的法律法规对行政政策审查时，实际上是在间接适用宪法审查政策。这种情况在不少国家都有案例。

（1）域外做法考察

英国没有成文宪法典，实行议会至上，法院不能直接宣告议会制定的法律违宪无效。但英国法院发展行政法的手段主要是对作为司法审查基础的“越权原则”巧妙地扩大解释。这一原则本来不是由制定法确立的，不超越法定权力的“法”事实上包含了普通法的要求。这样，法院对越权原则的扩大解释事实上反过来限制了议会主权。比如，议会颁布了一部带有种族歧视或排拒法院对行政行为行使司法审查权的法律，如果受害者将有关行政当局诉诸法院，法院面临这种明显的冲突一般会假设：议会无意颁布一部与作为宪法基本原则的法治要求相冲突的法律，英国的法治根植于普通法传统，它规制着一切权力的行使。因此法院可能支持公民个人的诉讼而间接迫使议会修正有关法律，直到法律明确无误地删除那些与法治原则相抵触的条款为止。[1]这意味着，除了议会主权和法治原则外，宪法的其他一些原则，如政治参与、平等对待、言论自由和基本人权等原则也是司法审查的合法性审查基础。[2]据此可知，当法院发现议会制定的法律可能与欧洲人权法院等相抵触时，法院按照效力更高的欧洲人权公约等解释法律。这样就会使法律的精神保持一致，通过此种方式适用法律，欧洲人权公约的精神获得实施。

1998年《人权法案》的实施虽然没有从根本上改变英国遵循议会主权和司法克制的宪法传统。但其实施促进和改善了英国人权的司法保护制度和司法改革，增强了英国的司法能动主义倾向。《人权法案》将《欧洲人权公约》转化为国内立法，结束了英国法院（包括上议院）不能直接适用人权规范的历史，使人权具有了直接的可诉性。正如英国宪法事务部在解答《人权法案》的实施时所指出的：“第一，公共权力侵犯公约规定权利的行为将被视为非法，除非它经过了议会立法的授权；第二，所有法律规定只要可能就应给予适合公约规定权利的明确含义，若法院不能提供解释则交付议会做出决定；第三，所有人权案件都将由法院或特等法庭受理，而不必诉诸位于法国斯特拉斯堡的欧洲

---

〔1〕 比如，1996年《移民与避难法》（the Immigration and Asylum Act）由于此前的一个司法审查判决认为有关法律否认避难者的相关福利是有悖法治原则的，而对前法中的有关问题作了修正。

〔2〕 欧共体法和《欧洲人权公约》扩大了合法性审查基础。英国议会的立法在许多方面必须受制于“更高”的法律。参见包万超：《英国的行政法治之路》，载中国宪政网：http://www.calaw.cn/article/default.asp? id=5775，最后访问日期：2016年8月5日。

人权法院。"[1]《人权法案》不仅影响法律的实施，也影响法院对行政政策的审查。如本章开始部分所谈，英国法院也适用《欧洲人权公约》等对本国委任立法进行审查。就欧盟而言，法院已明确确立的制度里，对与欧盟法相冲突的委任立法，法院有权予以撤销。换言之，法院在对政策进行审查时，通常采用与欧盟法相一致的方法解释行政政策。

德国除宪法法院以外的其他法院也广泛地采用合宪性解释方法解释法律，把宪法精神贯穿在法律的实施中。早在最初期的判决中，德国联邦宪法法院就已经确立了"对法律的合宪性解释原则"，今天可以发现，合宪性解释已经被确定无疑地适用于各级法院的审判实践中。[2]宪法法院认为，合宪性解释并非宪法法院特有的职能，所有法院都有权进行合宪性解释。根据宪法法院见解，合宪性解释这项方法论上的优先规则甚至具有减轻宪法法院案件负担的功能。只有在对法律进行合宪性解释的可能被排除的情况下，普通法院才能根据《德国基本法》第100条第1款第1句启动法官提请审查程序。[3]可见，德国联邦宪法法院要求其自身以外的其他法院也采用合宪性解释，即其他法院在适用法律时，需采用合宪性解释方法对法律进行解释和解读。因此，行政法院在审查行政政策时，其所解释和适用的法律解释须采用合宪性解释。这是宪法法院以外其他法院实施宪法的基本路径。

考察域外经验，普通法院并非完全与宪法无关。普通法院起到了违宪案件分流的作用，主要有三种方式：第一，通过合宪解释原则，整个法院体现尤其是普通法院内部推行一种合宪推定的司法惯例，尽量控制将绝大部分案件尽量涵摄在符合宪法秩序的框架内加以解决，从而消化掉一部分可能进入最高违宪审查机构审查范围的案件。欧美各国基本采纳这一原则。第二，在美国模式下，不能经由合宪性解释加以消化的案件，普通法院可以进行直接违宪审查。这种审查只要当事人不上诉，就被下级法院解决，不会进入最高法院审查范围。第三，在欧洲模式下，对普通法院申请解释宪法普遍存在一个标准，

---

〔1〕 姚小林：《1998年〈人权法案〉对英国司法功能的影响》，载《人权杂志》2008年第1期。何海波：《没有宪法的违宪审查——英国故事》，载《中国社会科学》2005年第2期。

〔2〕 最新的裁判例如BVerfGE 128，326（400）；130，372（398）；134，33（61）；BVerfGE 110，226；138，64；138，296。

〔3〕 参见［德］斯特凡·科里奥特、田伟：《对法律的合宪性解释：正当的解释规则抑或对立法者的不当监护？》，载《华东政法大学学报》2006年第3期。

要求申请解释宪法的普通法院必须对宪法疑义达到一定的确信程度，并需要提供合理的根据证明这种确信。这一标准使普通法院法官实际承担了过滤者的角色，在一定程度上实现了宪法案件的分流。[1]这些基本常识早已为国际社会所共识，对我国法院审查行政政策具有重要的启发。

（2）我国如何完善制度

虽然普通法院在某种程度上承担特殊的违宪判断任务，这种违宪判断是专业知识的权力要求，与授权与否、禁止与否没有多大关联。[2]但是在中国，宪法长期被理解为法院不能染指的领域。由于全国人大常委会尚未实质性地开展宪法解释，导致宪法无法发挥应有的作用。为改变这种情况，学者们作了多方面的理论努力。有学者指出，中国语境下有两种“宪法解释”：第一种宪法解释，是由全国人大常委会所进行的（抽象）解释，这种宪法解释可能在审查行政法规等规范性文件之合宪性的过程中（《立法法》第88条第2项、第91条）展现出来（形式上与合宪性之判定结合在一起），也可能只是对宪法条款的抽象式地澄清和说明（《宪法》第67条第1项）。这种权力为全国人大常委会所独占；第二种宪法解释，是包含在法院所进行的合宪性解释之中的法律方法或司法技艺，其在功能上辅助了法律解释和个案判决的作出，但并不会导致对法律的合宪性作出整体上的、一般性的、具有普遍约束力的决定。第二种宪法解释固有地存在于任何认同宪法的规范性和最高性的司法过程中，本质上是一种法律方法和司法技艺。此种意义上的宪法解释并未被我国宪法所禁止，也无损于全国人大常委会所享有的第一种意义上的宪法解释权。因此，合宪性解释的运用并不必要以否认司法过程中必然存在的宪法解释为前提。应当在这一基础之上展开有关合宪性解释的讨论。[3]第二种其实就是合宪性解释。在我国目前情况下，至少可以采用两种方式使该种合宪性解释实现宪法精神贯穿于对民生行政政策的审查之中。第一，法院运用宪法精神去解释和解读法律规范，使普通法律规范贯穿了宪法精神，当普通法律规范获得实施，宪法精神

〔1〕 参见汪振林、萧然：《普通法院在违宪审查中的作用：比较法的考察》，载《云南大学学报》（法学版）2005年第1期。

〔2〕 参见汪振林、萧然：《普通法院在违宪审查中的作用：比较法的考察》，载《云南大学学报》（法学版）2005年第1期。

〔3〕 参见黄明涛：《两种“宪法解释”之概念分野与合宪性解释的可能性》，载《中国法学》2014年第6期。

就得到实施。第二，在宪法含义明确的情况下，法院可以引用宪法作为判断相关行政政策或适用行政政策的行政行为是否合宪合法。这种情况就是前述英国法院、德国普通法院运用的方法。

四、对行政机关基于民生行政政策所作行政行为的合法性审查

本部分讨论行政机关在适用民生行政政策时，可能存在的违法不当行为，考察其他国家和地区是如何应对的，提出我国借鉴和完善的做法。在这方面，主要有如下几个问题：第一，行政机关不依据行政政策行为引起争议。第二，行政机关机械地适用行政政策，束缚了自己的裁量权，导致政策的僵硬化。第三，行政机关有义务制定行政政策，但不依法制定政策，使得相关当事人权利无法实现、社会关系难以获得有效调整。

（一）域外经验

如前文指出，法院在对行政机关行政行为进行审查时，一个重要的方法是对法院适用政策的情况是否合法适当进行审查。实践中，行政机关适用行政政策，存在的问题主要有以下几种情形：僵化地实施民生行政政策，不考虑具体个案，从而导致所作决定不完全合法或者不合理；行政机关应该放弃或者改变政策时不予改变；没有执行政策的规定，或者改变旧的政策，按照未经公开的新政策行为。

1.美国的经验

美国为了控制行政机关在适用行政政策方面的随意性，建立了以下制度。

（1）说明理由。行政机关在执行政策时，为了防止行政机关专横地行使自由裁量权力，行政机关必须把它所执行的政策公开说明，例如立法机关为了促进某种发展，规定行政机关对于某类企业可以给予补助，行政机关为了资金的有效利用，可以规定企业的产量必须达到某一份额以上才能申请补助，行政机关的这个决定也是一种政策，为了防止权力滥用起见，行政机关必须公开地说明这种政策，必要时可以制成法规。当然，为了全面贯彻法律规定的政策，行政机关的政策必须具有灵活性，允许例外情况存在，并随情况的发展而变更。[1]

---

〔1〕 参见王名扬：《美国行政法》（上册），中国法制出版社1997年版，第549～550页。

（2）不遵守自己的先例和诺言。行政机关对于情况相同的问题必须作出相同的处理，否则办事不公平。当然，这样的提法不要求行政机关像法院一样，受遵守先例原则的拘束，因为行政事情变迁迅速，行政机关的政策和决定必须随时调整。另外，行政机关也不能随心所欲、朝令夕改。行政机关变更先例时必须说明理由，没有任何理由而不遵守自己的先例，是专横和任性的表现。[1]这并不意味着，行政机关只限于这些拘束。《联邦行政程序法》中的其他规定同样可以作为法院审查行政机关适用行政政策的行政行为是否合法的标准。

2.英国的经验

法院在审查行政机关适用行政政策时，可能会出现两种争议：一是相对人要求行政机关应该考虑其特殊情况，不适用政策，但是，行政机关却不理睬；二是行政机关要背弃原先的政策，相对人却不同意。

第一种争议，如果当事人提出其特殊情况是原先政策没有考虑到的，因而不应对其适用该政策的时候，对法院来讲，要深入政策结构之中去审查其是否妥当，有没有为尚未预见到的特殊情形留有行政裁量权的可能，有时候很困难。从英国法院的经验来看，有些审查技术可以帮忙法院认定。一种技术就是从政策的外在形式上来看，是不是规定了例外的情况？原则上讲，如果没有例外规定，就说明政策过于僵硬。当然，也不尽然。假如在政策中已经明确表示概无例外必须适用政策，尽管这在现实中也有可能成立，但是，法院也不能轻易就范，而应该撇开这种规定，从政策的总体上来考虑要不要给例外开"绿灯"。另一种技术就是从统计上来看，假如对近些年案件处理结果的统计表明，行政机关从没有作出过例外的处理，那么，也可以从一定程度上帮忙法院推断行政机关在适用政策上是不是比较僵硬。在司法审查过程，假如行政机关缺少现成的统计数据，还可以进一步简化成要求行政机关在答辩中说明，以往有没有出现过例外处理的事例。这些做法的作用只能是提醒法院注意，行政机关在本案的处理时也很可能存在不适当拘束裁量权的问题，但是，却不能直接证明在本案中肯定存在这个问题。如果经过审查，法院确信，当事人的确存在原来政策所没有考虑到的特殊情况，行政机关却根本没有理睬，那么，法

〔1〕 参见王名扬：《美国行政法》（下册），中国法制出版社1997年版，第688页。

院可以认为，行政机关是僵硬地执行政策，不适当地约束了裁量权的行使，可以判决撤销，要求行政机关重新作出行政行为。法院可以援用的据以审判的依据和标准很多。也就是说，如果行政机关用自我构筑的政策不适当地约束裁量权的行使，会出现多方面的违法。不但违反了合法性的审查标准，也违反了程序适当性的标准。当然，对裁量权不适当拘束本身，实际上也构成独立的司法审查标准。第二种争议是指行政机关不适用原来的政策，应该有充分的公共利益的理由。而且，在相对人产生合法预期的时候，还应当为相对人提供适当的程序保护或者赔偿性保护。[1]可见，行政机关僵硬地适用政策，而没有考虑到特殊情况，会构成多方面违法。而行政机关不适用原来政策，如相对人不同意，则要给相对人相应的救济。

此外，属于前述第一种情形的拘束和救济程序，法院对行政机关适用行政政策的审查，其中一个要求是，对当事人涉及政策问题时的诉求，必须听取其意见，否则可能构成越权。行政机关不得僵硬地执行政策。在其中一案中，[2]法院裁判认定：除非公共机关实质上拒绝受理申请且认定申请不属于其管辖，否则公共机关必须对申请进行审查并作出决定。法院的立场为：倾向于支持进行有限的干预，从而保证裁量权的正当行使。在一些案件中，公共机关出于真诚行使裁量权的考虑制定了政策，且在处理个案时没有拒绝考虑具体情况下指明了政策规定。这说明，法院对行政机关行使裁量权时制定政策的行为进行有限干预，允许其出于真诚行使裁量权制定政策并在个案中根据情况适用政策而非机械地适用政策。在另一案中，[3]上议院在维持了贸易委员会决定的同时，瑞德勋爵重申了以下一般原则：凡享有法定裁量权的人，必须不能“对申请置之不理”，否则构成个案中对具体情况进行裁量的排除；但必须始终准备审查与申请有关的新问题。同时，人们也希望他能快速处理此类申请。可以看到，在这里瑞德勋爵的判决意见在整个决定程序中引入了一个相互冲突的因素。裁量权的行使，不得出现不合理、恶意，且必须证明裁量权得到了真正行使。如果公共机关制定了明显具有限制性的排除性政策，法院很可能进行干预，特别在这一政策明显也与目的相冲突时更是如此。在公共机关行

---

〔1〕 参见余凌云：《行政自由裁量论》，中国人民公安大学出版社2005年版，第168～170页。

〔2〕 R v. Port of London Authority, ex p Kynoch Ltd.([1919]) 1KB176).

〔3〕 British Oxygen Co.Ltd. v. Minister of Technology([1971]AC610).

为构成对裁量权束缚的典型例证中，[1]法院判决认定该行为越权。在发出削减提供给地方当局的资助比例决定之前，环境大臣拒绝听取地方委员会的陈述。法院判决认定，因环境大臣所采纳的先前制定用于解决地方委员会"超支"问题的政策，明显束缚了他的裁量权，因此构成越权。很明显，环境大臣不能宣布自己不愿意听取意见；他必须保持愿意接纳意见的心态。正如法院所指出的："（环境大臣）有权考虑他所制定的政策。从这个意义上说，提出保持愿意接纳意见的心态的要求，不是指头脑空空如也，而是指他必须有开放的心态。"同时，在这一案件中，就接受公正听证而言，环境大臣的行为违反了自然公正或公正原则。[2]可见，听取当事人对政策的意见、政策过分束缚行政权都会导致其受到严格审查，可能被判定违法。

属于第二种争议的情形之一，申请人提出诉讼的理由是，内政部公布的政策与所适用的政策不一致。在此案中，内政部以通告形式发布的行政规则对从国外收养孩子进入英国作出了规定，因此申请人获得合法预期，但内政部却没有遵守该规则。关键的问题是，内政部在驳回申请人收养申请时，却适用了有别于通告规定的内容，而采用了更为严厉的标准。同时，内政大臣提出的拒绝理由不能令人接受，该理由是申请人的收养申请没有提出严正、紧急的家庭因素或其他根据。常任上诉法官帕克毫不犹豫地指出，内政大臣有义务公正行使其普通法上的裁量权，但他也指出移民规则一旦制定，就必须遵守。某人根据一套规定的程序提出申请，即产生了合法预期，如果不予遵守，那么该决定应予撤销。内政大臣可以调整入境政策，但必须证明（即公布）这一政策调整当时已经存在。本案中，内政部发出的通告证明内政大臣并没有如此行事。但内政部的官员似乎没有遵守公布的政策，相反，他们采用了并未公布的心规则，在适用时溯及既往。申请人希望能依据现有已公布的政策，而不是被作为该政策的例外。上诉法院最终撤销了内政部拒绝入境行为，不过需要再次需要强调指出的是，此案生动说明了司法审查成效存在的局限性，即法院的判决只能撤销原决定，让申请人能够重新提出申请，但或许内政部之所以制定新规

---

〔1〕 R v. Secretary of State for the Environment, ex p Brent LBC（[1983]）3All ER321）.

〔2〕 参见[英]彼得·莱兰戈登·安东尼：《英国行政法教科书》（第5版），杨伟东译，北京大学出版社2007年版，第321～322页。

则，可能起草之初就是为了使这类申请丧失资格。在某案中，[1]法院认定，内政部的"长期居住"移民政策，使申请人产生了合法预期。在另一案中，[2]卫生部发布的通告，建议在全民健康服务工作的全科大夫不应当开治疗性功能丧失的Viagra药物，法院认定该通告违法，且违反欧盟法；也有这种案件，[3]法院判决认定，书面指导错误解释了法律。[4]

法院还使用合法期待原则对行政政策予以审查，救济相对人。一般来说，行政机关应当执行自己制定的行政政策，如果一项行政政策获得相对人的信赖，行政机关没有正当理由而予以改变，应当受到审查，承担相应的责任。由于政策的改变，个人不能得到其期待的决定。此时，提出救济，这些请求成功之后所能获的救济究竟是程序性的救济还是实体性的救济。前者指法院认为申请人应当在不利决定（即根据改变的政策作出的决定）作出前给予听证的机会；实体性的救济是指法院直接判给申请人其所希望得到的利益。在1985年的Re Findlay一案中，内政大臣改变了给予被定罪的囚犯获得假释的政策，从而使某些囚犯符合假释条件的时间比按以前的政策大为延迟。法官说，就规范假释的制定法的规定的实质及立法宗旨而言，一个被定罪的囚犯最应当期待的是他的案子将从有关的国务大臣认为适当的任何政策的角度出发予以个别的考虑。法院强调的是有关的国务大臣具有个别地考虑每个囚犯的具体情况，并据此作出是否假释的决定。这种自由裁量权显然会因内政大臣改变了给予该被定罪的囚犯获得假释的政策，而发生总体性的改革，但这应该属于该大臣认为适当的政策的改变。因此，本案中提到的政策调整似乎并不违反合法的期待。

后来法院还是认为，因既存的政策所产生的合法期待的范围要比该案所确定的宽广得多。因为对于受政策影响的人而言，其合法期待的核心不在于政策本身，而在于政策的执行结果。因此，政策调整所必然导致的执行政策的结果的改变，依然会使当事人产生期望落空的感觉。在1995年的R v.Ministry of Agriculture, ex p Hamble Fisheries Ltd.一案中，根据某项规范对某种鱼类

---

〔1〕 R v. Secretary of State for Home Department, ex p Popatia ([2000]) INLR 587).

〔2〕 R v. Secretary of State for Health, ex p Pfizer Ltd. ([1999] 2CCLR 270).

〔3〕 在R v Department of Health, ex p Source Informatics Ltd. ([2001]) QB424。

〔4〕 参见[英]彼得·莱兰戈登·安东尼：《英国行政法教科书》（第5版），杨伟东译，北京大学出版社2007年版，第327～328页。

捕捞的政策，某公司打算获得一项“集约化”许可，即将该公司拥有的其他渔船所拥有的许可捕鱼量累加到一艘更大的拖网渔船的许可捕鱼量中。在该公司为此目的购买了两艘小型的拖网渔船之后、提出集约化许可申请之前，有关部长迫于欧洲的保护渔业资源方面的压力而终止了这项政策。而新的政策中包括对已经向部长提交申请但尚未作出给予集约化许可的决定的那部分当事人的过渡性规定。这种考虑本身，是一种非常全面的政策考虑的表现，是良好行政的一个非常重要的表现。而本案考虑的则是，虽然还未向部长提交申请单已经采取了相应的准备工作的当事人，是否应当给予与已经提交申请但尚未给予集约化许可的决定的那部分当事人的过渡性规定相同的待遇。

本案当事公司的许可申请根据新的政策而被拒绝。法院在判决中指出，通过对欧洲法及国内法的全面研究，本案认定：(1)合法期待可以导致对于所寻求的利益的一个实质性的请求事由，并且可以在公正原则有相应要求的情况下要求部长将本案作为其新的政策的例外。(2)在本案中，部长确实对已经提交的申诉作了过渡性的规定。(3)任何人都不可能拥有对政策永远不变的合法期待，而公正原则也不要求对于新政策作进一步的例外。

1993年，某卫生当局在许诺某些老年病人愿意住多久就住多久之后，将他们转移到某一新的疗养所。但到了1998年，该卫生当局决定关闭该休养所而将这些病人移交给地方当局照顾。法院认定这一终止在国家健康体系内对这些病人的照顾的决定，系基于对制定法的错误的理解。卫生当局对病人的承诺确立了合法期待，未能兑现承诺的做法是如此的不公正以至于可以够得上滥用权力。而且在本案中也没有排他性的公共利益来维护这种背信的行径。法院对该案的上述判决受到了欢迎，但是此后的法院将会面临在个人的期待与公共当局为公共利益行事之间进行权衡的困难问题。而这种对于合法性期待能够走多远的顾虑确实是非常现实的远虑。〔1〕

总之，一方面要控制行政机关，防止其僵化地适用行政政策，不考虑当事人的个案情况，从而引起不公正。另一方面，要防止行政机关随意不考虑行政政策，违反信赖保护。英国的情况与美国类似。说明一方面对于个案中可以基于实际情况，不适用政策，否则要说明理由。另一方面不得随意不予适用政

〔1〕 参见张越编著：《英国行政法》，中国政法大学出版社2004年版，第509～512页。

策，否则不仅可能违反信赖保护，而且可能违反平等原则。

前面涉及的问题是行政机关僵硬地适用行政政策，不考虑当事人在个案中的情况，还有就是行政机关不适用已经出台的政策，而是适用新的政策。至于行政机关在具体个案中适用政策是否合法，要根据很多法定的标准，如合法性标准、程序正当标准、不合理、恶意、合理期待、越权等。

3.德国的做法

德国强调行政机关在适用行政政策时必须遵守法律规定，包括《德国基本法》的规定。

控制行政机关在适用行政政策方面滥用裁量权的方法之一是，以违反平等对待原则加以控制。它是指以下两种情况：行政机关对情况相同的行政相对人没有平等地对待；违反常规，反复无常。[1] 前文谈到了德国法院适用法律原则对行政政策加以审查，这里是指对基于政策所作的具体行政行为进行审查。德国民生行政行为不强调法律保留原则，为了防止行政机关滥用此种情况，法院强调用平等原则拘束民生行政行为。在德国联邦宪法法院成立后所作出的第一个判决，便将平等原则引入给付行政之中。尽管依法行政原则有此优点，但现代人民往往过于依赖给付行政甚巨，若委诸行政权的自行判断如何才是"正当"的相同或差别待遇，恐会在一些个案中产生不公之流弊，为使国家服务行为更具确定性，立法者应该责无旁贷的来作决定。故德国对社会立法就渐渐朝"依法律行政"之立法方向，是"依法行政"的倒向发展。[2]

德国通过平等原则拘束行政机关，要求行政机关不得随意放弃行政政策而实行差别对待，同时也强调在有实质性差别情况时，应当实行差别对待。

为了防止行政机关滥用裁量权制造差别对待，一些法律对给付行政的民生行政行为实行法律保留原则。《德国社会福利法》第31条就规定，社会福利仅能依本法之规定给予之，就是一例。

用平等原则拘束适用行政政策的民生行政行为。为了较为明确地断定检验平等原则的宽松或严格之标准，晚近德国联邦宪法法院采行了"新判断标

---

〔1〕 参见［印］M.P.赛夫：《德国行政法》，周伟译，台北，五南图书出版有限公司1991年版，第211～232页。

〔2〕 参见陈新民：《行政法学总论》（第9版），台北，三民书局2015年版，第102页。另见郭明政：《社会安全制度与社会法》，台北，翰芦图书出版有限公司1977年版，第94页。

准”——“因人而异”或“因事而异”的检验方法。“因人而异”的检验是立法者针对法规适用者的差异，例如，针对适用者的身份、社会阶级、教育背景及职业种类等，而异其法律后果时，此时最容易产生歧视的弊害，所以应当采行严格的审查标准，即严格的适用比例原则来检验。“因事而异”是立法者针对客观事实与事务不同，而为不同立法判断时，例如，德国民事诉讼法未有类似刑事诉讼法之有规定提起上诉期间的教示规定，即属于“对事不对人”的差别待遇，即无太多歧视危险，可采低度的审查标准，即恣意禁止原则，赋予立法者较大的形成空间。[1]可知，平等原则的操作几乎可与比例原则融而为一。[2]

德国做法对我国有重要的借鉴价值。因为民生行政政策中的差别对待最容易产生争议。德国强调有的民生事项要实行法律保留原则，行政机关不得随意实行差别对待。如果事项差别对待，法院可以根据想真正从中差别对待所给予的人或事而实行不同程度的审查。前文谈到我国不少地方民生行政政策基于人的身份（如农村或者城市、本地或者外地户籍；有的基于教育背景，如自学考试和全日制考试、民办学校与公立学校等）实行的差别对待，理应受到更严格的审查。

4.我国台湾地区的做法

法院根据“行政程序法”的规定，对行政机关适用行政政策进行审查，主要使用的标准包括法律保留原则、平等原则、明确性原则等。台湾地区法院在这一问题上，与英国等有类似的做法。一方面，强调要严格遵守行政政策，否则可能违反平等原则。适用平等原则拘束行政机关作出行政行为时，要遵守行政惯例和行政政策。另一方面，强调在个案中，在特殊情况下，要实行差别对待，不能把政策僵硬化，机械地适用政策，而不考虑具体情况，也违反平等原则的差别对待要求。具体说明如下：

（1）要求行政机关遵守行政惯例和行政政策。行政行为必须遵守实质平等，除具有行政法源地位的法规范都应当遵守并实施在个案外，即使非属于习惯法，但仅有内部规范效果——仅由行政内部所形成的惯行——不论是由上级命令所形成之规范或是由下而普遍形成之惯例，通常拘束力。以强调“可预见性”原则作为法律安定性达成的重要目标而言，只要此行政惯行并不违反法律

---

〔1〕参见陈新民大法官在释字第682号及第712号解释所提之不同意见书。

〔2〕参见陈新民：《行政法学总论》（第9版），台北，三民书局2015年版，第108～109页。

优位、符合实质正当原则，应肯认行政惯例的拘束力，从而行政机关无正当理由而不遵从之，即属恣意。[1]在“行政程序法”出台之前，“行政法院”81年判字第1006号判例：“逾越权限或滥用权力之行政处分，以违法论，行政诉讼法第1条第2项定有明文。基于相同原因事实作成之行政处分，若有意作不公平之差别待遇，致损及特定当事人之权益，即有权力滥用之违法。”在“行政程序法”公布后，第6条规定平等原则是行政法一般原则，“行政法院”实务亦有承认行政惯例具有法之拘束力者，“最高行”102年度判字第687号判决：“行政机关依其行政规则（包括行政函释），经由长期之惯行，透过上开平等原则之作用，产生外部效力，人民得据该行政规则向行政机关为请求。是以‘行政诉讼法’第5条规定，行政机关对人民依法申请之案件，予以驳回或于法定期间之内不作为，致损害其权利或法律上利益，人民得提起课予义务诉讼。该条规定所称之‘法’，除法律或法规命令外，尚包括上述因行政惯行及平等原则作用，而有外部效力之行政规则……”[2]

行政惯例也可能透过行政机关制定行政规则的方式，特别是在制定裁量标准的方式，来形成各所属机关行政裁量权的内部秩序，则更有维护行政公权力可预见性的功能，故即使此种行政规则，对于人民应无拘束力，但既然此种行政规则有别于一般行政规则，应由首长签署，并刊登公报发布，即有追求“透明化”之功用，故本着“行政自制”原则，行政机关在个案中亦受其拘束，这也是平等权拘束力的表现。我国台湾地区行政法院有很多判决认为违反此种行政规则即属裁量的滥用，例如“北高行”94年度诉字第524号判决，认定主管机关如果违反自行订定的行政规则（查定作业注意事项），其裁量即属违法；“北高行”93年度诉字第2270号判决：“苟北高为行政裁量时如未依据上开“行政院公平交易委员会裁处罚锾额度参考表”为之，即已违反行政之自我拘束原则。“行政法院”审查行政裁量决定有无依行政机关自行订颁之裁量基准，乃基于平等原则之要求，亦即，在事实上与法律上相同的情况下，所为裁量亦

[1] 参见吴庚：《行政规则与行政惯例的拘束力问题》，载《月旦法学杂志》第156期；张文郁：《浅论行政法上之习惯法与行政惯例》，载《月旦法学杂志》第156期。

[2] “最高行”102年度判字第687号判决：“……本件国军眷村重建、眷宅余额分配作业规定及83年分配作业补充规定，虽属行政规则，然权责机关长期基于该等规定，配售眷宅于相关人，基于行政惯行及平等原则，已产生外部效力，符合该分配作业规定所订得申请配售眷宅资格要件者，对权责机关有申请配售眷宅请求权，其所为之申请，乃属依法申请之案件……”

须相同，不得恣意而为，如果应考虑之要素未列入考虑，以致造成不平等之对待，亦属违反平等原则。借由行政自我拘束原则，可使裁量合乎平等原则之要求。”

为使平等权切实贯彻到行政个案，应要求行政机关发挥最高度的行政自制，对于有差别待遇的“正当理由”，应有详为说明理由的义务，法院也应以“高度怀疑”的角度审查之。

（2）行政机关依据行政政策实施行政行为，要遵守合理的差别对待的要求。在法律执行的层次，一样适用此“恣意禁止”的模式，行政与司法机关应当针对不同的行为模式，适用相对应的法规范。若对同样行为模式者，则应当平等执行法律，而不得因为其对象不同，而异其法律之效果。背离此合理区别的行为即为“恣意”，特别在行政裁量的情形，更应受到此恣意禁止原则的拘束。使平等原则和“恣意禁止”画上等号。依“行政程序法”第6条，行政行为在有“正当理由”时，方可为差别待遇。此“正当理由”往往透过行政裁量的方式出现，便是应遵照“立法者”所定的标准、合理原则与立法目的。

可见，我国台湾地区运用平等原则拘束行政机关适用行政政策的行为，一方面要求严格遵守行政政策、行政惯例和行政规则；另一方面在有正当理由的情况下，实行差别对待。

（二）我国借鉴和完善

基于前述经验，结合我国现有制度设计和司法实践，我们认为，我国未来可以在以下三个方面，进一步完善相关制度，推动行政机关在适用行政政策时，尽可能提升适用民生行政政策的合法性和合理性程度。

1.一般情况下严格执行行政政策

行政机关制定的民生政策应当受到有效的控制，应当符合宪法法律精神。在政策合宪合法的前提下，在一般情况下，行政机关应当严格执行已经出台的政策，否则不仅违反法治的安定性原则，还会引起对政府信赖保护的质疑。前文已经提到，一些行政机关不遵守行政机关已经出台的行政政策。在此情况下，一旦引起行政诉讼，行政机关应当说明理由，承担违法和信赖保护应当的责任。

需要指出的是，由于行政政策仍有很大的裁量空间和余地，行政机关在涉及到新问题时，对政策性文件中的规定，要作有利于民生权利保护的解释，同时兼顾利益平衡。法院在行政审判中，只要符合以下条件，就应该要求行政机关继续适用原来的政策，或者满足相对人要求行政机关继续适用的诉讼请求：第一，相同情况的再现，且在已有政策中建立了相对应的行为机制，所以，从平等对待原则上讲，应该做出同样的反应。第二，行政机关的先前政策已经对特定的相对人产生了合法期待。第三，行政机关没有充分的公共利益理由不适用原先的政策。

为了保证上述要求落到实处，在行政程序上应该严格要求，如果行政机关在作出裁量决定时没有考虑有关的政策，必须向相对人说明理由，必须向相对人解释清楚他的情况属于政策的例外，不适用上述政策。或者是因为原先政策赖以成立的情境和基础已经消失，尤其是因为公共利益的要求，行政机关必须从现在手头的这个案件开始，重新考虑政策的选择问题。如果行政机关忽视了上述程序，在行政审判上，可以考虑对上述程序的治疗问题。也就是在被告答辩之中要求回答上述问题，作为对行政程序瑕疵的治疗。如果被告的解释是合理的、充分的，可以判决维持原行政自由裁量决定。如果被告不能给出合理的解释，或者拒绝解释，那么，可以推定被告背弃原先政策不具有合理的理由或者理由不充分，不但违反了原告的合法预期，也没有考虑相关因素，应当判决撤销。[1]我们认为这个建议是可行的，也是控制行政机关任意不遵守已出台政策的有效措施。

2.改变简单地僵化地适用行政政策作出行政行为的执法模式，强化行政机关根据个案情况作出行政行为的能力

由于民生行政政策很多涉及社会财富资源的分配，为了防止行政机关恣意地分配引起争议，在制定民生行政政策时，一般尽可能缩小行政机关的裁量权。这种情况在底层级行政政策中尤为明显。但是，过度缩小裁量权，必然要求在相关民生政策中细化列举行为所依据的相关因素，比如相对人享有某项权益申请资格的条件，此时由于受到多种因素的局限，对相关因素的列举可能是不全的，或者列举了一些不相关的因素。比如，随迁子女的义务教育问题，以父母是否属于违法生育，或者设计较高条件的限制（如有的地方规定在迁入地缴纳养老保险满5年等），这些很大程度上不是相关因素。还有可能把行政

〔1〕 参见余凌云：《行政自由裁量论》，中国人民公安大学出版社2005年版，第124～125页。

机关的裁量权限制或者剥夺了，此时行政机关不能僵化地适用民生行政政策。

在民生行政政策本身不尽合理，过度限制行政机关裁量权的情况下，行政机关在执行时，应当有相应的个案判断权，否则僵化地适用政策，可能导致个案中当事人的不公平。在英国，因为传统上法院就能够对行政政策进行司法审查。在议会至上的宪政体制中，这是合宪的，不违背英国的分权观念和制度。所以，英国法院可以直截了当地进行上述的审查，并且直接要求行政机关在个案中不得适用特定政策。[1]

我国法院审查行政政策虽有一定困难，但2014年修正的《行政诉讼法》提供了机遇，该法第53条规定："公民、法人或者其他组织认为行政行为所依据的国务院部门和地方人民政府及其部门制定的规范性文件不合法，在对行政行为提起诉讼时，可以一并请求对该规范性文件进行审查。""前款规定的规范性文件不含规章。"第64条规定："人民法院在审理行政案件中，经审查认为本法第五十三条规定的规范性文件不合法的，不作为认定行政行为合法的依据，并向制定机关提出处理建议。"2015年最高人民法院《关于适用〈中华人民共和国行政诉讼法〉若干问题的解释》第21条规定："规范性文件不合法的，人民法院不作为认定行政行为合法的依据，并在裁判理由中予以阐明。作出生效裁判的人民法院应当向规范性文件的制定机关提出处理建议，并可以抄送制定机关的同级人民政府或者上一级行政机关。"这一规定给法院审查民生行政政策提供了直接依据。据此，法院在个案中审查行政机关所适用的民生行政政策，要特别注意行政机关是否过分僵化地适用政策，从而导致个案不公正的情况。

3.强化法院对行政机关不及时出台政策实施法律规范的行为

在潘某凤与龙南县社会保险事业管理局、龙南县人力资源和社会保障局行政给付一审行政案中，[2]原告第一个质疑的就是行政机关不作为指出："对照党中央、国务院、人力资源和社会保障部的法律法规、方针政策，被告的做法十分错误和荒唐：一、迟迟不制定落实对被征地农民的养老保险待遇方案，龙南县于1999年前就开始征收集体土地，迟至2014年才开始实施被征地农民养老保险方案，给广大失地农民造成难以估量的损失和困难。"这是质疑相关行政机关不及时作为即不尽快制定行政政策。法院没有对此进行审查。

---

〔1〕 参见余凌云：《行政自由裁量论》，中国人民公安大学出版社2005年版，第167页。

〔2〕 江西省龙南县人民法院（2016）赣0727行初13号。

在前述王某录与西宁市社会保险事业管理局青海省人力资源和社会保障厅行政给付纠纷一案二审行政案中，[1]上诉人质疑青海省行政机关制定的行政政策违反中央政策。青政〔1996〕4号文出台于国务院〔1997〕26号文发布前，该文违规取代青海省依据国务院〔1978〕104号文制定的青海退休政策。青政〔1998〕78号文在国发〔1997〕26号文实施16个月后，于1998年11月13日在青海省出台，错过了国发〔1997〕26号文在青海地区同步的最佳执行期。上诉人还指出了青海省政策改变了国务院政策中的标准。在该案中，其中一个争议是被审查的文件为什么没有及时制定出来，以更好地落实国务院〔1997〕26号文。

如何对此类不作为或者懈怠作为，不及时制定行政政策的行为进行监督呢？这确实很难。学界对法院能否监督此种情况，也有不同观点。余凌云教授主张："在我看来，采取要求行政机关制定政策的方式似乎更加妥当。那么，什么情况下法院可以支持这样的诉讼请求呢？我以为，如果满足以下条件，法院可以要求行政机关给出一个政策：第一，缺少政策是极不合理的；第二，缺少政策会造成行政审判的困难，甚至不可能。"[2]我国目前法院似乎还没有这样做。

4.提升行政机关在有正当理由情况下予以改变或者不适用现有行政政策的能力

虽然在一般情况下，行政机关应当执行出台的行政政策，但是由于政策有可能存在多方面问题，特别是可能比较僵化、束缚行政机关裁量权或者滞后于社会发展的需要。在此情况下，行政机关要有一种机制，在有正当理由情况下，必须改变或不适用现有的行政政策。法院对此加以审查，以倒逼机制的形式迫使和促使行政机关如此行为。只有这样，行政政策的消极作用才有可能被降到最低限度。

5.适用合宪精神的法律规范适用民生行政政策，以合宪合法的民生行政政策指导作出行政行为

根据宪法法律精神去适用民生行政政策，行政机关要提升运用符合宪法法律精神的民生行政政策去作出行政决定。法院也是如此。要通过司法审查

〔1〕 青海省西宁市中级人民法院（2016）青01行终17号。

〔2〕 参见余凌云：《行政自由裁量论》，中国人民公安大学出版社2005年版，第127页。

的形式迫使和促使行政机关在对行政政策进行适用时，要学会进行审查判断，要以符合宪法法律精神的方式去作出行政行为。我国台湾地区受德国影响较大，也强调用“宪法”和“法律”拘束行政机关适用行政政策的审查。在这方面我国法院可以借鉴它们成熟的经验。如适用平等原则、法律保留原则等审查民生行政政策等。

五、其他主体的审查和规制

主要包括行政机关自己规制，行政复议、行政信访机关予以监督审查，以及人大及其常委会监督控制。这里主要讨论两方面问题。

(一)行政机关自己规制

行政机关审查是监督行政政策合法与否的重要路径。在此，需要主要明确的是，行政机关如何通过各种方法提升政策的合法化合理性程度。

我们认为，要提升行政机关制定政策的合法性程度，至少重视以下问题。

1.制定政策必须广泛地听取社会公众意见和建议。如果涉及公众重要利益的必须公开听取意见，否则程序违法，宣告其不能实施。对于公众提出的意见和建议，应该认真研究是否采纳。不采纳的，应当说明理由。这方面的工作程序和资料要有相关记录。

2.重点放在制定者设法提升实体性问题方面的合宪和合法性水平。如制定政策目的不得违反宪法法律；设置社会民生利益的相关资格条件、分配相关数额，务必自觉遵守宪法和法律的精神。比如在制定涉及教育、就业等条件时，不得人为设定违反宪法和法律的条件，如对外地户籍的人进行过度的限制；为了达到某一个目的而对其他受影响因素考虑不足，考虑了不相关因素，或者没有考虑相关因素等。

比如在制定购房政策时，不得设置不当的条件，否则就会产生意想不到的消极后果。如引起离婚情况的空前增加。在中国政策性离婚的现象时有发生。政策性离婚最主要的原因是政府出台与民众不动产购买或处置有关的政策时，都以户为单位来限定某些权利，人们为了获得更多利益，采取离婚方式绕过政策限制。这就导致了很吊诡的现象：婚姻在本质上包含着夫妻间财产安排这一项最重要的内容，但政策性离婚却在夫妻间硬生生插入了一个政策影响因素。离婚考虑的不是夫妻间的财产安排问题，而是夫妻如何以解除婚姻的方式从政府那里更多地获得两个离婚者的共同利益。简单地说，离婚不是为了分财产而是为了得收益，而且是从婚姻关系之外的其他关系中获得。政府作为婚姻关系的确认方以及社会伦理道德的坚定维护者，却成为导致婚姻关系被利益支配而成为工具的破坏性力量。政策作为一种制度安排，本意是规范和引导人们的行为，但如果政策只发挥堵塞作用，则逼迫流水不得不另寻他路。我们的制度设计与国外有几个不同的地方：一是政府拆迁量太大，各类建设，不管公益非公益都需要先通过政府来获得土地，缺乏如国外内城更新和我国台湾市地重划之类的民众自主参与开发的方式；二是因为量大导致政府谈判成本过大，而且无法承担较高的补偿标准，出台的政策既是“一刀切”又标准偏低；三是在低标准下为了减少矛盾，又出台一些考虑户数、人口等的特殊政策。对于这样既定的政策设计，民众最理性的保障自身利益的方式恰恰是利用政策中唯一有利的条文——离婚分户。归根结底，政策性离婚的根本原因，其实在于改革只到半途。各项改革措施整体协调性差，针对交易之物而非交易者的非人格化市场机制没有建立起来。要避免出现因政策而离婚的情况，还需要加快市场与法制建设步伐。〔1〕

再如制定民生行政政策时切记目的要合宪合法，基于违法不当目的的政策不应当顺利出台，对违法者应当追究责任。几年前，广东省河源市群众投诉，河源的文昌“经适房”项目规定“限购”，要买必须是“市直单位”干部。河源市文昌“经适房”项目共583套，每套建筑面积已经超过110平方米，超过国家规定上限的近一倍。河源市政府表示，是考虑当地家庭很多“三代同堂”的民情，属于地方的探索。超出60平方米的部分，按市场价出售，这样做“不应该算违规”。经济适用房，是指以微利价向城镇中低收入家庭出售的住房，本身具有社会保障性质的商品住宅。如今却沦为市直单位（含中央、省驻河源单位）职工的福利房，本应享受保障的中低收入家庭连门槛也摸不着，直接被排除在“限购”之外。很显然，河源市政府钻了保障房监管体系制度漏洞。从制度设计看，已经没有任何一条法律法规能允许保障房变身福利房，甚至就连保障房建筑面积也已有相应文件规定。但在实际操作中，各地却变着法让保障房沦为中低收入家庭难以企及的梦想，并异化为福利房，这其中，让保障房

〔1〕　参见杨遴杰：《让政策性离婚离生活远些》，载《中国国土资源报》2012年11月6日。

面积严重超标无疑成了屡试不爽的“绝招”。不管如何，保障房成为市直单位福利房，其危害都显而易见，不仅侵犯了困难家庭的住房保障权，损害社会公平，还会严重戕害政府公信力。因此，对诸如此类的地方“探索”还需问责纠偏，面对地方政府发挥的“小聪明”，相关部门不能置之不理，而应该及时制止和对相关责任人进行追责，并严格保障房建设的监管。[1]可见，行政政策目的不合法、不正当是一个重要原因，需要对相关政策的目的进行严格审查。

基于行政效率的考虑设置不相关的限制条件，影响民生权利的，应当予以纠正。2013年6月，广东省物价局、广东省住建厅出台《关于规范城乡生活垃圾处理价格管理的指导意见》，对于居民垃圾收费，意见提出的三种收费方式包括“用水消费量折算系数法”计费。很多市民认为，垃圾费与水费捆绑肯定会导致垃圾费的大幅增加。广东省物价局表示，广东现行生活垃圾处理收费管理政策于2002年12月出台实施。随着城镇化进程的不断加快，垃圾围城困扰城乡居民的生活。物价局表示，目前生活垃圾处理费开征率和收缴率比较低，收费金额还不足以弥补生活垃圾处理所需费用，处理各环节价格管理不够规范，农村生活垃圾收运处理资金短缺。因此，出台规范生活垃圾处理价格管理的指导意见十分迫切。在这种情况下，鼓励垃圾处理费通过水费一并收取，提高垃圾处理费的收缴率，则成为收取垃圾处理费的最简洁方式。垃圾费捆绑水费，唯一的作用就是方便收费。因为用多少水和扔多少垃圾根本就没有必然联系，将这两种收费捆绑，是一种不负责任的表现，不值得提倡。[2]行政机关制定政策要充分听取民众意见、争取获得多数人的支持，设置的措施必须与事物本质相关，不得设置不相关的因素。前述案件中涉及的很多争议，有的在规定相关因素方面列举因素较少；有的则列举了不相关因素等。比如很多地方对学生就读设置的户籍条件过严、有的将违反计划生育作为禁止外地户籍学生在本地就读义务教育的事由等。

最后，行政政策要在控制行政机关裁量权方面作出合理的设计。一方面不能给行政机关太大的裁量权，随意不执行政策或者改变政策的执行。另一方面又能根据个案作出更加公正的处理。要做到这一点相当困难，我们主张，行政机关根据管理工作的实际情况和经验，建立类型化的裁量基准。

---

〔1〕 参见禹海君：《保障房异化需要问责纠偏》，载《法制日报》2013年8月8日，第7版。
〔2〕 参见《广东垃圾费可捆绑水费》，载《人民日报》2013年6月4日，第13版。

3.认真对待公民的投诉或者意见和建议

域外有此项制度。如法国行政机关可以审查行政机关制定普遍行为规则的行为。“因为有法律或上级条例，所以下级行政机关在制定某项条例时，如果存在抵触法律或上级条例的情况，那么根据行政法院的判例，利害关系人可以申请行政机关废除或修改条例，但必须在法律和上级条例公布后两个月内进行请求。”[1]在行政活动中，因为存在事实情况的变化，当其合法性基础不存在，可以根据判例，当事人可以直接请求行政机关做出废除。法国这一做法也应当值得借鉴。

美国也确认这一制度。行政裁判所在当事人在不服行政规范性文件时被赋予其一定的救济权。美国的行政裁判范围只限于行政裁决行为，而不包括制定法规行为。但是根据《联邦行政程序法》第553条第5项的规定，“各行政机关应给予有利害关系人申请发布、修改或废除某项规章的权利”。这意味着公民不服行政机关作出的规章等规范性文件时，有权要求该行政机关修改或者废除。[2]

根据我国宪法和法律精神，公民有权对行政机关制定行政政策提出意见和建议，认为行政政策违法向行政机关提出审查请求时，有权机关应当认真审查。一些地方立法对此有规定，但从实施情况看并不乐观，规定并未得到实施。行政机关对公民就行政政策提出修改、废除或者完善建议的，往往持不友好的态度。

这里举一例说明。2013年原告陈某夫妇在上海市长宁妇幼保健院生一女，取姓“乐”，该姓为原告陈某祖父姓氏。其祖父乐某，中华人民共和国成立前在上海工作，与其祖母陈某某结婚，1944年生育了原告之父。原告祖父母后因局势混乱分开。之后原告祖母带着原告之父改嫁并将大儿子改跟自己陈姓。中华人民共和国成立后原告祖父回沪，但原告祖母拒绝让其与两儿子相见，祖父随后去了东北。在“文革”时陈某祖父受到影响，后在东北孤独辞世。祖辈的上述事项是原告在20世纪90年代竭尽努力，联系到祖父的远亲才得知，获悉后原告及其父辈非常沉重，心愿今后的小孩能够认祖归宗，改回“乐”姓，也算是对老祖宗的缅怀。第三人长宁妇幼保健院以“原告女儿未随父姓或母

〔1〕 王名扬：《法国行政法》，中国政法大学出版社1998年版，第150页。
〔2〕 马怀德：《行政法制度建构与判例研究》，中国政法大学出版社2000年版，第93页。

姓”为由拒绝向其发放《出生医学证明》。随后原告陈某以当面呈交信访件形式向被告上海市长宁区卫生局提出申请，要求被告履行法定职责，督促第三人长宁妇幼保健院为原告女儿发放《出生医学证明》。被告先后向原告作出口头、书面答复，告知原告：按照《上海市〈出生医学证明〉管理办法》（以下简称《办法》）第三章第11条第4项规定“新生儿原则上可以随父姓或随母姓”等规定，在具体签发《出生医学证明》时，新生儿姓氏只能在父姓、母姓或父母双方姓氏中选择。原告不服，向上海市长宁区法院提起诉讼。要求法院判决被告责令第三人为其女儿出具《出生医学证明》。法院最后组织协调，公安机关同意新生儿报户口时改姓其祖父姓氏“乐”，当事人撤诉。在该案中，《办法》依据有三：《母婴保健法》《上海市母婴保健条例》、卫生部《关于进一步加强出生医学证明管理的通知》（卫妇社发〔2009〕96号），但上述三个依据都未规定，新生儿只能随父姓或随母姓。

在由上海市长宁区法院组织的研讨会上，上海市高院行政庭、中院行政庭、上海市政法法制办、上海市公安局法规处等有关领导以及四位专家参加的研讨会上，笔者明确提出，这个文件违反宪法、民法通则、婚姻法。之后一位上海市人大代表提出修改或者废除该文件该规范性文件没有对新生儿姓氏提出任何要求，但一直没有回音。之后笔者通过上海市人民建议征集信箱建议废除或者修改。上海市信访办人民建议征集处组织了以此研讨会，市政府法制办、市卫生局有关领导人员和本人参加。尽管市政府法制办和市卫生局领导均承认这个办法违法，都不愿修改。一直拖到2015年5月才废除了原来的文件，以新文件代替之。其主要原因是全国人大常委会在2014年11月出台了新的解释《全国人大常委会关于修改民法通则和婚姻法相关条款的解释》规定：对《民法通则》第99条第1款、《婚姻法》第22条解释如下：“公民依法享有姓名权。公民行使姓名权，还应当尊重社会公德，不得损害社会公共利益。”“公民原则上应当随父姓或者母姓。有下列情形之一的，可以在父姓和母姓之外选取姓氏：（一）选取其他直系长辈血亲的姓氏；（二）因由法定扶养人以外的人扶养而选取扶养人姓氏；（三）有不违反公序良俗的其他正当理由。”“少数民族公民的姓氏可以从本民族的文化传统和风俗习惯。”

我们认为之所以出现这种情况，是因为上海市卫生局制定该文件时，向市政府法制办备过案。如果现在市政府法制办承认其违法并予以纠正的话，就说明其当时在备案时把关不严，违法的文件没有予以处理，所以市政府法制办具体负责卫生局口子的社会法规处领导就不会去纠正这一违法的文件，只是后来因为市人大代表提出要求其纠正，加上全国人大常委会的立法解释出来才推动了这一违法的民生政策文件的废除。

（二）人大及其常委会规制

1.其他国家和地区的做法

议会控制行政机关制定行政政策，各国和地区都有一些具体做法。

在美国，与行政规范性文件大致平行的概念是"非立法性规则"。[1]这种非立法性规则措施包括"解释性规则、程序性规则、一般性政策声明"。[2]美国对"非立法性规则"的议会审查主要做法是，联邦和各州都有各自的法律体系，所以要对"非立法性规则"进行审查非常困难。虽然美国"联邦一级没有一般性地将规章送交国会审查的要求，但许多州有规章要进行立法审查的一般性规定"。[3]美国联邦议会可以依据《政府组织法》审查行政立法，按照其规定，议会的审查方式主要有以下几方面："第一，通过直接在授权法中限制行政立法规范或调整的范围、程序及审查权限；第二，直接授权国会废除权限；第三，国会通过新的法律代替制定规章。"[4]议会主要通过以下方式实现对行政规范性文件的审查：通过审查政府预算案；对行政规范性文件的内容进行调查和审查；行使立法否决权；命令政府提供报告。[5]

在美国，国会可以对行政规则进行审查。1995年对《灵活调控法》的修正对几乎所有APA所定义的规则——不仅包括通告与评议程序所产生的规章，而且也包括解释性规则和政策说明——都实行事后审查。符合第12866号行政命令的"主要"规则只有在60个立法工作日之后才能生效，在此期间国会可以按照"快道"程序进行审查并通过反对的决议。如果国会确实表示反对，且决议获得总统签署，那么有关行政机构就失去了制定同样或实质上类似的规则，除非国会重新授权。大多数人认为，国会审查只是在总统换届的过渡阶

---

〔1〕《联邦行政程序法》第551节第4款规定，行政机关作出的具有普遍约束力的决定统称为法规。

〔2〕王名扬：《法、美、英、日行政法简明教程》，山西人民出版社1991年版，第203～204页。

〔3〕［美］伯纳德·施瓦茨：《美国法律史》，王军等译，法律出版社2007年版，第165页。

〔4〕［美］伯纳德·施瓦茨：《美国法律史》，王军等译，法律出版社2007年版，第165页。

〔5〕参见彭镡：《行政规范性文件审查制度研究》，南昌大学2013年硕士学位论文。

段才发挥实际作用，但国会的总审计办公室不断从事着法案所要求的日常工作。[1]可见，国会虽然对民生行政政策进行审查，但实际运用很少。

英国议会也保留对行政机关行政政策的审查权。议会对行政机关的委任立法审查很严格，审查方式较多。议会对委任立法审查的标准在于政策是否具有妥当性，所以其审查是一种“政策性、政治性甚至是民意性的审查”。[2]可以分为事前和事后审查。第一，事前审查。议会在委任立法之前，明确行政机关立法的权力和程序。“规定行政机关在起草委任立法的草案时必须有公众的参与，必须咨询利害关系人的意见。”[3]该程序赋予公众对委任立法制定过程的审查。其次，还规定了行政机关的授权立法必须事先提交议会审查。第二，事后审查。在行政委任立法制定后，议会或成立专门委员会对行政机关制定的法案进行审查。

议会审查一般都采用事后备案的审查方式，是指行政机关在制定行政法规之后，必须在一定期限内将法案向议会备案，议会最后作出同意或不同意法规实施的决定。议会对此法规没有直接修改的权利。在英国的备案制度中，备案分为单纯和限期废除备案两种。单纯备案只是单纯的程序性规定，即规范性文件只有向议会备案之后就可以认定生效；期限废除备案是指议会经过审查不同意法案的应提出异议，在法定权限内没有提出异议，授权制定的法规便自动生效。重大的法规一般直接通过议会直接批准。专门委员会审查指“由议会内部的成立专门委员会对行政机关的行政法规、法案等草案进行合法性审查。”[4]一般来说，专门委员会“不会重视委任立法中的权力、技术方面的因素，唯一目标是对这法规是否适合依法行政的标准，从而使行政法规能真正发挥作用，不受党派斗争影响”。[5]专门委员会对法规进行合法性审查，但没有权力做出同意或不同意的决定，只要向议会报告，提请议会做出批准。[6]

---

〔1〕 参见张千帆、赵娟、黄建军：《比较行政法》，法律出版社2008年版，第452页。

〔2〕 ［英］密尔：《代议制政府》，汪煊译，商务印书馆1997年版，第117页。

〔3〕 应松年主编：《四国行政法》，中国政法大学出版社2004年版，第46页。

〔4〕 张正钊、韩大元主编：《比较行政法》，中国人民大学出版社1998年版，第380～183页。

〔5〕 ［英］威廉·韦德：《行政法》，徐炳等译，中国大百科全书出版社1997年版，第612页。

〔6〕 参见张正钊、韩大元主编：《比较行政法》，中国人民大学出版社1998年版，第380～383页。彭镡：《行政规范性文件审查制度研究》，南昌大学2013年硕士学位论文。

2.我国做法的完善

与其他国家相比，我国实行人民代表大会制度。我国宪法和法律规定了人大及其常委会对政府行政政策的监督。国务院制定的行政政策应当向全国人大常委会备案，并受其审查。全国人大常委会可以撤销国务院制定的行政政策。地方各级政府制定的行政政策应当向本级人大及其常委会备案，人大及其常委会有权撤销本级政府制定的行政政策。

但是从实际操作来看，此项制度基本上是一种备用的制度，实际上各级人大及其常委会几乎没有开展过此项工作。人大行使此项撤销权的可能性不大，因为我国人大每年会期短，不是常年开会，但是各级人大常委会是有可能开展此项工作的。至于其是否真正有效开展此项工作，很大程度上取决于政治体制关系的调整，也取决于人大常委会审查能力和水平的提高。

我们认为，各级人大常委会审查监督本级政府制定的行政政策，可以借鉴前述所言的相关规定。从制定主体、职权依据、内容和程序等方面进行审查。至于符合哪些条件才可以作出撤销的决定，《监督法》第30条规定："县级以上地方各级人大常委会对下一级人大及其常委会作出的决议、决定和本级政府发布的决定、命令，经审查，认为有下列不适当的情形之一的，有权予以撤销：(一)超越法定权限，限制或者剥夺公民、法人和其他组织的合法权利，或者增加公民、法人和其他组织的义务的；(二)同法律、法规规定相抵触的；(三)有其他不适当的情形，应当予以撤销的。"

就民生行政政策来说，人大常委会监督时，可以主要审查民生行政政策是否有超越法定权限，限制或剥夺公民、法人或其他组织民生方面的权利，或增加公民、法人或其他组织的义务的情形；是否有同法律、法规规定相抵触的情形等。

如果此项工作能开展起来，毫无疑问是很有价值的。但是，如果把希望寄托在人大及其常委会监督行政政策上，肯定会出问题的。未来可以通过修改或者完善宪法和法律，建立人大及其常委会授权法院审查机制。通过增强司法审查的力度，使人大及其常委会的审查权得到落实。

(三)行政机关规制审查

根据宪法和法律规定，国务院有权改变或者撤销其工作部门制定的不适当的行政政策；有权改变或者撤销地方各级政府发布的行政政策。县级以上地方政府有权改变或者撤销本级政府工作部门不适当的行政政策，有权改变或者撤销下级政府发布的不适当的行政政策。但是从实际情况看，此项制度也很少真正运行过。

根据《行政复议法》的规定，[1]相对人对行政机关所作出行政行为所依据的规范性文件（包括行政政策）不服，认为其违法的，可以向行政复议机关提出对行政行为进行审查，同时对行政行为所依据的国务院以下行政机关所制定的规范性文件进行附带性审查。行政复议机关依照规定进行相应的处理，或者提请有权处理的机关进行审查处理。这一制度已经在法律中确定不少年了，但实际上似乎没有发挥作用。

我们认为，行政机关是有能力审查行政政策的，问题在于，由于行政机关有一种本能的强调行政效率，对相关国家机关制定的行政政策很难实施实质性的审查。所以，这种制度也只能是机制之一，不应是最后一种机制。依靠这种机制来监督行政政策是不可靠的。[2]

（四）司法规制

尽管我国宪法和法律对法院审查行政政策作了严格的限制，但这并不能阻止法院在未来发挥越来越重要的作用。这是因为，司法监督有其他监督无法相比的优势。第一，司法监督必须采用一些更加具体明确的审查标准和技

---

〔1〕《行政复议法》第7条规定，公民、法人或者其他组织认为国务院各部门、县级以上地方各级人民政府及其工作部门，乡、镇人民政府的行政规范性文件不合法的，可以与有争议具体行政行为一并向行政复议机关提出审查申请。第26条规定，行政复议机关对该规定有权处理的，应当在30日内依法处理；无权处理的，应当在7日内按照法定程序转送有权处理的行政机关依法处理，有权处理的行政机关应当在60日内依法处理。处理期间，中止对具体行政行为的审查。

〔2〕如在原告王某家诉被告上海市社会保险事业基金结算管理中心不服不予办理提前退休手续案中，沪劳保社发（2003）9号《关于外省市转移进沪人员若干问题处理意见的通知》第3条规定，转移进沪人员办理退休手续时，在本市实际缴纳社会保险费必须满5年，这一规定导致王某家无法办理退休。复议机关原上海市劳动和社会保障局维持了市社保中心对王某家所作答复。王某家仍不服，向法院提起行政诉讼，要求撤销市社保中心对其所作答复。该民生行政政策既违反国务院行政法规，1978年国务院《关于工人退休、退职的暂行办法》第1条第2项规定，从事井下、高空、高温、特别繁重体力劳动或者其他有害身体健康的工作，男年满55周岁、女年满45周岁，连续工龄满10年的工人，应当退休。从事特殊工种工人提前退休制度，是国家对于从事有害身体健康工作工人的特殊保护。王某家从事特殊工种工作29年3个月，至2007年8月已年满55周岁，符合法定退休条件。同时上海市这一规定也与劳动和社会保障部办公厅劳社厅函（2002）190号《关于对户籍不在参保地的人员办理退休手续有关问题的复函》规定相抵触（根据该文件规定，上诉人在内蒙古和上海的实际缴费年限应合并计算，上诉人符合退休领取养老金的条件。），二审法院给文件的制定者原上海市劳动和社会保障局提出司法建议，要求其修改或者废除，并将司法建议抄送上海市人民政府。但最后都没有任何处理。这说明我国这种行政机关内部监督机制是失效的。

术规范。第二，司法审查采用一定的步骤和程序，使这种审查更容易做到公正。第三，司法审查逐步细化的强度和密度，使其审查更加有力和具体。

根据我国宪法和法律的规定，结合我国国情，建立健全司法规制行政政策，包括对抽象行政政策的审查和对适用政策作出行政行为的审查，可从以下努力。

1.通过推动司法改革特别是政治体制的改革，强化法院的独立地位和权威，使法院能真正独立公正地行使司法权

此项工作是做好未来司法规制行政政策的重要保证。我国司法制度的建立是以人民代表大会制度为基础的。在此基础上，各级法院对行政政策有有限的审查权。但是这种体制无法保证法院有效地行使职权。法院在审查案件中，即使发现了行政政策违反宪法法律法规和规章也不敢或不予适用，而是通过各种办法维持其存在。这不仅使法院成了行政机关的行政政策执行者，而且使得违反宪法法律的政策得不到有效审查，严重损害宪法法律的权威，破坏了法治的统一。

只有对现行体制进行调整，使法院能够独立公正地对行政政策予以审查，才能使行政政策真正获得有效监督，从而保证其合法性。

就行政诉讼来说，最直接最有效的方法之一是对《行政诉讼法》个别条款进行修改完善，为法院直接审查行政政策提供更有力的依据。建议对现行第64条作出修改："人民法院在审理行政案件中，经审查认为本法第五十三条规定的规范性文件不合法的，不作为认定行政行为合法的依据，并向制定机关提出处理建议。"建议改为"人民法院在审理行政案件中，经审查认为本法第五十三条规定的规范性文件不合法的，不作为认定行政行为合法的依据，并向制定机关提出在一定期限内予以修改或者废除的处理建议。"增加一款："规范性文件制定机关在法院建议修改或者废除的期限内没有对不合法部分进行修改或者废除的，其不合法部分自动失去效力。"

2.建议最高人民法院出台相关司法政策文件

此项意图是指将更多的合法的行政政策转变为司法政策，建立类型化的司法政策，对地方法院进行指导。如涉及地方出台行政政策对农民工随迁子女义务教育予以限制的政策审查方式方法、涉及各地出台限制外地户籍人就业的政策的审查方式方法。

3.建议最高人民法院出台相关司法解释

如前文所述，民生类行政政策多种多样，最高人民法院应当根据宪法精神，在不同时期，针对不同民生问题，出台相关司法解释。其中明确规定，法院审查民生行政政策应当采用的主要技术规范和常用审查步骤和方法。比如一般情况下，法院要注重审查民生行政政策出台前的程序是否符合民主、公开等程序性要求；注重对行政政策的目的合宪性和合法性审查。对地方行政政策限制公民宪法法律权利的情况进行严格审查，增强行政机关举证负担，降低行政机关随意增加限制条件的动力。

4.建议最高人民法院发布宣告相关民生政策违法不予适用和予以撤销的指导案件

一些地方法院已经处理过涉及民生行政政策审查的案件，有些是对行政机关适用民生行政政策作出的行政行为进行审查的案件。我们认为，法院应当经过选择，提炼出一些有典型意义和有代表性的案件。

比如本文前文提到的赵某与石首市人社局劳动和社会保障行政确认行政一审案，[1]法院对行政机关所作的行政政策的解释作了否定，保护了民办学校与公立学校学生享有平等的就业权。

如前述吴某诉武陵源区人民政府民政行政管理民政行政案中，[2]法院对行政机关出台的政策文件进行合法性审查。认定张管处〔2007〕14号文件第1条第2项第4点的规定违法，其违法性表现在：一是通过设定条件将上门女婿分为享受生活保障补贴的上门女婿和不享受生活保障补贴的上门女婿两大类，但被告及第三人不能提供进行分类的法律（广义的概念，包括法律、法规、规章和其他规范性文件）依据，也就是说，被告及第三人将上门女婿分为两类法律依据不足；二是被告及第三人给2006年12月31日前户口在张管处范围内的儿媳发放了生活保障补贴，但根据该第1条第2项第4点的规定，却没有将原告纳入发放生活保障补贴的范围之内，违反了《婚姻法》第2条规定的男女平等的婚姻制度和第9条“登记结婚后，根据男女双方约定，女方可以成为男方家庭的成员，男方可以成为女方家庭的成员”的规定，显属违法，应予撤销。法院依法撤销第三人张家界国家森林公园管理处受被告张家界市武陵源区人民政

〔1〕 参见湖北省石首市人民法院（2014）鄂石首行初字第00014号。
〔2〕 参见湖南省张家界市中级人民法院（2009）张中行初字第13号。

府委托制订的处发〔2007〕14号《张家界国家森林公园世居户农（居）民生活保障补贴和历史征用稻田面积补偿发放方案》第1条第2项第4点。我们建议，最高人民法院应当将此类依法严格审查、确认违法和撤销的判决作为指导案件发布。鼓励和支持各级法院依法开展对行政政策进行合法性审查工作。

5.最高人民法院选择并办理适合的案件，宣告相关行政政策违法不予适用

建议最高人民法院每年选择一些影响较大的案件、涉及行政政策适用具有典型意义的案件，直接审查行政政策，对作出的判决进行详细的阐明原因。逐步引导地方法院采用类似方法审查行政政策及其行政机关适用之作出的行政行为。

比如有关新能源汽车的补贴政策，涉及广大民众生活的重要行政政策。2013年财政部等四部委出台了《关于继续开展新能源汽车推广应用工作的通知》，其中规定："推广应用的车辆中外地品牌数量不得低于30%。不得设置或变相设置障碍限制采购外地品牌车辆。"这实际上承认了地方可以推广应用当地品牌车辆，只要比例不高于70%。由于存在不当的补贴机制，地方政府必然会对新能源汽车推广应用实施干预，阻止外地商品进入或者本地商品运出。[1]2014年国务院办公厅发布《关于加快新能源汽车推广应用的指导意见》。其中强调，"各地区要严格执行全国统一的新能源汽车和充电设施国家标准和行业标准，不得自行制定、出台地方性的新能源汽车和充电设施标准。各地区要执行国家统一的新能源汽车推广目录，不得采取制定地方推广目录、对新能源汽车进行重复检测检验、要求汽车生产企业在本地设厂、要求整车企业采购本地生产的电池、电机等零部件等违规措施，阻碍外地生产的新能源汽车进入本地市场，以及限制或变相限制消费者购买外地及某一类新能源汽车"。"坚决清理取消各地区不利于新能源汽车市场发展的违规政策措施。"但是由于受到利益的驱动，出台地方保护主义的政策难以避免，为此，2016年7月国务院发布《关于在市场体系建设中建立公平竞争审查制度的意见》，可以想象，仅仅靠行政机关自己的审查几乎没有什么效果，最高人民法院应当选择合适的案件，及时审理一些相关案件，出台一些司法政策，以进一步为地方法院审查此类政策提供示范。国务院这一文件为法院开展对行政政策的审查提

〔1〕 参见于左、李相：《对新能源汽车补贴政策应进行股票竞争审查》，载《法制日报》2016年8月24日，第6版。

供了依据和机遇。

6.通过批复、函释等形式支持地方法院审查行政政策

由于地方法院在审查行政政策时经常遇到阻碍。此时，可以向最高人民法院请示，最高人民法院应当及时依法予以指导和支持，支持地方法院不予适用违法的行政政策，并通过各种方式促使行政机关修改或者废除违法的行政政策文件。

在原告王某家诉被告上海市社会保险事业基金结算管理中心不服不予办理提前退休手续案中，[1]原告王某家1951年6月出生，原在内蒙古工作。2003年7月，经相关部门批准，王保家商调进沪，到上海某公司工作，其在内蒙古的养老基金账户也转移至本市，户口随后迁至上海。王某家在该公司工作了3个月，此后一直失业。公司也仅为其缴纳了2003年9月至11月3个月的养老保险金。2006年6月，上海市社会保险事业基金结算中心（以下简称市社保中心）核定，王某家在1970年至2000年在内蒙古从事的工作属特殊工种。2007年7月，王某家以其从事特殊工种达到一定年限为由，向市社保中心提出要求办理提前退休手续。市社保中心以信访答复的形式告知王某家，根据沪劳保社发《关于外省市转移进沪人员若干问题处理意见的通知》(〔2003〕9号）第3条规定，转移进沪人员办理退休手续时，在本市实际缴纳社会保险费必须满5年，由于王某家在本市实际缴费不满5年，因此暂不能办理退休手续。王某家不服，提起行政复议。复议机关原上海市劳动和社会保障局维持了市社保中心对王某家所作答复。王某家仍不服，向法院提起行政诉讼，要求撤销市社保中心对其所作答复。原一审法院经审理认为，市社保中心系本市养老保险事务的主管机构，依法具有统一经办本市基本养老保险业务的职责。市社保中心适用的《关于外省市转移进沪人员若干问题处理意见的通知》，其规定是考虑了本市养老保险基金的实际状况、外省市转移进沪人员在本市缴纳养老保险费的义务与领取养老保险费待遇的权利相互对等的原则，并未违反相关的法律规定。2003年8月，王某家户口迁入上海后，实际缴纳社会保险费不满5年，不符合办理退休手续的条件。故市社保中心对王某家申请办理退休手续，作出“由于您在本市实际缴费不满5年，因此暂不能办理退休手续”答复的具体行政行

〔1〕 参见上海市第二中级人民法院（2008）沪二中行终字第48号行政案件。

为。该具体行政行为认定事实清楚，程序合法，适用法律正确。法院遂判决：维持市社保中心于2007年8月13日对王某家所作答复的具体行政行为。一审判决后，王某家不服，提起上诉。王某家上诉称，原审判决认定事实不清、适用法律不当。上诉人从事特殊工种工作29年3个月，符合国家规定的提前退休条件；上诉人1993年在内蒙古建立养老保险账户，并按规定缴纳养老保险费，商调进沪时已将养老保险费个人缴纳部分转移至上海，并在上海建立了个人养老保险账户。根据劳动和社会保障部办公厅劳社厅函《关于对户籍不在参保地的人员办理退休手续有关问题的复函》〔2002〕190号规定，上诉人在内蒙古和上海的实际缴费年限应合并计算，上诉人符合退休领取养老金的条件。被上诉人所依据的《关于外省市转移进沪人员若干问题处理意见的通知》与上位法相冲突，不应适用。故请求撤销原审判决，撤销被诉具体行政行为。二审法院认为，从事特殊工种工人的提前退休，需经政府相关主管部门批准。上诉人王某家系从事特殊工种工人，其于2007年8月申请办理提前退休手续时年龄已超过55周岁，有权向被上诉人市社保中心提出提前退休的申请。被上诉人市社保中心收到上诉人王某家申请后，应当就是否批准该申请作出正式的行政决定。现被上诉人市社保中心仅以信访答复的形式对上诉人王某家的申请作出回复，其答复程序违法，依法应予撤销。原审判决维持被诉答复不当，应予纠正。据此，二审判决撤销原审判决、撤销市社保中心对王某家所作答复。

案中，下位行政政策与上位法冲突的情况非常明显，比较容易判断。但是法院基于种种原因，没有明确这一政策文件的违法性，反而维持了行政机关作出的行政行为。出现这种情况不是个案，在全国具有普遍性。我们认为，出现这种情况，地方法院应当向最高人民法院请示，请求最高人民法院作出批复，支持地方法院根据上位法或者中央政策的精神予以处理。这样可以借助于最高司法机关的监督权来实现对地方行政政策的有效监督。

在这方面我国已经有了一些做法，最高人民法院支持地方法院审理案件时，不予适用违反法律和行政法规的地方性法规。

例如，最高人民法院就河南省高级人民法院请示关于对审理农用运输车行政管理纠纷案件应当如何适用法律问题的答复（2000年2月29日，法行〔1999〕第14号）：

"你院〔1999〕豫法行请字第1号《关于审理农用运输车行政管理纠纷案

件应当如何适用法律的请示报告》收悉。经研究，答复如下：机动车道路交通应当由公安机关实行统一管理；作为机动车一种的农用运输车，其道路交通管理包括检验、发牌和驾驶员考核、发证等，也应当由公安机关统一负责。人民法院审理农用运输车行政管理纠纷案件，涉及相关行政管理职权的，应当适用《中华人民共和国道路交通管理条例》和《国务院关于改革道路交通管理体制的通知》和有关规定。"[1]据此，国务院的行政政策成为法院审理案件的依据。

又如，关于中央直属火电厂的循环冷却水是否正式水资源以及是否征收水资源费。在没有法律和行政法规的情况下，适用国务院政策。有了法律行政法规之后，要根据法律行政法规规定办理。

1996年10月9日最高人民法院行政审判庭就山西省高级人民法院请示关于中央直属火电厂的循环冷却水是否正式水资源的答复意见(〔1996〕法行字第13号)如下："你院〔1996〕晋法行字第5号《关于如何理解国务院办公厅国办发〔1995〕27号文件有关问题的请示》收悉。经征求国务院法制局意见，现答复如下：

国务院法制局国法函〔1996〕92号《对最高人民法院来函的复函》第1条中的"中央直属火电厂的循环冷却水"包括在循环冷却过程中消耗的水量所补充的新水。因此，对这部分在循环冷却过程中消耗的水量所补充的新水，仍应按国务院办公厅国办发〔1995〕27号《国务院办公厅关于征收水资源费有关问题的通知》规定执行，暂不征收水资源费。"

可见，国务院的行政政策是处理问题的依据。但后来有了行政法规，不得再依据与行政法规相抵触的行政政策。

2007年11月5日最高人民法院行政审判庭就广西壮族自治区高级人民法院请示所作的《关于征收中央直属发电厂的水力发电用水和火力发电贯流式冷却用水水资源费问题的答复》(〔2007〕行他字第17号)如下："你院报来的《关于广西桂冠电力股份有限公司诉大化瑶族自治县水利局征收水资源费及行政处罚上诉一案的请示》收悉。经研究，答复如下：国务院颁布的《取水许可和水资源费征收管理条例》于2006年4月15日起施行，在该条例施行之后，应当根据该条例的有关规定征收水资源费。"据此，有了行政法规，就不再执

---

〔1〕 参见江必新主编：《最高人民法院最新行政诉讼司法解释汇编》，中国法制出版社2012年版，第472～473页。

行1995年《国务院办公厅关于征收水资源费有关问题的通知》这一行政政策。

上述行政政策主要涉及中央政府的政策。

既然最高人民法院已经作出了此类批复，并且能够解决实际问题，这一做法今后应当继续坚持。各级地方法院在处理相关问题时，如果在对地方行政政策进行附带审查时，发现地方行政政策与法律法规或者规章抵触的，为了避免地方政府及其工作部门的干扰，也可以采取这种措施，从最高人民法院那里寻求支持。

其实，最高人民法院在2004年发布的《关于审理行政案件适用法律规范问题的座谈会纪要》，其中规定："行政机关往往将这些具体应用解释和其他规范性文件作为具体行政行为的直接依据。这些具体应用解释和规范性文件不是正式的法律渊源，对人民法院不具有法律规范意义上的约束力。但是，人民法院经审查认为被诉具体行政行为依据的具体应用解释和其他规范性文件合法、有效并合理、适当的，在认定被诉具体行政行为合法性时应承认其效力；人民法院可以在裁判理由中对具体应用解释和其他规范性文件是否合法、有效、合理或适当进行评述。"但是这个规定毕竟只是一般规定，最高人民法院如果通过批复，对一些地方行政政策是否属于合法、有效并合理、适当的，予以实际指导，对于推动地方法院开展此项工作必将起到很大的推动作用。

7.借鉴法国经验，建立健全行政机关咨询法院相关意见和建议的制度

在法国，通过向最高行政法院的立法咨询来对行政规范性文件进行事前监督。最高行政法院的咨询职务，主要适用于政府提出法律草案和制定行政条例的行为，即政府提出的法律草案在部长会议讨论决定是否送交议会审议之前要先咨询最高行政法院的意见。"属于条例范围内的事项，政府是否咨询行政法院的意见，可以自由决定。但如果这些事项在1958年宪法实施以前已由法律规定，政府要用条例改变这项法律，必须咨询最高行政法院意见（宪法第37条）。政府为补充法律和执行法律而制定的条例，不必征求最高行政法院意见，除非法律中明文规定必须征求意见时除外。"[1]"政府可以在制定某一条例时，或讨论某一决定时，请求最高行政法院派人来参加起草工作，或者参加讨论，然后再向最高行政法院提出，征求意见。咨询的效果依咨询的性质而不

〔1〕 王名扬：《法国行政法》，中国政法大学出版社1988年版，第611页。

同。任意的咨询不影响行政行为的效力。行政机关不进行必须进行的咨询而做出的决定无效。这种无效，根据最高行政法院的判例，不是程序上的缺陷所引起，而是缺乏权限的因素。法院可以依据职权宣告这个行为无效。”〔1〕

借鉴法国经验，我国应建立健全各级政府及其工作部门制定行政政策咨询相关法院行政庭意见的制度。对于创制性民生行政政策，限制公民宪法法律法规规章中权利或者施加宪法法律法规规章未规定义务的情形，必须咨询法院的意见。对于实施性的行政政策文件，由行政机关选择决定是否咨询法院的意见。具体来说，国务院及其工作部门出台相关行政政策咨询最高人民法院行政庭、省级政府及其工作部门出台行政政策咨询高级法院行政庭意见和建议、市区政府及其工作部门、乡镇政府出台行政政策咨询县级法院行政庭意见和建议。对于法院意见和建议不予采纳的，应当说明理由。

8.各级各类法院认真对行政政策进行审查，确保其合宪和合法

从国际视野来看，英美法系国家法院对行政政策的审查已经取得了很好的成效。大陆法系国家主要是由行政法院来承担审查任务的。法国行政法院独立于普通法院，对于行政行为（包括条例）的审查主要以行政法院为主、普通法院为辅。如果利害关系人认为条例存在违法情况，就可以向法院提出越权之诉（2个月内），法院据此可以撤销违反法律的条例。此外，当事人可随时主张条例无效。“行政法院在诉讼程序中可以审查条例的效力，行政法院在审查条例过程中若发现一项条例无权限、形式违法、目的违法、内容违法以及根据违法时，分别作出宣告全部或部分无效，甚至撤销违法条例等判决。”〔2〕德国也是由行政法院来审查的，主要是指“行政法院审理行政案件过程中附带审查委任立法的行为”。〔3〕此种审查中，行政法院的法官们有充分权力审查行政命令是否合法。“德国高等行政法院对做出撤销无效条例的判决，如果一项行政条例只要稍有瑕疵，那么行政法院应该是通知行政机关予以修改，而不是予以撤销。”〔4〕

我国目前正在进行司法体制改革。各地正在将行政案件实行相对集中的

〔1〕 王名扬：《法国行政法》，中国政法大学出版社1988年版，第614页。
〔2〕 王名扬：《法国行政法》，中国政法大学出版社1998年版，第150页。
〔3〕 胡建淼：《比较行政法——20国行政法评选》，法律出版社1998年版，第283页。
〔4〕 曹党勋：《行政规范性文件及其审查制度研究》，郑州大学2010年硕士学位论文。

管辖，尽可能摆脱行政机关的干扰。这一体制的调整是否能促进行政法院的早日建立，以及发挥其对行政政策有效审查作用，还有待考查。在目前尚未建立专门行政法院的情况下，此项工作是由普通的法院内的行政庭来审查的。民事法庭、刑事法庭在审理案件中也会遇到行政政策的审查问题。但由于《行政诉讼法》只规定了法院有权对行政行为所依据的行政规范性文件进行附带性审查，所以在相当长的一段时间内，可能主要依赖法院行政庭开展此项工作。

9.各级法院通过向行政机关提出司法建议的形式予以监督审查行政政策

各级各类法院在过去工作中已经提出过不少司法建议，此项工作有必要进一步强化，并且纳入对法院工作的考核项目中，推动法院将此项工作放在重要的议事日程中。只要各级法院认真对待此项工作，就一定能在此方面取得更大的成果。在前述北京市朝阳区人民法院有关保险赔偿方面的司法建议中，已经迈出了很好的一步。[1]这是推动残疾保险政策合法合理的重要举措。完善民生行政政策不只是行政机关一家的事情。行政机关虽然是政策制定者，但是对于执行过程中所遇到问题的合法性合理性的判断上远不如法院。只有二者结合起来，才能推动民生行政政策水平的提高。

〔1〕 参见《保监会及时采纳北京朝阳法院司法建议》，载《人民法院报》2013年8月21日，第3版。

结束语

基于前文的分析讨论，这里对本问题进行归纳总结。

第一，民生行政是公民、法人或者其他组织要求行政机关积极作为，为实现与民众密切相关的生活生计相关的活动。大多涉及有限资源的分配、在调整民生行政关系的规范中占有突出的地位、行政机关在制定和适用民生行政政策方面有广泛的行政裁量权；对相对人的影响主要体现在对其民生类权益造成影响。

我国民生行政政策具有制定主体多、内容复杂多样、民生行政政策适用非常广泛、没有有效的监控制度等特点。民生行政政策的适用有两方面含义：其一，行政机关适用政策的形式，包括通过制定抽象行政行为的形式实施适用民生行政政策、各级政府及其工作部门根据法律法规规章和行政政策作出具体的行政行为两种情况。其二，法院适用政策的形式。法院对民生行政政策的适用以先行审查为前提。对民生行政政策进行规制既包括对抽象的民生行政政策的制定要求和审查，也包括对基于民生行政政策所作具体行政行为所作的审查监督。

将政策作为民生行政行为依据的法理基础：行政政策契合时代发展的要求，弥补法律规范的滞后，是落实法律法规规章和高级行政政策的桥梁，贯彻宪法和法律精神的需要，规范行政裁量权的重要方式，符合依法行政的要求。

第二，民生行政政策作为行政行为依据的渊源多种多样，包括中国共产党的政策依据，宪法、法律法规、规章，政策和司法机关相关文件等多方面依据。诸多渊源明确将行政政策确立为行政行为的依据，这种情况的出现不是以人们的主观意志为转移的，具有不可避免性。特别是司法机关发布的文件涉及民生行政政策的规定，既包括法院能否作为适用依据，又要解决对其进行审查和如何适用等问题。

第三，民生行政政策的实施包括行政机关的抽象实施和法院的审查和适用。

我国民生政策在制定方面取得了一些好的经验：形成了比较完整的民生行政政策体系，弥补法律规范不足，使现实出现的问题得到政策的及时调整；在制定民生行政政策过程中，注意到尽可能符合公开民主、合法合理；特别强调结合本地实际制定可行的民生行政政策，政策的可操作性和科学性较强，使得民生权利当事人能够行使申请权；提出了必须坚持的一些原则；规定了制定行政政策需要考虑的相关因素；提出了一些具体的保障措施。我国行政机关制定民生行政政策也有不足：行政政策层级太多，每一级上级行政机关授权下级行政机关结合本地情况制定政策时，几乎没有实质性限制；政策缺位；民主性和公开性不够；对享有相关民生权利必须具备的条件、相关事项范围、给付数额标准等的确定上，所列举的相关因素还不完整，有的没有认真论证是否属于必需的相关因素或不必要的不相关因素；行政政策过于僵硬，缺乏应有的灵活性；行政机关没有放弃实施政策的理念和经验；对民生行政政策内容及其实施结果的监督力度很小，效果很差。

法院对行政机关适用行政政策的情形主要有三种情况。其一，不予评判。主要包括以超过起诉时限为由不予审查评判；认为相关政策性文件不是作出行政行为的直接依据而不予审查和评判；认为行政机关所依据的规范性文件争议发生在新行政诉讼法实施之前，不予审查；对当事人请求的对政策性文件进行审查的要求，法院部分审查部分不审查；法院认为不属于抽象行政行为不予附带审查；对被告适用的行政政策不予回应。其二，将行政政策作为作出行政行为的证据加以审查适用，主要包括：不予审查，直接作为证据；只作简单审查，即确认其作为认定事实的证据和依据；指出相关冲突情况，认为旧的政策内容不能作为证据和行政行为的依据；作认真全面的审查，确认其证据和依据的效力；承认相关政策文件的证据效力，但否定其内容的有效性，兼具具体行政行为与抽象行政行为的双重特征。其三，法院以多种形式将行政机关适用的行政政策作为证据。法院适用行政政策文件的功能：多数情况下，直接作为具体行政行为合法的依据；部分作为审判基准之一。作为依据的情况取决于行政政策的合法性程度。

我国法院审查行政机关适用民生行政政策取得了以下成效：适用民生行政政策的类型化；法院将民生行政政策作为行政行为依据的理由基本反映我国司法特点；法院审查采用了一些基本的技术套路；阐述了审查的基本原则和方法；某些审判理论吸收了其他国家和地区的成果；某些法院在审理案件中及时提出修改民生行政政策的司法建议；某些案件中法官对行政政策作了更宽松的解释，这一解释更符合宪法和法律的精神，进而宣告行政行为违法并撤销。

从审判实践可以看出民生行政政策目前的缺陷：其一，作为抽象行政行为的民生行政政策存在以下问题：缩小、限制甚至剥夺了上级行政政策的裁量权；影响相对人的权利，政策不合理、不公正；地方民生行政政策存在明显的排外性或者不公平性，影响公民宪法法律权利的有效实现；行政机关不作为，没有依法制定行政政策；无论行政机关还是法院尚未形成比较成熟的有效审查民生行政政策的可行的方法。其二，具体行政行为适用民生行政政策存在的问题主要有：撇开法律，直接依据政策作出行政行为；裁量权过于僵硬，无法解决个案中的不公平；行政机关不执行政策引发不公正；违法或者错误地适用政策。

第四，域外一些国家和地区确立了民生行政政策审查的合法性标准，包括程序性要求和实体内容方面的要求。此外还有对民生行政政策的违宪审查、民生行政政策的合法性审查以及民生行政政策的其他审查。我国可以借鉴。

未来我国法院在审查民生行政政策方面可以作以下改进。其一，对抽象民生行政政策的审查须做好五方面工作：法院须熟悉和采用一些常用的审查技术规范对民生行政政策予以审查；法院审查必须有一些技术化的路径和程序；法院审查行政政策需要平衡好行政解释与司法解释之间的关系；法院审查民生行政政策要在审查中要善于发现相关政策本身及其在适用中存在的问题；提升法院运用宪法和法律精神审查行政政策的能力。其二，对行政机关基于民生行政政策所作行政行为的合法性审查，借鉴域外经验，做好以下工作：一般情况下严格执行行政政策；改变简单地僵化地适用行政政策作出行政行为的执法模式，强化行政机关根据个案情况作出行政行为的能力；强化法院对行政机关不及时出台政策实施法律规范的行为；提升行政机关在有正当理由情况下予以改变或者不适用现有行政政策的能力；适用合宪精神的法律规范适用民生行政政策，以合宪合法的民生行政政策指导作出行政行为。

强化我国司法对民生行政政策的规制，需做好以下工作：推动司法改革特别是政治体制的改革，强化法院的权威，使法院能真正独立公正地行使审判权；建议最高人民法院出台相关司法政策文件；建议最高人民法院出台相关司法解释；最高人民法院发布宣告相关民生政策违法不予适用和予以撤销的指导案件；最高人民法院选择并办理适合的案件，宣告相关行政政策违法不予适用；通过批复、函释等形式支持地方法院审查行政政策；借鉴法国经验，建立健全行政机关咨询法院相关意见和建议的制度；各级各类法院认真对行政政策进行审查，确保其合宪和合法；各级法院通过向行政机关提出司法建议的形式予以监督审查行政政策。

行政机关自我规制需重点做好以下工作：制定政策必须广泛地听取社会公众意见和建议；重点放在制定者设法提升实体性问题方面的合宪和合法性水平；认真对待公民的投诉或者意见和建议。此外，还应当促使宪法和法律规定的各级人大及其常委会在监督民生行政政策的措施得以落实。

参考文献

一、国内资料

[1]王名扬:《法、美、英、日行政法简明教程》,山西人民出版社1991年版。

[2]王名扬:《法国行政法》,中国政法大学出版社1998年版。

[3]张正钊、韩大元主编:《比较行政法》,中国人民大学出版社1998年版。

[4]翁岳生:《行政法》,中国法制出版社2000年版。

[5]马怀德:《行政法制度建构与判例研究》,中国政法大学出版社2000年版。

[6]罗豪才主编:《行政法学》,北京大学出版社2001年版。

[7]孙笑侠、夏立安主编:《法理学导论》,高等教育出版社2004年版。

[8]应松年:《行政法学新论》,中国方正出版社2004年版。

[9]应松年主编:《四国行政法》,中国政法大学出版社2004年版。

[10]胡建淼编:《中外行政法规分解与比较》,法律出版社2004年版。

[11]杨海坤:《行政法基础理论》,北京大学出版社2004年版。

[12]张越:《英国行政法》,中国政法大学出版社2004年版。

[13]余凌云:《行政自由裁量论》,中国人民公安大学出版社2005年版。

[14]周佑勇:《行政法基本原则研究》,武汉大学出版社2005年版。

[15]王名杨:《美国行政法》,中国法制出版社2005年版。

[16]春萍:《转型期的俄罗斯联邦行政法》,法律出版社2005年版。

[17]张千帆:《西方宪政体系》(第2版),中国政法大学出版社2005年版。

[18]姜明安主编:《行政法与行政诉讼法》,北京大学出版社、高等教育出版社2005年版。

[19]杨建顺:《比较行政法:方法.规制与程序》,中国人民大学出版社2007年版。

[20]张淑芳:《行政法援用研究》,中国政法大学出版社2008年版。

[21]关保英:《行政法时代精神研究》,中国政法大学出版社2008年版。

[22]章剑生:《现代行政法基本理论》,法律出版社2008年版。

[23]沈福俊:《中国行政救济程序论》,北京大学出版社2008年版。

[24]张千帆等:《比较行政法》,法律出版社2008年版。

[25]何海波:《实质法治》,法律出版社2009年版。

[26]叶必丰:《行政协议:区域政府间合作机制研究》,法律出版社2010年版。

[27]陈信勇等:《民生问题与社会立法研究》,浙江大学出版社2010年版。

[28]杨寅:《行政决策程序》,中国法制出版社2011年版。

[29]朱应平:《澳大利亚行政裁量司法审查研究》,法律出版社2011年版。

二、有关外国的专著和资料

[30][印]M.P.赛夫:《德国行政法》,周伟译,台北,五南图书出版有限公司1991年版。

[31][英]密尔:《代议制政府》,汪煊译,商务印书馆1997年版。

[32][英]威廉·韦德:《行政法》,中国大百科全书出版社1997年版。

[33][日]盐野宏:《行政法》,法律出版社1999年版。

[34][美]E.博登海默:《法理学:法律哲学与法律方法》,邓正来译,中国政法大学出版社1999年版。

[35][德]哈特穆特·毛雷尔:《行政法学总论》,高家伟译,法律出版社

2000年版。

[36][美]理查德·B.斯图尔特:《美国行政法的重构》,沈岿译,商务印书馆2002年版。

[37][美]阿兰·S.罗森鲍姆:《宪政的哲学之维》,郑戈等译,三联书店2001年版。

[38][法]古斯塔夫·佩泽尔:《法国行政法》(第19版),廖坤明、周洁译,国家行政学院出版社2002年版。

[39][英]亚力克斯·卡雷尔:《宪法与行政法》(第2版),法律出版社2003年版。

[40][美]史蒂文·J.卡恩:《行政法原理与案例》,张梦中、曾二秀、蔡立辉等译,中山大学出版社2004年版。

[41][英]米切尔·黑尧:《现代国家的政策过程》,赵成根译,中国青年出版社2004年版。

[42][美]肯尼思·F.涡轮:《政治体制中的行政法》(第3版),中国人民大学出版社2005年版。

[43][美]杰瑞·L·马肖:《行政国的正当程序》,沈岿译,高等教育出版社2005年版。

[44][英]布朗等:《法国行政法》,中国人民大学出版社2006年版。

[45][英]彼得·莱兰戈登·安东尼:《英国行政法教科书》(第5版),杨伟东译,北京大学出版社2007年版。

[46][美]伯纳德·施瓦茨:《美国法律史》,王军等译,法律出版社2007年版。

[47][韩]金东熙:《行政法I》(第9版),赵峰译,中国人民大学出版社2008年版。

[48][法]让·里韦罗、让·瓦利纳主编:《法国行政法》,鲁仁译,商务出版社2008年版。

[49][美]肯尼斯·卡尔普·戴维斯:《裁量正义》,毕洪海译,商务印书馆2009年版。

三、我国台湾地区学者论著资料

[50]邱联恭:《司法之现代化与程序法》,台北,三民书局1992年。

[51]城仲模:《行政法之基础理论》,台北,三民书局1994年增订再版。

[52]城仲模主编:《行政法之一般法律原则》(二),台北,三民书局1997年版。

[53]蔡震荣:《行政法理论与基本人权之保障》(第2版),台北,五南图书出版公司1999年版。

[54]谢瑞智:《宪法新论》,新北,文笙书局1999年版。

[55]蔡志方:《行政救济法新论》(全新修订再版),台北,元照出版公司2001年版。

[56]汤德宗:《行政程序法论》,台北,元照出版公司2001年出版。

[57]翁岳生教授七秩诞辰祝寿论文集:《当代公法新论》(下),台北,元照出版公司2002年版。

[58]廖义铭:《行政法基本理论之改革》,台北,翰芦图书出版有限公司2002年版。

[59]翁岳生教授祝寿论文编辑委员会编辑:《当代公法新论》(中),台北,元照出版公司2002年版。

[60]叶俊荣:《面对行政程序法—转型台湾的程序建制》,台北,元照出版公司2002年版。

[61]翁岳生编:《行政法》,中国法制出版社2002年版。

[62]李震山:《行政法导论》,台北,三民书局2003年版。

[63]刘鑫桢:《论裁量处分与不确定法律概念》,台北,五南图书出版公司2005年版。

[64]吴庚:《行政法之理论与实用》,中国人民大学出版社版2005年版。

[65]黄俊杰:《行政法》,台北,三民书局2005年版。

[66]陈慈阳:《行政法总论》,台北,翰芦图书出版有限公司2005年版。

[67]沈政雄:《社会保障给付行政法学分析》,台北,元照出版社2011年版。

[68]陈新民:《行政法学总论》(第9版),台北,三民书局2015年版。

[69]吴庚:《行政规则与行政惯例的拘束力问题》,载《月旦法学杂志》第156期。

[70]张文郁:《浅论行政法上之习惯法与行政惯例》,载《月旦法学杂志》第156期。

[71]钟国允:《论法国宪法委员会合宪性审查之标的》,载《政大法学评论》2004年第77期。

[72]项程华:《我国宪法"受教权"解释之研究》,台湾地区国立中山大学中山学术研究所2005年博士学位论文。

[73]范嘉倩:《法院对行政命令审查之研究——以美国相关法制为例》,国立台北大学2005年硕士学位论文。

四、外文资料

[74]Michael J.Perry, The Constitution, The Courts, and Human Rights (New Haven: Yale University Press, 1982), 2.

[75]Edited by Jerold L.Waltman and Kenneth M.Holland: The Political Role of Law Courts in Modern Democracies, The Macmillan Press LTD., 1988.

[76]Jürgen Schwarze, European Administrative Law, Sweet and Maxwell, 1992.

[77]Paul Craig, Administrative Law, 3nd ed., Sweet & Maxwell, 1994.

[78]Walter Cairns, Robert Mckeon, Introduction to French Law, Cavendish Publishing Limited, 1995.

[79]Neil Parpworth, Constitutional and administrative law, Butterworths, 2000.

[80]M A Fazal, Judicial Control of Administrative Action in India, Pakistan and Bangladesh: A Comparative Study, 3rd Edition, Butterworths India, New Delhi, 2000.

[81]Cane, Peter, Administrative Law, Ashgate/Dartmouth, 2002.

[82]Roger Douglas, Douglas and Jones' s Administrative Law, 4th ed., the Federal Press, 2002.

[83][美]斯蒂芬·G.布雷耶等:Administrative law and regulatory Policy: problems, text, and Cases(行政法:难点与案例),中信出版社2003年版。

[84]Aronson, Dyer and Grovens, Judicial Review of Administrative Action, 3rd ed, Law book Co., 2004.

[85]Matthew Groves, HP Lee, Australian Administrative Law, Cambridge University Press, 2007.

五、论文

[86]毛红:《对抽象行政行为法律监督的可行性研究》,载《新时代论坛》2003年增刊。

[87]程隽:《公共政策违宪审查问题研究》,西北大学2004年硕士学位论文。

[88]刘熙:《我国民办教育税收政策评析——从民办中学税收第一案谈起》,载《民办教育参考》2005年第6期。

[89]高秦伟:《政策形成与司法审查——美国谢弗林案之启示》,载《浙江学刊》2006年第6期。

[90]江水长:《论学者规范性文件的司法审查》,中国政法大学2004年硕士学位论文。

[91]汪振林、萧然:《普通法院在违宪审查中的作用:比较法的考察》,载《云南大学学报》(法学版)2005年第1期。

[92][德]斯特凡·科里奥特、田伟:《对法律的合宪性解释:正当的解释规则抑或对立法者的不当监护?》,载《华东政法大学学报》2006年第3期。

[93]卫学玲:《论对行政规范性文件的监督》,中国政法大学2006年硕士学位论文。

[94]赖劲松、康云:《全国首例民办学校状告国税局案二审结束,平潭国税局败诉》,载《东南早报》2006年2月3日,第2版。

[95]王亦君:《一律师上书国务院法制办质疑民办学校税收政策》,载《中国青年报》2007年8月29日。

[96]颜敏:《我国规范性文件违宪的实证分析》,中国政法大学2007年硕

士学位论文。

[97]苑晓光:《公共政策制定的法律规制》,中国政法大学2007年硕士学位论文。

[98]饶欣:《政策执行中的变通行为研究——以“安全生产”政策为例》,华中科技大学2007年硕士学位论文。

[99]姚小林:《1998年〈人权法案〉对英国司法功能的影响》,载《人权杂志》2008年第1期。

[100]邓伟志、卜佳慧:《民生论》,载《上海大学学报》(社会科学版)2008年第4期。

[101]龚向和:《民生之路的宪法分析》,载《学习与探索》2008年第5期。

[102]陈利红:《行政规范性文件的审查监督制度研究》,西南政法大学2009年硕士学位论文。

[103]王岩:《行政规范性文件的合法性审查》,华中师范大学2009年硕士学位论文。

[104]何志慧:《我国公共政策执行的异化及其治理——以煤矿安全生产政策为例》,海南大学2010年硕士学位论文。

[105]侯孟华:《行政规范性文件审查机制研究》,黑龙江大学2010年硕士学位论文。

[106]李春兰:《论规范性文件的合法性审查》,湘潭大学2010年硕士学位论文。

[107]党勋:《行政规范性文件及其审查制度研究》,郑州大学2010年硕士学位论文。

[108]周盛春:《规范性文件在行政审判中的定位、审查及适用》,西南政法大学2010年硕士学位论文。

[109]张秀转:《规范性文件行政审查标准研究》,苏州大学2010年法律硕士学位论文。

[110]孙珊珊:《行政规范性文件在行政诉讼中的实际地位》,上海交通大学2010年硕士学位论文。

[111]陈果:《论其他行政规范性文件的规制》,华中科技大学2011年硕士学位论文。

[112]袁增伟:《广东廉江国土局副局长被取保候审》,载《羊城晚报》2011年5月26日。

[113]王刚桥:《廉江违规副局长"出来"了,谁该"进去"?》,载《新京报》2011年6月13日。

[114]万静:《被动关停享受奖励提前关停不予奖励,汕头澄海区淘汰落后产能政策遭质疑》,载《法制日报》2011年9月30日。

[115]陈玲:《行政规范性文件司法审查标准研究》,广东商学院2011年硕士学位论文。

[116]冯威:《行政法视野中的公共政策研究》,山东大学2012年博士学位论文。

[117]艾壁玮:《政策执行失真及其治理对策研究》,湘潭大学2012硕士学位论文。

[118]李忠日:《行政规范性文件的法律监督机制研究》,延边大学2012年硕士学位论文。

[119]郭海云:《上海市经济适用住房政策的实践研究——基于政策目标群体的视角》,华东师范大学2012年硕士学位论文。

[120]林凡惠:《行政规范性文件审查监督制度之探索》,西南政法大学2012年硕士学位论文。

[121]杨遴杰:《让政策性离婚离生活远些》,载《中国国土资源报》2012年11月6日。

[122]《广东垃圾费可捆绑水费》,载《人民日报》2013年6月4日,第13版。

[123]禹海君:《保障房异化需要问责纠偏》,载《法制日报》2013年8月8日,第7版。

[124]《保监会及时采纳北京朝阳法院司法建议》,载《人民法院报》2013年8月21日,第3版。

[125]彭镡:《行政规范性文件审查制度研究》,南昌大学2013年硕士学位论文。

[126]陈巧敏:《法治视野下的规范性文件研究》,中国海洋大学2013年硕士学位论文。

[127]张怡湘:《论行政政策在法院的适用》,华东政法大学2014年硕士学位论文。

[128]肖静茹:《行政规范性文件变更下公民合法预期保护》,湖北大学2014年硕士学位论文。

[129]王婷婷:《公共政策冲突及其治理研究——以济南市公交优先政策为例》,山东大学2015年硕士学位论文。

[130]吴鹏飞:《行政规范性文件司法审查制度研究》,郑州大学2015年专业硕士学位论文。

[131]高秦伟:《政策形成与司法审查——美国谢弗林案之启示》,载《浙江学刊》2006年第6期。

[132]杜国强:《依法治国中的公共政策》,载《行政与法》2006年第3期。

[133]章志远:《作为行政裁量法外依据的公共政策》,载《浙江学刊》2010年第3期。

[134]高秦伟:《行政过程中的政策形成》,载《当代法学》2012年第5期。

[135]黄明涛:《两种"宪法解释"之概念分野与合宪性解释的可能性》,载《中国法学》2014年第6期。

[136]马永强、袁书占:《大学生就业税收优惠政策的宪法审查》,载《经济与法》2014年第8期。

[137]张红:《论国家政策作为民法法源》,载《中国社会科学》2015年第12期。

图书在版编目（CIP）数据

民生行政政策的适用及其规制 / 朱应平著.—北京：法律出版社，2017
（华东政法大学65周年校庆文丛）
ISBN 978-7-5197-1391-1

Ⅰ.①民… Ⅱ.①朱… Ⅲ.①民政事务—行政法—研究—中国 Ⅳ.①D922.182.104

中国版本图书馆CIP数据核字（2017）第221270号

民生行政政策的适用及其规制
MINSHENG XINGZHENG ZHENGCE DE SHIYONG JIQI GUIZHI

朱应平 著

责任编辑 汤子君
装帧设计 汪奇峰

出版 法律出版社
总发行 中国法律图书有限公司
经销 新华书店
印刷 北京嘉恒彩色印刷有限责任公司
责任校对 杨昆玲
责任印制 陶 松

编辑统筹 学术·对外出版分社
开本 720毫米×960毫米 1/16
印张 17.25
字数 269千
版本 2017年10月第1版
印次 2017年10月第1次印刷

法律出版社 / 北京市丰台区莲花池西里7号（100073）
网址 / www.lawpress.com.cn
投稿邮箱 / info@lawpress.com.cn
举报维权邮箱 / jbwq@lawpress.com.cn
销售热线 / 010-63939792
咨询电话 / 010-63939796

中国法律图书有限公司 / 北京市丰台区莲花池西里7号（100073）
全国各地中法图分、子公司销售电话：
统一销售客服 / 400-660-6393
第一法律书店 / 010-63939781/9782
西安分公司 / 029-85330678
重庆分公司 / 023-67453036
上海分公司 / 021-62071639/1636
深圳分公司 / 0755-83072995

书号：ISBN 978-7-5197-1391-1
定价：56.00元